Orbis

SOPHY BURNHAM

Engel

Unsere unsichtbaren Begleiter

Begegnungen und Erfahrungen

ORBIS VERLAG

In Erinnerung an
Jane Vonnegut Yarmolinsky

Genehmigte Sonderausgabe 2000
Orbis Verlag für Publizistik, München
in der Verlagsgruppe Bertelsmann GmbH

Aus dem Amerikanischen von Malte Heim
Originalverlag Ballantine Books, New York
Originaltitel »A Book of Angels«

Dieses Werk wurde vermittelt durch die
Literarische Agentur Thomas Schlück GmbH, Garbsen
Druck und Bindung: GGP, Pößneck
Printed in Germany
ISBN 3-572-01172-8

Träte der Erzengel jetzt, der gefährliche,
hinter den Sternen eines Schrittes nur
nieder und herwärts: hochaufschlagend
erschlüg uns das eigene Herz. Wer seid ihr?

RAINER MARIA RILKE, *Duineser Elegien, 2*

Inhalt

Dank

Dieses Buch verdankt seine Entstehung vielen Personen. Mein Dank gilt vor allem meiner inzwischen verstorbenen lieben Freundin Jane Vonnegut, in deren Haus auf Cape Cod ich einen großen Teil dieses Buches schrieb und deren Begeisterung mich veranlaßte, sein ursprüngliches Konzept zu erweitern; Elinor Fuchs und Tom Kelly, die frühe Fassungen lasen; Anne van Rennslaeur, die mich aufforderte, weiterzuschreiben, als ich einmal entmutigt aufgegeben hatte; meiner Agentin Anne Edelstein, deren ansteckende Begeisterung sie einen willigen Verleger finden ließ; meinen Lektorinnen Stephanie von Hirschberg und Elizabeth Rapoport, deren Wohlwollen und Sensibilität meinem Werk gegenüber auf jeder Seite spürbar ist; Alain Cornec, Elizabeth Puccini, Elizabeth Miller und Marie Monique Steckel sowie vielen anderen, die mir Mut machten, eine Illustration beisteuerten, ein Gedichtfragment oder eine historische Perle von verblaßtem Glanz, oder die bescheiden von ihrer eigenen Begegnung mit dem Göttlichen berichteten. Viele ihrer Geschichten konnte ich in diesem Buch nicht verwenden; aber diese Menschen wissen, was sie gesehen haben, und der Umstand, daß ich ihre Berichte nicht in das Buch aufgenommen habe, schmälert in keiner Weise ihre Wahrhaftigkeit.

Ich danke allen, die mir bei diesem Buch halfen.

Vorwort

Dieses Buch begann als eine Art persönlicher Geschichte, die ich für mich selbst und für meine Freunde schrieb, weil mir mit dreiundvierzig Jahren klar wurde, daß mir viele seltsame und geheimnisvolle Dinge widerfahren waren, die ich nicht länger beseiteschieben oder als natürlich und logisch erklären konnte. Diese Dinge wollte ich aufzeichnen und sammeln, so daß ich sie anschauen, wie Steine in der Hand drehen und sehen konnte, welche Wahrheit aus ihnen sprach.

Ich hatte nie an übernatürliche Dinge geglaubt, und als ich die Mitte meines Lebens erreichte, war ich verwirrt. Wie konnte ich die Tatsache ignorieren, daß mein eigenes Leben auf wunderbare Weise gerettet worden war? Oder jene merkwürdigen Zufälle und Begegnungen, zu denen es gekommen war?

Dieses Buch bestand anfänglich aus einer Folge von Geschichten, die ich wie Perlen auf einer Schnur aufreihte – Geschichten von Ereignissen, die entweder mir persönlich oder Freunden widerfahren waren, die mir so nahe standen, daß ich mich für ihre geistige Gesundheit verbürgen konnte. Jede der Begegnungen, über die ich in diesem Buch berichte, ist wahr.

Das Buch ist inzwischen angewachsen und hat sich verändert, wie ich selbst, und es ist darin von Begegnungen mit Engeln auf der ganzen Welt die Rede. Einige dieser Begegnungen haben mit berühmten Menschen zu tun, mit Propheten und Sehern, aber meistens handelte es sich um gewöhnliche Leute. Jetzt. Heute. Als ich diese Geschichten hörte und meine Nachforschungen ernsthafter betrieb, wollte ich mehr wissen. Gibt es Engel wirklich? Wie sehen sie aus? Weshalb kennen alle Kulturen Mythen über Engel und glauben an Schutzgeister, die über uns wachen und dabei gelegentlich sogar in die physikalischen Gesetze des Universums eingreifen? Haben Engel Füße? Sind sie geschlechtliche Wesen? Sind es von Kultur zu Kultur verschiedene? Welchen Menschen erscheinen Engel, und weshalb sehen Kinder sie anscheinend häufiger als Erwachsene?

Im Hinblick auf diese Fragen habe ich gewisse Basisinformationen in das Buch aufgenommen, die den Glauben an Engel in einen historischen Zusammenhang stellen und von Engelbesuchen in verschiedenen Kulturen berichten. Überall im Hintergrund stehen die fundamentaleren Fragen, die dieses Buch aufwirft: Wer bin ich? Weshalb bin ich hier? Gibt es ein Leben nach dem Tod? Gibt es wirklich unsichtbare Mächte, die sich in unsere unbedeutenden Angelegenheiten einmischen?

Jede dieser Fragen führt zu einer anderen, denn wenn ich eine von ihnen bejahe, muß ich weiter fragen: Welcher Art ist meine Verantwortung gegenüber mir selbst, meinem Nächsten und Gott?

Ich kann keine dieser Fragen beantworten. Ich kann nur berichten, was ich gesehen habe. Ich lege dieses Buch mit Freude, Hoffnung und Dankbarkeit für alles vor, was mir gezeigt wurde und was ich mitteilen möchte. Ich schrieb dieses Buch als Lobeshymne auf ein lebendig gelebtes Leben. Und ich verstehe es als Dankgebet dafür, daß wir uns nicht vor dem Sterben fürchten müssen – weil wir nicht sterben. Das habe ich gelernt. Soviel habe ich mit eigenen Augen gesehen. Ich weiß es, und wenn diese wahren Geschichten die Seelenqual und Todesfurcht auch nur eines einzigen Menschen erleichtern, hat dieses Buch seine Schuldigkeit getan.

Zumindest aber zeigt es auf, daß seltsame Dinge in der Welt geschehen. Ich gebe nicht vor, sie zu begreifen. Ich berichte nur von ihnen, damit andere, die auch Erfahrungen solcher Art gemacht haben, wissen, daß sie nicht allein sind.

William Blake sah Engel in den Bäumen. Als Junge von kaum zehn Jahren schaute er eines Tages auf und sah Engel. Nach diesem Erlebnis konnte er nicht aufhören, Engel zu malen und ihnen zu Ehren seine ekstatische Lyrik zu schreiben ... Jakob rang mit einem Engel ... Und ein Engel kam zu Abraham ... Und Joseph Smith gründete die Mormonenkirche, nachdem er dem Engel Moroni begegnet war ... Und heute wird ein kleines Kind einen Engel sehen, oder ein Engel wird unerwartet vom Himmel herabkommen, um einem Erwachsenen das Leben zu retten – wie es mir einmal widerfahren ist.

Es scheint ungewöhnlich, und ich kann es nicht vergessen. Einmal hat mir ein Engel das Leben gerettet. Ich habe ihn so deutlich gesehen, wie Sie die Wörter auf dieser Buchseite sehen; ich erinnere mich an die Farben und an den Sprung, den mein Herz tat, als ich ihn sah. *Nach Hause!* rief meine Seele, als er mich vom Weg in den Tod wegholte. Aber ich bin nicht sicher, daß sein Erscheinen ungewöhnlicher war als das der jamaikanischen Putzfrau, die genau im richtigen Augenblick das Krankenhauszimmer betrat, in dem meine Mutter lag, um mir wenige Tage, bevor sie starb, die Augen zu öffnen. Man sagt, Engel machen sich als Stimmen, Träume, Zeichen und Visionen bemerkbar. Sie überbringen Botschaften. Das Geheimnis ist weniger die Form, in der sie sich zeigen, oder ihre staunenerregende Fähigkeit der Ortsveränderung, als vielmehr, weshalb sie überhaupt erscheinen.

Natürlich beharren einige Menschen darauf, daß es keine Engel gibt, weil sie selber nie einen gesehen haben. Und andere fragen, weshalb die Engel nur bestimmten Menschen erscheinen. Wieder andere behaupten, Engel kämen zu allen Menschen. Die Frage, die es zu beantworten gilt, lautet: Wer erkennt sie, wenn sie kommen?

Teil I

Engel und Geister, von denen ich hörte

Kapitel 1

Engel und Geister, die mir erschienen

• 1 •

Meine Mutter sah einmal einen Engel. Sie war damals fünf Jahre alt, ein kleines Mädchen im Nachthemd, gerade im Begriff, zu Bett zu gehen. Sie blickte auf und sah einen Engel in der Schlafzimmertür stehen.

«Tantchen!» Sie wies auf die Gestalt. «Schau nur!» Aber ihre geliebte Tante konnte nichts sehen.

«Geh schlafen, mein Kind», sagte sie. «Dort ist nichts.»

Ich weiß nicht, wie der Engel meiner Mutter aussah. Als ich sie danach fragte, nahm ihr Gesicht einen träumerischen und entrückten Ausdruck an, sehnsuchtsvoll und zugleich wie von innen erhellt. Sie benutzte Wörter wie «strahlend» oder «prächtig», und ich hatte den Eindruck von vielen Farben. Aber ich habe keine Vorstellung davon, was sie gesehen hat.

Der Engel verschwand wieder. Die Erwachsenen – ihre Eltern und Tanten – sagten, sie sei wohl übermüdet und erregt, und die Vision sei eine Ausgeburt ihrer Phantasie. Im Laufe der Jahre begann meine Mutter zu zweifeln, ob sie den Engel tatsächlich gesehen hatte. Aber ob nun Halluzination oder Wirklichkeit – sie vergaß den Vorfall nicht.

Mein Vater hingegen – in dessen intellektbetontem Geist wir erzogen worden waren – hat niemals dergleichen gesehen. Er war Rechtsanwalt, brillant, warmherzig, geistreich und intellektuell, und liebte Debatten und Diskussionen. Er lachte gern und schätzte es, in Rechtsstreitigkeiten, beim Schachspiel oder bei einer Cocktailparty-Konversation seinen Verstand mit dem anderer zu messen – und zu gewinnen. Wenn er nicht vor Gericht stehen konnte – vorzugsweise vor dem Obersten Bundesgericht – erprobte er seine Fähigkeiten an seiner Familie, an uns, seinen Kindern. Dann warf er bei Tisch einen strittigen Punkt wie einen Knochen auf den Tisch und schaute zu, wie wir uns gleich Hunden auf ihn stürzten, eifrig knurrten und um uns bissen. Er ließ uns unsere Meinungen gegen seine Angriffe verteidigen, und wenn er uns in die Ecke gedrängt hatte, sagte er: «Wechseln wir die Seiten.» Dann beeilten wir uns, genau das Argument zu verfechten, das wir kurz zuvor niederzumachen versucht hatten. Er lehrte uns zu denken.

Aber er besaß keinen Sinn für das Geheimnisvolle.

Einmal fragte ich meinen Vater, ob er an Gott glaube. Er legte die Zeitung auf den Tisch, nahm seine Brille ab, setzte sich bequemer hin und gab folgende Antwort:

«Ich habe keinen Grund, an Gott zu glauben», sagte er. «Ich habe nie etwas gesehen, das mich davon überzeugt hätte, daß es einen Gott gibt. *Andererseits*», fuhr er mit erhobener Anwaltsstimme fort, «habe ich in meinem Leben feststellen müssen, daß die hervorragendsten Männer einer jeden Generation an Gott glaubten – Tolstoi, Einstein, Mark Aurel –, und wer bin ich, daß ich sagen könnte, es gäbe keinen Gott? Also halte ich es wie Pascal und sage mir, wenn es einen Gott gibt, gebe ich ihm besser, was ihm gebührt, und gibt es ihn nicht, habe ich nichts verloren. Vorsicht ist die Mutter der Weisheit.»

Ich erzähle dies, um zu verdeutlichen, daß in der Umgebung,

in der ich aufwuchs, mystische Erlebnisse oder die seltsamen Wanderungen eines aus dem Gleichgewicht geratenen Geistes nicht gefördert wurden. Wir waren Pragmatiker.

Wenn die Konversation am Eßtisch aber plötzlich für zehn oder zwanzig Sekunden ins Stocken kam, sagte meine Mutter oder eine Tante vielleicht: «Ein Engel geht durchs Zimmer.» Wir Kinder dachten dann eine Weile darüber nach, wie ein Engel wohl aussehen mochte, und weshalb wir alle bei seinem Nahen verstummten. «Ein Engel geht durchs Zimmer», sagte ein Erwachsener, und die Stille zerbrach wie Glas in Lachen, und die Unterhaltung belebte sich wieder, frisch und scharf wie ein Wind.

So war unsere Kindheit. Ich tollte mit meiner Schwester, meinem Bruder und dem Hund umher, wir stiegen auf das Dach des Hühnerstalls, wenn unsere Mutter nicht hersah, oder sprangen vom Garagendach. Wir kletterten auf die Bäume in unserem Garten Eden und hingen wie grüne Äpfel an ihren Ästen. Wir fuhren im Sammelauto zur Schule, saßen benommen in überheizten Klassenräumen, vom Zischen der Radiatoren und von der monotonen Stimme der Lehrerin eingeschläfert. Wir lernten die richtigen Regeln. Wir prügelten uns mit Freunden, versöhnten uns, schmollten und lachten und verlebten eine völlig normale, gedankenlose Kindheit. Das einzige, was uns von den übrigen unterschied, war vielleicht die Abgeschiedenheit des Lebens auf dem Land während des Zweiten Weltkriegs. Wir hörten Radio, sprachen miteinander, lasen.

Wir lasen ständig. Wir lasen die Klassiker und ließen uns auslachen, weil wir mit zwölf Jahren noch nicht den ganzen Shakespeare gelesen hatten – Tante Kate konnte sich dessen rühmen –, oder weil wir Herodot noch nicht kannten. Ich ging auf die Elementarschule, dann aufs College, graduierte und erhielt eine Anstellung als Typistin (damals wurden alle Frauen Typistinnen, die einen ehrenhaften Abschluß auf einem größeren College nachweisen konnten). Ich heiratete. Bekam Kinder. Arbeitete.

Dann – ich war dreißig Jahre alt – sah ich einen Geist.

Wir waren eben nach New York City gezogen. David, mein Mann, hatte eine Arbeit bei der *New York Times* angenommen. Wir mieteten eine hübsche und große Maisonette-Wohnung in Brooklyn, direkt gegenüber von Manhattan auf der anderen Seite des Hudson River. Die Wohnung hatte hohe Räume und eine große Küche, deren Fenster auf den Garten mit seinem saftigen Gras ging. Im ersten Stock gab es in einem walnußgetäfelten Schlafzimmer ein Erkerfenster mit Blick auf die Freiheitsstatue. Es war wunderschön. Neben dem Elternschlafzimmer hatten wir ein zweites, fast ebenso großes Schlafzimmer für unsere beiden Mädchen, die damals drei Jahre beziehungsweise acht Monate alt waren. Jeder, der die schachtelartige Beengtheit der meisten Wohnungen in New York kennt, wird unser Glück nachempfinden können.

Eine Woche nach unserem Einzug mußte David im Auftrag der Zeitung für einige Tage verreisen. Eines Abends hielt ich mich in dem kleinen Umkleideraum hinter unserem Schlafzimmer auf, den ich für mich beschlagnahmt und mit meinen Büchern und einem Schreibtisch ausgestattet hatte. Ich saß an der Nähmaschine und arbeitete an einem Kleid für mein dreijähriges Mädchen (in zartestem Kakaobraun, mit rechteckigem Halsausschnitt und Borte, hinreißend). Es war etwa zehn Uhr. Ich war zufrieden und ohne Angst und konzentrierte mich auf dieses Kleidchen, als ich mit einem Mal das seltsame, unbestimmte Gefühl hatte, daß noch jemand im Zimmer war!

Ich schaute auf und sah einen Mann in der Tür stehen. Ich spreche von *Sehen* – aber ich sah ihn nicht auf dieselbe Art, wie man mittels der Augen die Dinge der gewöhnlichen materiellen Welt sieht, sondern durch eine Art inneres Erkennen. Der Mann war da und auch wieder nicht da. Dreierlei wußte ich von ihm: Er war schon älter, er war betrübt oder besorgt, und er war «gut». Er würde mir nichts antun. Mit diesen Gedanken wandte ich mich wieder der Nähmaschine zu. Ich legte die Hände vors Gesicht und stützte mich mit den Ellbogen auf die Maschine. «Jetzt bin ich übergeschnappt», dachte ich, «ich drehe durch.

Ich bin zu lange allein gewesen.» Meine Augen füllten sich mit Tränen (meine übliche körperliche Reaktion auf emotionale Belastungen aller Art). Die ganze Zeit über wußte ich, daß er an der Tür stand, und dann trat er ins Zimmer. Ich zitterte vor Angst. Mir wurde heiß, und meine Stirn bedeckte sich mit Schweißtropfen.

Er trat hinter mich. Ich schaute mich nicht um. Ich spürte ihn in meinem Rücken. Es war ein abscheuliches Gefühl.

Dann legte er eine Hand auf meine Schulter. Ich wußte, daß er mich beruhigen wollte, aber ich konnte nur die vier Finger seiner rechten Hand vorn und den Daumen hinten auf meiner Schulter spüren. Seine Hand war eiskalt. Sie klebte an meiner Haut wie Trockeneis. Mir war glühend heiß, bis auf die Stelle, wo mich seine kalte Hand berührte. Es war schrecklich. Dann verließ er den Raum, ging wie ein gewöhnlicher Mensch.

Erleichterung überflutete mich, während ich immer noch bebend an der Nähmaschine saß – bis mir plötzlich einfiel, daß er gegangen war, um nach den Kindern zu schauen! Ich eilte hinter ihm her, durchs Schlafzimmer und auf den Flur. Dort hielt ich inne. Ich konnte keinen Schritt weitergehen. Ich trat von einem Fuß auf den anderen. Er war in ihrem Schlafzimmer – und ich wußte es –, aber ich konnte nicht hineingehen. Weshalb nicht? Ich ging wieder in mein eigenes Schlafzimmer. Dort rang ich die Hände und trat unschlüssig auf der Stelle. Ich wußte nicht, was ich tun sollte.

An diesem Punkt ist eine Lücke in meiner Erinnerung. Ich weiß nicht, wie lange er bei den Kindern geblieben war. Minuten? Sekunden? Plötzlich materialisierte er sich auf dem Stuhl am Fenster des wunderhübschen Schlafzimmers. Ich sagte, er *materialisierte sich,* als hätte ich die ganze Zeit über von Geistern gesprochen. Im einen Augenblick war er noch im Zimmer der Kinder gewesen – und im nächsten Moment sah ich ihn auf dem Stuhl sitzen und mich beobachten, immer noch betrübt. Ich spürte, daß er etwas auf dem Herzen hatte. Da beschloß ich, die Initiative zu ergreifen. Ich sprach ihn laut an.

LEONARDO DA VINCI, *Die Verkündigung* (Ausschnitt). 15. Jahrhundert.

«Also hören Sie, ich weiß nicht, wer Sie sind», sagte ich, «aber wir sind eben erst in diese Wohnung eingezogen, und Sie sollen wissen, daß es meine Wohnung ist. Ich liebe sie. Ich habe vor, lange hier wohnen zu bleiben. Und Sie dürfen gern bei uns leben, aber wenn Sie das tun, erwarte ich, daß Sie weder die Wohnung beschädigen noch uns etwas antun. Es ist eine wunderschöne Wohnung. Ich werde nicht zulassen, daß hier etwas zerstört wird. Und wenn Sie sich entschließen sollten, bei uns zu leben, müssen Sie mir bei der Erziehung der Kinder helfen. Sie müssen sie behüten und beschützen und dafür sorgen, daß ihnen kein Leid geschieht. Wenn Sie das tun wollen, sind Sie uns willkommen.»

Er erwiderte nichts.

Als ich geendet hatte, stand er auf, ging an mir vorbei und verließ das Schlafzimmer durch die Tür. Er schritt die Treppe hinab, ohne die Stufen zu berühren, durchquerte die Küche und ging durch die verschlossene Hintertür hinaus.

Ich war erschüttert.

Wieso war er nicht einfach verschwunden? Weshalb war er die Treppe hinab und durch die verschlossene Tür hinausgegangen?

Wer war er überhaupt? Was hatte dieser Besuch zu bedeuten? Ebenso verblüffend wie die Erscheinung war jedoch der Umstand, daß meine Furcht verschwand, sobald er fort war. Ich widmete mich wieder meiner Näherei. Ich war gesammelt und ganz ich selbst, wieder normal konzentriert. Ich glaube, das störte mich ebenso wie die Erscheinung selbst. Da saß ich nun und säumte das Kleid für mein kleines Mädchen, begleitet vom behaglichen Surren der Nähmaschine, als hätte ich nicht eben einen Geist gesehen.

Was bedeutete es, daß er gegangen war? Anscheinend hatte ihn meine kleine Rede zufriedengestellt. Vielleicht hatte er auch gefunden, daß ein Leben bei mir zuviel Arbeit für ihn bedeutete.

Das Telefon klingelte. Es war Mrs. Rosenthal – früher Mrs. Glass –, die Hausbesitzerin, eine ältere Frau. Ich meldete mich überrascht, weil es jetzt schon nach halb elf und viel zu spät für Anrufe war, und Mrs. Rosenthal gehörte zu einer Generation, die mit solchen Höflichkeitsregeln vertraut war.

«Entschuldigen Sie, daß ich so spät noch anrufe», begann sie, «aber ich muß immer daran denken, daß Sie in dieser Wohnung sind, und an meinen ersten Mann ...» Und dann erzählte sie mir von ihrem ersten Mann, Dr. Glass, der seine Praxis im Parterre des braunen Sandsteinhauses gehabt und die beiden Wohnungen darüber gebaut hatte. Er hatte dieses Haus verehrt und sogar den Mann engagiert, der den Yale Club mit Holz verkleidet hatte, und ihn die wundervolle Täfelung im Schlafzimmer anbringen lassen. Dr. Glass war in diesem Schlafzimmer gestorben. Sein Lieblingszimmer, sagte Mrs. Rosenthal, sei der kleine Umkleideraum hinter dem Schlafzimmer gewesen, den ich in Beschlag genommen hatte. Dies sei sein persönliches Ankleide- und Studierzimmer gewesen. Mrs. Rosenthal entschuldigte sich für ihren Redefluß. Sie wußte offenbar nicht, weshalb sie mir die ganze Geschichte erzählen wollte.

Ich sagte ihr nicht, daß ihr Mann eben bei mir gewesen war, aber ich zweifelte nicht daran, daß Dr. Glass nach seinem Besuch in seinem früheren Haus sie dazu gebracht hatte, mich anzurufen, damit ich erfuhr, wer er war.

Am nächsten Tag kam David nach Hause zurück. Ich erzählte ihm, was geschehen war. Er ist der einfühlsamste aller Männer. Er sagte: «Wenn mir jemand anderer so etwas erzählen würde, würde ich es ihm nicht glauben. Aber wenn du sagst, daß du einen Geist gesehen hast, dann hast du ihn auch gesehen.» Und das, obwohl er weder an Geister noch an übernatürliche Phänomene oder andere, jenseitige Dimensionen glaubte. Sein Vertrauen in mich war einer der Gründe, weshalb ich ihn liebte.

Ich habe den Geist nie wieder gesehen, aber ich dachte gern daran, daß er da war und die Kinder beschützte. Ich fragte mich, was mit unseren Vormietern geschehen sein mochte. Ich wußte, daß drei oder vier Familien vor uns ein- und rasch wieder ausgezogen waren. Keine von ihnen war länger als acht Monate geblieben. Hatte er sie vertrieben? Hatte er für Arbeitsplätze in anderen Staaten gesorgt? Oder hatte er Ehen zerbrochen, damit sie auszogen? Zu uns war er jedenfalls gut, denn wir verbrachten sieben glückliche Jahre in dieser Wohnung. Ich stellte mir gern und schmunzelnd vor, daß er dabei seine Hände im Spiel haben mochte. Immerhin hatten wir noch nie zuvor so lange an einem Ort gelebt. Das gefiel mir.

War ich verrückt? Dieser Gedanke kam mir wirklich nie in den Sinn. Der Mann war mir erschienen, das stand fest. Daß er gekommen und wieder fortgegangen war und sich sein Erscheinen daher nicht beweisen ließ, hatte für mich keine größere Bedeutung als die Tatsache, daß ein Sonnenuntergang an einem Abend in glühenden Rottönen schwelgt, während er an anderen Abenden von Wolken verdeckt wird.

Ich hatte einen Geist gesehen. Dieses Erlebnis beschäftigte mich, aber ich mußte meine Kinder großziehen und arbeiten, und ich hatte weder genügend Zeit noch Interesse, um mich mit weiteren Gedanken zu diesem Thema, etwa der Tatsache des Todes oder der Umwandlung von Materie, zu befassen. Immerhin war es mir ein oder zwei Jahre zuvor gelungen, das Erscheinen des Engels zu verdrängen, weshalb also nicht den Geist eines Fremden im Haus?

• 2 •

Es ist nicht einfach, diese Geschichte zu erzählen. Soll ich sie so wiedergeben, wie sie sich zugetragen hat, oder soll ich sie nach Art eines Dramas aufbauen und allmählich auf das Finale einer atemberaubenden Enthüllung zusteuern? Im wirklichen Leben geht es weniger geordnet zu als in der Dichtung; die Ereignisse halten keine logische Abfolge ein. Wir sind im Leben vielmehr von allen Dingen umgeben. Wir schwimmen wie Fische im Wasser durch stoffliche und unstoffliche Welten, durch Materie und

Geist. Manchmal nehmen wir eine Bewegung wahr, manchmal eine andere, und oft verstehen wir die Bedeutung eines bestimmten Ereignisses erst viel später, in der Erinnerung, wenn wir andere Strömungen durchschwommen haben und andere Erfahrungen durch unser Inneres gezogen sind. Der einzige Zeitsinn, auf den wir zurückgreifen können, unsere Chronologie, beruht auf unserer Aufnahmefähigkeit, und sie wieder hängt von unserer Aufgeschlossenheit ab – das heißt von unserem Vertrauen.

Ich habe seltsame Dinge erlebt, aber sie führten nicht zu einer spontanen Enthüllung, zu einer einzigen überwältigenden Offenbarung, zu einem pyrotechnischen Höhepunkt – Erleuchtung! –, der wie ein Brillant-Feuerwerk in der Nacht explodiert. Nein, es war vielmehr ein Dickicht von Fakten; Geister erschienen mir nach Engeln, Träume und zufällige wirkende Ereignisse vermischten sich mit dem normalen Alltag. Es geschah alles so verdeckt, daß man in der Tat annehmen konnte, die andere Welt spiele Verstecken mit mir und werfe Schleier über die Dinge, um sich vor mir zu verhüllen. Selbst den blitzartig kommenden Enthüllungen folgten Scharen ermüdeter, verschwitzter und nur noch nach Hause strebender Arbeiter und Angestellter, erschöpfte Eltern, die ihre zweijährigen Kinder mit sich zerrten, Windeln auflasen und sich darüber stritten, wer die Thermosflasche auf dem Campingplatz vergessen hatte. Es gibt immer etwas anderes, das unsere Aufmerksamkeit auf sich zieht. So vieles hat das Leben zu bieten.

Meine Mutter kam nach ihrem Tod dreimal zurück. Sie versuchte mir zu erzählen, wie es ist, nachdem man gestorben ist – wie wir es zuvor vereinbart hatten.

Engel sind eigentlich mein Thema, aber ich möchte die Geschichte kurz erzählen; sie paßt hierher. Der letzte Besuch meiner verstorbenen Mutter war der dramatischste. Ich lag auf dem hübschen Himmelbett in «meinem» Zimmer, dem Zimmer meiner Kindheit, demselben Raum – sogar demselben Bett –, in dem sie gestorben war. Es war zehn oder elf Uhr abends. Ich las.

Das Licht war eingeschaltet. Ich hörte das unablässige Murmeln des Windes in den Bäumen vor dem Fenster (und auf dem Land ist die Nacht sehr schwarz).

Unvermittelt stand meine Mutter in der Tür. Ich blickte auf, sah sie, und ich brach in Tränen aus.

Wie kann ich nur ohne meine Mutter leben? dachte ich.

Es war nicht ihr Erscheinen in der Tür, das mich derart aus der Fassung brachte, auch nicht der Umstand, daß sie gekommen war, um ihr Versprechen einzulösen und mir von der «anderen Seite» zu berichten. Nein, es lag daran, daß sie mich mit einer so unerträglichen Liebe anlächelte. Dort stand sie – ein Phantom –, und keine der Barrieren, die uns immer getrennt hatten, war mehr vorhanden: Barrieren der Kultur und der Verschiedenheit unserer Erinnerungen, Barrieren des Ärgers und der Kritiksucht oder jener unbedeutenden Verletzungen, die wir einander in unserer Kleinlichkeit beigebracht hatten, als sie noch lebte. Dies war das reine, geläuterte Wesen meiner Mutter; und sie sah mich mit solcher Liebe an, daß ich glaubte, das Herz würde mir zerspringen.

Wie kann ich nur ohne meine Mutter leben? dachte ich. Sie trat besorgt einen Schritt zurück, sie hatte mir nicht wehtun wollen. In diesem Augenblick begriff ich, daß uns der physische Körper zu einem bestimmten Zweck verliehen wird und daß wir in ihm leben wie die Krebse des Meeres: Wir kämpfen unser ganzes Leben lang darum, unsere Schale zu verlassen, jemanden oder etwas berühren zu können – und sei es auch nur für den Bruchteil einer Sekunde –, und unsere Isolation zu überwinden. Gelegentlich erreichen wir dieses Ziel, während des Höhepunkts beim Geschlechtsakt, manchmal wenn wir Musik hören, und mitunter können wir unsere Begrenztheit überwinden, wenn wir in eine künstlerische Arbeit vertieft sind oder eine Gebirgslandschaft betrachten oder bezaubert vor einem Wasserfall stehen. Aber den größten Teil unseres Lebens verwenden wir auf mühevolle und vergebliche Versuche, über unseren eigenen Schatten zu springen. Auf dieser materiellen Ebene – so begriff ich plötz-

Wunder ereignen sich nicht im Widerspruch zur Natur, sondern nur im Widerspruch zu dem, was wir über die Natur wissen.

AUGUSTINUS

Die Gastfreundschaft vergeßt nicht. Durch sie haben ja manche, ohne es zu wissen, Engel beherbergt.

PAULUS, *Brief an die Hebräer,* 13,2

Zweifel sind Verräter,
die oft ein Gut entziehn, das wir erreichten –
weil den Versuch wir scheuten.

WILLIAM SHAKESPEARE, *Maß für Maß,* I,5

Wer aber weiß, daß Leben das ist,
was die Menschen Tod nennen,
Und Tod, was die Menschen Leben nennen?

EURIPIDES, *Phrixus,* 830

Vier Ecken hat mein Bett,
Vier Engel stehen an meinem Haupt,
Matthäus, Markus, Lukas und Johannes.
Segnet das Bett, in dem ich schlafe.

Kindergebet

Millionen geistiger Wesen wandeln ungesehen über die Erde, ob wir wachen oder schlafen.

JOHN MILTON, *Das Verlorene Paradies,* IV

Daß ich dereinst, an dem Ausgang der grimmigen Einsicht,
Jubel und Ruhm aufsinge zustimmenden Engeln.

RAINER MARIA RILKE, *Duineser Elegien,* 10

lich – *sollen* wir uns nicht so vollständig begegnen: wir sind nicht stark genug, um solche «unverdünnte» Liebe zu ertragen.

Meine Mutter zog sich besorgt und entschuldigend zurück. Ich habe sie seitdem nicht mehr gesehen, aber heute – zehn Jahre später – glaube ich, daß sich ein neuer Versuch lohnen würde. Dann würde ich vielleicht daran denken, ihr Fragen über Tod und Leben zu stellen. Aber ich halte es für möglich, daß wir nichts darüber erfahren sollen. Wir wurden mit Scheuklappen vor den Augen in diese Welt gesetzt, um mit Gott «Blindekuh» zu spielen – aus Gründen, die wir nicht begreifen –, und ich vermute, es würde das Spiel verderben, wenn wir schummeln und den Ausgang erfahren könnten.

Wir hätten nie wieder Angst.

Wir würden immer wissen, daß es noch mehr gibt.

Wir würden uns in das Meer der Liebe stürzen wollen, das Gott ist, und das wir auf der «anderen Seite» sehen können.

Das könnte auch der Grund dafür sein, daß Besuche von Engeln so rar sind.

Ab einem bestimmten Punkt wird die Geisterfrage nebensächlich. Ihre Existenz ist entweder bekannt oder nicht, und was beweist es, wenn wir einmal davon wissen – außer daß das Leben nach dem Tod weitergeht? Das muß jeder für sich selbst entscheiden. Wenn jemand nicht daran glaubt, ist es ihm kein Trost, wenn man ihm sagt, daß es ein Leben nach dem Tod gibt, obwohl die Religionen diese Tatsache seit Jahrtausenden predigen. Hat man aber erst selbst entsprechende Erfahrungen gemacht, lautet die Frage nicht, *ob* die Seele weiterlebt, sondern in welcher Form und weshalb, und was dies im Hinblick auf Gott bedeutet.

Oder sogar, wer oder was Gott ist.

Gibt es Gott? Und wenn es ihn gibt, was tut er, der Atman, die Quelle, die Universale Macht? Welchen Plan verfolgt er, und welche Rolle spielen wir in diesem Plan?

Diese Frage läßt sich auf tausenderlei Art formulieren: Wer bin ich? Weshalb gibt es Leid und Schmerz? Wenn Gott gerecht und voll Liebe ist, wie kommt dann das Böse in die Welt? Verehre ich vielleicht eine launische Gottheit? Oder sogar nur ein Trugbild meiner eigenen Phantasie – also in Wahrheit überhaupt keinen Gott?

Ich möchte noch ausführlicher über Geister sprechen, weil man sie mit Engeln verwechselt. Die Frage ist, ob Engel wirklich die wiederkehrenden Seelen der Toten sind. Ich habe Jahre gebraucht, um mich überhaupt mit der Vorstellung anzufreunden, sie seien Wirklichkeit – es gibt so etwas! –, geschweige denn solche Fragen zu beantworten. Aber wir wollen uns trotzdem zuerst damit beschäftigen.

Geister sind die Seelen der Toten, Engel aber sind Boten Gottes. Geister können wie Engel in Form eines Gedankens kommen und unserem Verstand eine Anregung geben, oder in Form einer *Ahnung* ihrer Gegenwart, vielleicht auch als körperlose Stimmen oder Lichtkugeln, oder sie treiben unsichtbar ihre Possen. Aber wenn sie materialisieren, nehmen sie immer ihre eigene Form an. Und diese Form unterscheidet sie von den Engeln, wie wir noch sehen werden.

Es trifft zu, daß Geister gelegentlich Liebesbotschaften übermitteln und geliebten Menschen Seelenruhe bringen können. Aber Geister sind keine Engel. Sie sind durch ihre Sehnsüchte und sorgenvollen Erinnerungen an diese materielle Ebene gefesselt. Ansonsten sind sie nur machtlose Schatten, unfähig, die andere Seite zu erreichen. Geister sind in allen Kulturen bekannt, und alle Menschen stimmen in bezug auf ihr Aussehen überein. Man kann entweder durch sie hindurchsehen, oder sie erscheinen als milchige, neblige Substanz mit verschwommenen Umrissen. Sie haben keine Füße. Da sie ihren persönlichen Charakter beibehalten, sind sie so freundlich oder boshaft wie zu ihren Lebzeiten. Manche Geister stören die Lebenden, weil sie selbst verstört oder bekümmert sind. Sie gelangen über die Kanäle der Medien zu uns, sie stehen in alten Häusern hinter

Stühlen oder ziehen weinend und verzweifelt durch die Räume, und ihr Erscheinen ist von durchdringender Musik begleitet. Oder sie spielen Streiche, als wollten sie uns stumpfen, blinden Menschen zeigen, daß es sie immer noch gibt. Einige Geister sind wahrhaft böse oder dämonisch; sie können von einem Menschen Besitz ergreifen und großen Schaden anrichten. Aber gewöhnlich handelt es sich um die Geister verstorbener Personen, die wir geliebt haben und die zurückkehren, weil sie besorgt sind oder uns mitteilen wollen, daß alles in Ordnung ist.

Kommt ein Geist in einen Raum, spüren Sie einen kühlen Hauch, als hätte jemand die Tür offengelassen. Wenn er Sie berührt oder sein Körper durch Sie hindurchgeht, empfinden Sie arktische Kälte. Alle diese Anzeichen sind typisch für die Anwesenheit eines Geistes.

Engel sind jedoch anders. Niemand, der einen Engel sah, hat ihn je mit einem Geist verwechselt. Für Engel sind Wärme und Licht charakteristisch, und alle Menschen, denen ein Engel erschien, sprechen voll staunender Ehrfurcht von seinem irisierenden und strahlenden Licht, von leuchtenden Farben oder von seinem unerträglichen weißen Glanz. Sie waren von Freude und Glück erfüllt.

Engel kommen, um zu «arbeiten», um etwas zu bewirken, obwohl mir drei Berichte über Engel vorliegen, die einfach nur herumstanden und sich ruhig miteinander unterhielten. Engel bringen Hilfe oder Botschaften der Hoffnung, aber sie wandern gerade *nicht* herum, weil ihr Herz immer noch an irdischen Dingen hängt, wie die einsamen Seelen der Toten. Engel hinterlassen ruhige Heiterkeit, und die Menschen, zu denen sie gekommen sind, wissen – selbst wenn sie die eigentliche Gestalt ihrer Besucher nicht sehen konnten –, daß Flügel des Schweigens sie streiften, wie Milton sie nannte, unsichtbare, verhüllte Schwingen.

Von George Washington erzählt man sich, daß er bei Valley Forge einen Engel sah. Johnny Cash erhielt zweimal Besuch von

Engeln, einmal mit zwölf Jahren, das zweite Mal als Erwachsener. Beide Male warnten sie ihn vor einem bevorstehenden Todesfall. Ich selbst habe von einem Collegeprofessor gehört, der eine Gruppe weiblicher Engel sah und hörte, und eine andere Geschichte von sechs russischen Kosmonauten – immerhin Atheisten, da sie in einem kommunistischen Staat lebten –, die zweimal Engelscharen im Raum sichteten, deren Flügel so groß waren wie Jumbo-Jets!

Ich habe es in der Zeitung gelesen. Die Geschichte stand, wie es hieß, in einem Geheimbericht, den ein geflohener Wissenschaftler im Frühjahr 1985 aus Rußland geschmuggelt hatte. Wer weiß, ob sie wahr ist?

Es war der 155. Tag an Bord der Raumstation Sojus 7, die sich auf einer Erdumlaufbahn befand. Man kann sich leicht vorstellen, daß die anhaltende schwerelose Isolation – Tag für Tag – dieser Gruppe ausreichte, um sie alle halluzinieren zu lassen. Drei der Kosmonauten, Vladimir Solovev, Oleg Atkov und Leonid Kizim führten medizinische Experimente durch, als sie plötzlich von einem orangefarbenen Leuchten geblendet wurden. Als sich ihre Augen an die Helligkeit angepaßt hatten, sahen sie «sieben riesenhafte menschenähnliche Gestalten, aber mit Flügeln und nebelhaften Heiligenscheinen, wie man sie von klassischen Engeldarstellungen kennt. Sie schienen hundert Meter groß oder größer zu sein, und die Flügelspanne waren mit der eines Linienflugzeugs vergleichbar». Ihre Gesichter waren rund, sie lächelten cherubinisch und sahen alle gleich aus. Die Engel folgten der Raumkapsel etwa zehn Minuten lang, dann verschwanden sie.

Aber zwölf Tage später kehrten alle sieben Engel zurück, und diesmal wurden sie auch von drei weiteren Wissenschaftlern gesehen.

«Wir waren überwältigt», berichtete Svetlana Savistskaja, die Frau in der Gruppe. «Da war ein großes orangefarbenes Licht, und in ihm erblickten wir sieben Engelgestalten. Sie lächelten, als hätten sie ein herrliches Geheimnis miteinander.»

• 3 •

Engel überbringen Botschaften. Das griechische Wort *ángelos* bedeutet «Bote». Im Brockhaus-Wahrig lesen wir die kurzgefaßte Definition eines Engels: «Von Gott geschaffener Geist als Bote Gottes und zur Hilfe für den Menschen.»

Geflügelte Geister oder Engel gehören zu den Mysterien aller Kulturen. Ich besitze einen geschnitzten balinesischen Engel, der wie eine geflügelte Meerjungfrau aussieht. Die Wikinger nannten sie *Walküren*. Bei den Griechen hießen sie *Horen*. In Persien waren sie die *fereshta*, die manchmal mit den *peri* oder *huris* verwechselt wurden – geschlechtslosen, aber dennoch weiblichen himmlischen Wesen, die den Bewohnern des Paradieses sinnliche Freuden verschafften, oder mit den *apsaras* der Hindus, wunderschönen Himmelsfeen, die den Göttern sinnliche und erotische Wonnen zuteil werden ließen. Spätere Lehren (besonders die christliche) versichern, daß Engel ohne fleischliche Gelüste sind, wie es nach christlicher (besonders katholischer) Lehre auch die Menschen sein sollten. Jenen alten indo-europäischen Mythen zufolge konnten Engel jedoch Kinder haben, die wie Kohlköpfe auf ihrem Schoß sprossen und bei der Geburt schon fünf Jahre alt waren.

Es gibt Engel im Zoroastrismus, im Buddhismus und im Taoismus. Es gab Engel in der alten assyrischen und mesopotamischen Vorstellungswelt, und der Glaube an Engel lebte im Manichäismus, im Judentum sowie im christlichen und islamischen Denken fort – und alle diese Religionen haben sich irgendwie befruchtet. Auch Schamanen haben Umgang mit geflügelten Wesen, die aber oft in Form von Adlern, Raben oder von Seelengeistern erscheinen, die der christlichen Ikonographie fremd sind.

Was Pseudo-Dionysios Aeropagita im 5. oder 6. Jahrhundert über Engel schrieb, beeinflußte das gesamte spätere katholische Denken. Er benannte die Rangordnungen der Engel im Himmel, und obwohl er Konkurrenten hatte, blieb seine hierarchische

Klassifikation bis ins 18. Jahrhundert maßgebend. Danach – im Zeitalter der Vernunft oder der Erleuchtung – verlor die Angelologie ihre Beliebtheit. (Der Begriff «Erleuchtung» wurde auch von Wanderern auf dem spirituellen Pfad beansprucht.) Aber Dante, Milton und Goethe hatten ihre Visionen ebenso wie von Swedenborg, der bedeutende Naturforscher und Mystiker des 18. Jahrhunderts, und der geniale deutsche Philosoph Rudolf Steiner, der die Tradition bis ins 20. Jahrhundert hinein fortsetzte.

Vor Gottes Thron besitzen die Engel gar keine Gestalt. Sie erscheinen vielmehr in rein energetischer Form als gewaltige Feuerbälle, wie Supernovas, und kreisen, wirbeln und rollen durch den schwarzen Raum. Sie werden Räder oder Throne genannt und können nur symbolisch dargestellt werden. Mystiker, die ihr immenses Schweigen gesehen und gehört haben, wissen allerdings, was sie gesehen haben, und erlebten vor dieser Macht ihre Kleinheit.

Räder oder Throne.

Im Grunde genommen wissen wir nichts über Engel. Wir wissen nicht, was sie sind oder ob sie in einer himmlischen Rangordnung dastehen. Wir wissen nicht, ob ihre Pflichten und Aufgaben ihrem Dienstalter entsprechen. Wir wissen gar nichts über dieses andere Reich, nur daß uns zuweilen kurze, flüchtige Einblicke in unseren Herzen vergönnt sind.

Wir lauschen seinem Gesang in verlorenen Erinnerungen. Wir sehen es aus den Augenwinkeln, doch wenn wir den Kopf wenden, um es anzuschauen, ist es schon wieder verschwunden. Wir fühlen es in unserer Einsamkeit, in der Leere unseres Herzens, die wir mit sinnlichem Vergnügen, Abenteuern, Drogen, Alkohol, Krieg, Arbeit, Liebe, Freunden oder Sex anzufüllen versuchen. Es ist die existentielle Sehnsucht nach dem Ende, die uns glauben macht, daß es noch etwas anderes geben muß. Denn wenn wir uns an nichts erinnern würden, wenn wir nicht das Gefühl gekannt hätten, erfüllt zu sein, wie könnten wir dann unsere jetzige Leere empfinden?

Einige Engel haben Namen, wie Michael und Gabriel. Wir wissen das nur aus Berichten jener, die sie gesehen haben, oder von Heiligen, Mystikern und Propheten wie Mohammed, zu dem der Engel Gabriel kam, oder in neuerer Zeit von Pater Pio, dem stigmatisierten Mönch, der 1968 in Süditalien starb; während seines kontemplativen Lebens hatte er gegen Teufel gekämpft und war in seiner Zelle von Engeln gewaschen worden.

Aber die meisten Engel sind namenlos und anonym wie jener, der zu Professor S. Ralph Harlow in Northampton (Massachusetts) kam. So weit mir bekannt ist, muß das in den dreißiger Jahren geschehen sein. Der Bericht erschien in einigen kleinen Zeitschriften, unter anderem in *Guideposts* und *Spiritual Frontiers Fellowship:*

Es heißt – und es ist wahr –, daß kurz bevor wir geboren werden ein Höhlenengel seinen Finger auf unsere Lippen legt und sagt: «Schweig still von dem, was du weißt.» Deshalb werden wir mit einer Kerbe in der Mitte der Oberlippe geboren und erinnern uns nicht daran, woher wir kommen.

RODERICK MACLEISH, *Prince Ombra*

Dreißig Prozent der Amerikaner, die nicht an ein Leben nach dem Tod glauben, geben an, bereits eine Begegnung mit dem Tod gehabt zu haben.

American Health Magazine, Januar/Februar 1987

Lieber Jesus, wache über jene, die heute nacht arbeiten,
wach sind oder weinen, und vertraue deinen Engeln jene an,
die schlafen. Sorge für die Kranken, Herr Jesus, schenke den
Ermatteten Ruhe, segne die Sterbenden, tröste die Leidenden,
hab Erbarmen mit den Betrübten, schütze die Frohen
und alle anderen um deiner Liebe willen.

Christliches Gebet

Wer, wenn ich schriee, hörte mich denn aus der Engel
Ordnungen? und gesetzt selbst, es nähme
einer mich plötzlich ans Herz: ich verginge von seinem
stärkeren Dasein.

RAINER MARIA RILKE, *Duineser Elegien,* 1

Lobet ihn, all seine Engel, lobet ihn, alle seine himmlischen Heere!

Psalm 148, 2

Der Zufall ist Gottes Methode, anonym ein Wunder zu tun.

Anonymus

Es war nicht Weihnachten – es war nicht einmal Winter, als das Ereignis stattfand, das für mich plötzlich ein neues Licht auf die alten Erzählungen über Engel warf. Es war einfach ein wunderschöner Frühlingsmorgen, und wir – meine Frau und ich – gingen zwischen den frisch knospenden Birken und Ahornbäumen in der Nähe von Ballardvale, Massachusetts, spazieren.

Mir ist klar, daß dieser Bericht – wie jede Schilderung persönlicher Erfahrungen – nur so viel wert ist wie die geistige Gesundheit und die Glaubwürdigkeit des Berichterstatters. Was gibt es über mich zu sagen? Daß ich ein Gelehrter bin, der Spekulationen meidet und wissenschaftliche Forschung bewundert? Daß ich einen Magister in Harvard, ein Lizentiat in Columbia und einen Doktor am Hartford Theological Seminar erworben habe? Daß ich nie Halluzinationen hatte? Daß Anwälte meine Aussage bezeugt haben, und daß ich Zeuge vor Gericht war und von Richtern und Geschworenen als wahrheitsliebender, verläßlicher Zeuge erachtet wurde? Dies alles ist wahr; aber ich bezweifle, daß derlei Referenzen – so zahlreich sie auch sein mögen – Einfluß auf den Glauben oder Unglauben eines anderen Menschen haben.

Auf längere Sicht müssen wir alle anhand unserer eigenen Lebenserfahrung, unseres Weltbildes und Weltverständnisses prüfen, was über andere zu uns kommt. Also will ich einfach meine Geschichte erzählen.

Der schmale Pfad, auf dem Marion und ich an jenem Morgen dahingingen, federte elastisch unter unseren Füßen, und wir hielten uns an den Händen und freuten uns unseres Lebens. Wir kamen an einen lieblichen Bach. Es war Mai, und weil die Studenten des Smith College, an dem ich Professor war, ihre Prüfungen absolvierten, konnten wir für ein paar freie Tage verreisen, um Marions Eltern zu besuchen.

Wir unternahmen häufig Wanderungen übers Land, und nach dem strengen Winter in New England genossen wir den

Frühling besonders, denn im Frühjahr blühen die Felder und Wälder, und alles ist still, obwohl überall neues Leben aus dem Boden hervorbricht. An diesem Tag waren wir besonders froh und friedlich gestimmt. Wir plauderten gelegentlich und schwiegen dann wieder lange Zeit zufrieden.

Da hörten wir in einiger Entfernung hinter uns das Murmeln gedämpfter Stimmen, und ich sagte zu Marion: «Wir haben heute morgen im Wald Gesellschaft.»

Marion nickte, und wir wandten uns um. Wir sahen nichts, aber die Stimmen kamen näher. Die Fremden schritten rascher aus als wir, und wir wußten, daß sie uns bald überholen würden. Dann bemerkten wir, daß die Stimmen nicht nur hinter uns, sondern auch über uns waren, und wir schauten hoch.

Wie kann ich beschreiben, was wir empfanden? Kann man von der Woge der freudigen Erregung sprechen, die uns überflutete? Kann man von diesem Phänomen mit objektiver Genauigkeit berichten und trotzdem glaubwürdig bleiben?

Etwa drei Meter über uns und etwas zur Linken schwebte eine Gruppe herrlicher und anmutiger Geschöpfe, die in spiritueller Schönheit erglühten. Wir blieben stehen und starrten, während sie über uns hinwegglitten.

Es waren sechs junge, schöne Frauen, in fließende weiße Gewänder gekleidet und in eine ernste Unterhaltung vertieft. Wenn sie von unserer Existenz Notiz nahmen, so zeigten sie es nicht. Wir konnten ihre Gesichter ganz deutlich sehen. Eine der Frauen – ein wenig älter als die übrigen – war besonders schön. Ihre dunklen Haare waren zu einem Pferdeschwanz gebunden, wie wir heute sagen würden. Ich konnte zwar kein Band erkennen, aber es schien eines vorhanden zu sein. Sie sprach mit Nachdruck auf eine jüngere Frau ein, die uns den Rücken zukehrte und der Sprecherin ins Antlitz schaute.

Weder Marion noch ich konnten ihre Worte verstehen, obwohl wir die Stimmen deutlich hörten. Es klang so ähnlich, als lausche man in einem Haus mit geschlossenen Fenstern und Türen einer Unterhaltung von Leuten, die vor dem Haus stehen.

Sie schwebten mit anmutigen und natürlich wirkenden Gesten an uns vorüber – so sanft und friedvoll wie der Morgen selbst. Ihre Stimmen wurden leiser und leiser, als sie davonzogen, bis sie schließlich völlig unhörbar waren. Wir standen wie gebannt am Fleck, Hand in Hand, und hatten die Vision immer noch vor Augen.

Es wäre eine Untertreibung zu sagen, daß wir erstaunt waren. Wir sahen einander an und fragten uns, ob der andere dasselbe gesehen hatte.

Neben dem Weg lag eine entwurzelte Birke. Wir setzten uns darauf, und ich sagte: «Marion, was hast du gesehen? Beschreib es mir genau, mit allen Einzelheiten, und sag mir, was du gehört hast.»

Sie wußte, worauf ich hinaus wollte – ich wollte das Zeugnis meiner Augen und Ohren überprüfen, um festzustellen, ob ich das Opfer einer Halluzination oder meiner Phantasie geworden war. Aber ihre Antwort entsprach in jeder Hinsicht dem, was meine eigenen Sinne wahrgenommen hatten.

Ich habe von diesem Ereignis ebenso gewissenhaft und mit derselben Aufrichtigkeit und Achtung vor der Wahrheit und Exaktheit berichtet, als stünde ich im Zeugenstand eines Gerichts. Aber ich weiß schon während der Niederschrift, wie unglaubwürdig es klingt.

Vielleicht kann ich nicht mehr geltend machen als die Tatsache, daß dieses Erlebnis eine große Wirkung auf unser Leben hatte. Denn diese Begebenheit, die nun schon dreißig Jahre zurückliegt, hat unser Denken stark verändert.

Engel scheinen gewöhnlich zu Kindern zu kommen, zu jenen, die noch «von Wolken der Herrlichkeit gefolgt» sind, wie Wordsworth schrieb. Ist es uns später möglicherweise nicht mehr erlaubt, sie zu sehen? Oder ist unsere getrübte Sicht ein Anzeichen für den Verlust unserer Unschuld? Die nachfolgenden Schilderungen fußen auf Erlebnissen von Hope MacDonald, die für eine christliche Zeitschrift eine kleine Abhandlung über Engel verfaßte.

Ihre Schwester Marilyn war acht und sie selbst vier Jahre alt, als Marilyn eines Tages wie üblich von den Eltern in die Schule gefahren wurde. Eine Stunde später beobachtete Hope, wie ihre Eltern Marilyn verletzt und blutüberströmt zurück ins Haus trugen. Sie legten das Mädchen aufs Sofa und warteten auf den Arzt. Es schien, als sei Marilyn beim Überqueren der Straße vor dem Schulhaus vor einen Wagen gelaufen, angefahren und hoch in die Luft geschleudert worden. Die Eltern hatten hilflos zusehen müssen, wie sie auf das Pflaster stürzte und auf eine große, unverschlossene Abwasserkanalöffnung zurollte. Doch sie fiel nicht hinein, wie die Eltern befürchtet hatten, sondern blieb unvermittelt liegen – genau am Rand des Schachtes.

Die Eltern erzählten dem Arzt die Geschichte, und alle schüttelten verwundert den Kopf. Wie hatte das Kind so plötzlich und so dicht vor dem Kanalschacht liegenbleiben können, obwohl es durch den Aufprall mit großer Gewalt davongeschleudert worden war?

Da meldete sich Marilyn vom Sofa aus erstaunt zu Wort: «Aber habt ihr denn nicht den riesigen, schönen Engel gesehen, der an dem Loch stand und die Hände ausstreckte, damit ich nicht hineinfiel?»

Kapitel 2

Unerkannte Engel

• 1 •

Es heißt, Engel kämen als Gedanken oder Visionen, als Träume, als Tiere, als Licht auf dem Wasser, in Wolken und Regen und auch als Menschen zu uns. Wandeln sie als Menschen verkleidet über diese Erde? Oder erscheinen sie immer nur für die Dauer eines Augenblicks, um gleich wieder im Äther zu verschwinden? Sind sie in Wirklichkeit vielleicht nur Menschen, die Gott für einen Moment bei der Hand nimmt und die dann unwissentlich genau die Worte sprechen, die ein anderer hören muß, oder die einer anderen Seele eine Rettungsleine zuwerfen?

Einmal sah mich ein Mann mit meinem bockenden Wagen an den Straßenrand fahren. Ich war auf dem New England Thruway von New York nach Cape Cod unterwegs. Es war Samstagabend gegen acht Uhr, und es goß in Strömen. Mein Auto hatte bei der erlaubten Geschwindigkeit von etwa hundert Stundenkilometern ausgesetzt. Der Motor hatte gestottert, und ich war nur noch vierzig gefahren und hatte die Warnblinker angeschaltet, weil ich befürchtete, daß jemand auffahren würde. Da hielt ein Mann seinen Lieferwagen an, als er mich hilflos am Straßenrand sah, und begleitete meinen kaum noch fahrtüchtigen Wagen kilometerweit, weit weg von seiner Route, damit mich seine Scheinwerfer schützten. Dieser wunderbare Mann fuhr sechs Stunden lang hinter mir her – man stelle sich das nur einmal vor! –, er opferte sechs Stunden seiner Zeit, um sicherzustellen, daß ich zockelnd mein Ziel erreichte. Ich versuchte später, ihn in New London ausfindig zu machen, um ihm zu danken, aber entweder hatte ich die falsche Adresse, oder er war umgezogen.

In allen schlimmen Situationen auf der Erde können wir selbstlose Taten dieser Art erleben, ausgeführt von Engelshand. Hier folgt der Bericht darüber, wie ein anderer Engel mir half, mich mit meiner im Sterben liegenden Mutter zu versöhnen. Mein jamaikanischer Engel, eine Putzfrau, kam, um mir mein Leben zurückzugeben.

Meine Mutter war eine großartige Dame, klein und kräftig, immer aktiv. Sie mähte die Wiese, bereitete sich ein Sandwich mit Salami, Tomaten, Lattich, Käse und falscher Mayonnaise. Sie aß zwei solcher Sandwiches zum Lunch und trank mehrere Tassen Kaffee – im Stehen an der Küchentheke, als wäre das Sitzen Zeitverschwendung. Dann war sie wieder auf und davon, um eine Runde Golf zu spielen, Laub zu rechen, Freunde in der Stadt zu treffen, auf den Markt oder zur Bank zu gehen. Sie war immer in Bewegung, aber zu mir sagte sie häufig: «Entspann dich! Du bist so zappelig. Setz dich einfach still hin. Du brauchst im Augenblick hier nichts weiter zu tun, als dich hinzusetzen.»

Und das machte mich nervös und ärgerlich, denn die Babies (ihre Enkelkinder) mußten gefüttert, gewickelt oder unterhalten werden, und meine Mutter piekte und zupfte immer an meiner Haut herum.

Und an ihrer eigenen. Sie litt ihr ganzes Leben lang unter Ekzemen. Sie hatte ständig Schmerzen und sprach nie darüber.

1973 zogen mein Mann David und ich von New York wieder nach Washington. Ich bemühte mich damals, meine Beziehung zu meiner Mutter zu verbessern. Dieser Versuch nahm mehrere Jahre in Anspruch. Meine Mutter bekam Brustkrebs, und man amputierte ihr eine Brust. Eine Amazone, die sich eine Brust abschneiden ließ, damit sie ihr nicht beim Bogenschießen hinderlich war, hätte nicht weniger Geringschätzung für ihren Körper beweisen können als meine Mutter. Nach dem Brustkrebs bekam sie Lungenkrebs, und ein Teil ihrer Lunge wurde entfernt. Da hörte sie auf zu rauchen, saß aber weiterhin im Studio bei meinem Vater, während er sich in dem stickigen Raum eine Zigarette nach der anderen anzündete und der Ofen Qualmwolken ausstieß (im Kamin waren Schwalbennester, deren Entfernung laut meiner Mutter zu teuer geworden wäre). Gegen Ende ihres Lebens war meine Mutter so unglücklich – so bekümmert über den Schlaganfall meines Vaters und über ihre Unfähigkeit zu helfen, so verbittert über diesen grausamen Streich des Schicksals –, daß sie in ihrem Schmerz und Zorn oft über mich herfiel, scharf und schneidend.

«Ach, ihr Journalisten», sagte sie verächtlich. Dieser Begriff umfaßte Davids und meine Tätigkeit. «New York! Ihr seid alle so provinziell.»

Gelegentlich ließ sie sich über meine schriftstellerischen Versuche aus. Eines meiner Bücher verabscheute sie ganz besonders. Sie erklärte nie, was ihr daran nicht gefiel, aber jahrelang konnte sie mich kaum anschauen, ohne sich an es zu erinnern: «Was für ein furchtbares Buch.» Sie sagte es immer wieder: «Ich habe mich geschämt, es zu lesen. Geschämt. Ich weiß nicht, wie du in der Öffentlichkeit noch den Kopf hoch tragen kannst, seit du das geschrieben hast.»

«Nun, was genau hat dir mißfallen?»

«Alles. Ich hoffe zu deinem Besten, daß es sich nicht verkauft.»

Es wäre eine Lüge, wenn ich sagen würde, daß es mir nicht wehtat. Einmal bin ich vor ihren Angriffen aus dem Haus gelaufen. Aber ich wollte mich auch mit ihr aussöhnen.

Eines Tages, im Juni 1978, rief sie mich an, um mir zu sagen, daß sie sich unpäßlich fühle und ins Bett gelegt habe. Der Arzt diagnostizierte eine Lungenentzündung. Außerdem war sie in der Badewanne ausgerutscht und hatte sich die Rippen angeschlagen. Sie hatte furchtbare Schmerzen in der Seite. Mein Bruder, seine Frau, David und ich – wir unterhielten uns flüsternd in der Küche, als könnte sie uns im ersten Stock verstehen, wenn wir normal sprächen. Der Anblick unserer still im Bett liegenden Mutter war uns noch neu. Wir hatten sie in den vierzig Jahren kaum je krank erlebt, und dann plötzlich hatte sie zwei Krebsattacken gehabt. Wir fürchteten, daß die Lungenentzündung etwas Ernstes war.

Einen Monat später lag sie im Krankenhaus. Ich zog nach Baltimore, um in ihrer Nähe zu sein. Ich besuchte sie jeden Tag im Hospital, und jeden Tag zankte und stritt sie mit mir. Reporter der *New York Times* waren in Streik gegangen; mein Mann war arbeitslos, und unsere finanzielle Situation war ziemlich heikel. Ich hatte eine Arbeit als Beraterin bei einer Bundesbehörde angenommen, und durch harte Arbeit behielt ich meine geistige Gesundheit und linderte meinen Kummer.

Meine Mutter hörte nicht auf, an mir herumzumäkeln. Weshalb entspannte ich mich nicht? Wieso saß ich nicht einfach im Garten? Weshalb nahm ich es nicht leicht und tat eine Weile mal gar nichts? Mußte ich denn immer arbeiten? Was stimmte nicht mit mir? Dann wieder machte sie sich Sorgen um unsere Finanzen. Ging es uns gut? Konnte David einen neuen Job finden? Aber in der Regel kritisierte sie mich. Im nachhinein erkenne ich, daß unsere Streitereien zum Teil meine Schuld waren. Ich hatte nicht begriffen, wieviel Angst sie ausstand. Weshalb sagte ich ihr nicht, daß ich Angst um sie hatte – und um mich?

Eines Tages hackte sie im Krankenhaus wieder einmal auf mir herum. Pick, pick. Ich konnte ihr nichts recht machen. Ich sank verzweifelt auf meinem Stuhl zusammen. Was tat ich hier überhaupt, da sie doch nur ihre Zunge an mir wetzte? In diesem Moment kam eine breitgesichtige schwarze Frau herein, um den Boden des engen Krankenhauszimmers – das kaum groß genug für das Bett, einen Stuhl und eine Kommode war – mit dem Mop zu bearbeiten. Meine Mutter saß aufrecht im Bett, gegen Kissen gelehnt. Sie trug ein Nachthemd und ein Bettjäckchen darüber.

Ihre dünnen aufgelösten Haare waren über das Kissen gebreitet. Neben dem Bett stand eine große Sauerstoffflasche, von der aus ein Plastikschlauch zur Nase meiner Mutter führte. Sie hatte diese Verbindung gekappt und wedelte mit ihr wie ein Pascha mit seiner Wasserpfeife umher, während sie ihre Salven gegen mich abschoß. Sie bemängelte die Art, wie ich mich anzog, meine jämmerlichen Schreibversuche, nannte meine derzeitige Tätigkeit in der Behörde trivial und witzlos. Nicht einmal das Eintreten der Angestellten unterbrach ihre Tirade.

Ich kauerte auf meinem Stuhl, verletzt und zornig, und fragte mich, ob ich einfach aufstehen und gehen sollte. Meine Mutter lag jetzt vielleicht schon im Sterben – und es gab so viele Dinge, die wir einander hätten sagen sollen – statt dessen hackte sie auf mir herum.

«Ich beneide Sie um das Mutter-Reden.» Die jamaikanische Raumpflegerin unterbrach ihre Tätigkeit. Meine Mutter und ich blickten sie verwundert an. Wir hatten ihren singenden Insulanerdialekt beide nicht verstanden. Aber die Erregung des Begreifens überlief mich.

«Was?» ich richtete mich auf meinem Stuhl auf.

«Ich beneide Sie um das Mutter-Reden», wiederholte die Frau. Sie blickte von einer zum anderen und lächelte ein breites, goldenes Lächeln. «Meine Mutter starb, als ich zwölf Jahre alt war», sang sie, «und ich hatte in all den Jahren niemanden, der mit mir redete, wie eine Mutter redet. Es ist so schön zu hören.»

Meine Mutter sah verwirrt aus. Ich setzte mich noch gerader hin, von Freude durchflutet. *Natürlich!* Sie sorgte sich einfach um ihr Kind; das war alles. Ich hatte es nur nicht begriffen. Die herrliche dunkelhäutige Frau war kurz darauf mit dem Boden fertig – noch drei Striche mit dem Mop, und das war's. Sie ging und ließ uns in einer anderen Gemütsverfassung zurück.

Ich hielt sie damals nicht für einen Engel, wunderte mich aber über den so passend gewählten Zeitpunkt ihres Auftritts: Diese Frau kam einfach hereinspaziert, erklärte mir das Verhalten meiner Mutter, und ging wieder hinaus. Von diesem Augenblick an besserte sich das Verhältnis zwischen mir und meiner Mutter.

Wir begannen, uns auf einer anderen Ebene zu unterhalten. Wir konnten über den Tod sprechen und uns sagen, wie sehr wir uns eine um die andere sorgten.

Eine Woche später war sie tot.

Gibt es jemanden, der noch nie ein ähnliches Erlebnis gehabt hätte, dem nicht auf geheimnisvolle Weise ein Fremder begegnet wäre, der ihm half?

Mein Freund Jack Moorman arbeitet bei einer Anlagebank. Er ist von Natur aus fröhlich und optimistisch. Er hat stets erwartet, daß alles so kommt, wie er es sich wünscht. Im Alter von acht Jahren war er einmal allein zu Hause gewesen und hatte sich mit seinen neuen scharfen Schnitzwerkzeugen zu schaffen gemacht. Plötzlich rutschte sein Schnitzmesser ab und fuhr ihm tief in den Finger. Welcher Schmerz! Ein Stück weißer Knochen war zu sehen. Überall war Blut.

In diesem Moment schlug die Türglocke an. Er wickelte ein Handtuch um seinen Finger und ging, um die Tür zu öffnen. Draußen stand eine Krankenschwester in weißer Uniform und fragte nach seinen Eltern. Sie trat ein, säuberte seine Wunde, verband seine Hand und ging. Sie kam nie wieder, und er erfuhr nie, weshalb sie wirklich gekommen war.

Heute – vierzig Jahre später – sagt er, daß er es damals nicht seltsam gefunden hatte, daß eine Schwester ohne jeden Anlaß an ihr Haus gekommen war. Aber jetzt erkennt er, wie merkwürdig dieser Zufall war. Hatte es sich um einen Engel gehandelt, der gekommen war, um ihm, der ganz allein war, beizustehen?

Charlie ist ein noch junger Mann. Er hat einen dünnen blonden Schnurrbart und eine hübsche Frau. Er lebte damals in Taloma Park, einem Vorort von Washington, D.C.

«Es war 1971», berichtete mir Charlie, «und damals verdienten wir $ 37,50 pro Woche. Wir wollten die Mutter meiner Frau in Massachusetts besuchen, aber wir hatten einen abgefahrenen Vorderreifen. Damals konnte man nicht einfach losgehen und einen Reifen kaufen; also sah es so aus, als müßten wir die Fahrt abblasen.

Wir machten gerade Obst ein. Ich wollte mit meinem Freund Birnen pflücken, und ich erzählte ihm, daß wir nach Massachusetts fahren wollten, daß der Reifen abgefahren war, daß wir nicht das Geld hatten, um einen neuen zu kaufen, und daß wir wahrscheinlich nicht fahren konnten. Wir pflückten also unsere Birnen und gingen wieder ins Haus. Wir wohnten an einer abschüssigen Straße, die als Sackgasse am Sligo Creek endete. Und als wir vor dem Haus ankamen und den Wagen parkten, stand dort eine Dame oben an der Straße, die ließ einen Reifen mitsamt Felge den Hügel hinunterrollen. Wir schauten zu, wie sie ihn einfach losließ. Das Rad rollte die Straße hinab in den Bach. Es war kein besonders breiter Bach. Ich sagte: «Ich finde, wir sollten diesem Reifen eine Chance geben». Ich holte also die Felge mit dem Reifen heraus; sie paßte an meinen Wagen, und wir fuhren nach Massachusetts. Ich kann mich nicht daran erinnern, wie die Dame aussah, halt eine junge Frau, die ein Rad mit Felge die Straße hinunterrollen ließ. Damals habe ich nicht lange nachgedacht – ich bin einfach gegangen und habe das Rad aus dem Bach geangelt. In jener Zeit passierte derartiges häufig. Heute gibt es das auch noch, aber man nimmt es nicht mehr so wahr. Heute erwarte ich eher, daß solche Sachen passieren, aber damals habe ich es nicht erwartet. Heute denke ich: «Wenn man etwas braucht, sorgt irgendwer oder -was dafür, daß man es bekommt». Damals wußte ich das noch nicht.

Es geschieht einfach, und es ist nicht mehr so eine tolle Sache, wie sie es mal war. Mir ist es so oft passiert, daß man bekommt, was man braucht. Ich weiß nicht, inwieweit die Absicht etwas damit zu tun hat.»

Es ist überhaupt keine Absicht im Spiel. Hilfe kann auch kommen, wenn man sie am wenigsten erwartet oder wenn man nicht an sie glaubt. Harry Aylesworth ist Inhaber einer Finanzberaterfirma in Clearwater, Florida. Er erzählt, er habe 1971 unter starkem Streß gestanden. Einmal war er spät abends unterwegs, als sein Wagen auf einer abgelegenen Straße stehenblieb. Er sah sich schon im Dunklen einen 80-km-Marsch unternehmen, und plötzlich wurde er wütend. Er glaubte nicht an Gott oder Engel oder geistige Kräfte, aber plötzlich platzte er heraus: «Okay, das reicht jetzt. Ich brauche Hilfe, und zwar sofort!»

In diesem Augenblick sah er die Scheinwerferlichter eines Wagens auf sich zu kommen, der bei ihm anhielt. Zwei Männer saßen darin; heute glaubt Harry, daß es Engel waren. Sie fuhren nach Boca Raton und nahmen ihn bereitwillig zum nächsten Abschleppdienst mit. Seltsam war auch, daß sie sehr still und sehr «spirituell» waren. Sie ließen ihn reden und fragten ihn über die Ex-Frau des früheren Mannes seiner Ex-Frau aus, die drohte, ihn umzubringen – Familienprobleme. Als er aus ihrem Wagen stieg, verspürte er neue Ruhe und neuen Frieden in sich.

«Das war der Beginn meiner spirituellen Suche. Ich weiß nicht, ob sie sich materialisierten, um mich mitfahren zu lassen, und sich danach wieder entmaterialisierten, oder ob sie Wesen waren, denen aufgetragen war, mir zu helfen, zum Beispiel Engel.» Wer will das entscheiden?

Ein Merkmal der Engel ist, daß sie gelassene und friedvolle Heiterkeit ausstrahlen – selbst dann, wenn man sie nicht sieht –, die denjenigen süß und sanft durchzieht, zu dem sie kommen. War das wohl die Süße, die meine Tante meinte, wenn die Gesellschaft in «engelisches Schweigen» verfiel? «Ein Engel geht durchs Zimmer.»

REMBRANDT, *Der Engel erscheint den Schäfern* (Kupferstich), 17. Jahrhundert.

Es ist auffällig, wie viele Menschen schon Erlebnisse hatten, in denen das Göttliche sie streifte. Harrys hübsche Frau Deborah (eine Geschäftsfrau mit Pilotenschein) hörte still zu, als er seine Geschichte erzählte. Dann gab sie ihre eigene zum besten. Sie erzählte in der Art, wie alle Menschen erzählen, die eine überweltliche Begegnung hatten – mit leiser Stimme, und die Erinnerung zauberte ein kleines Lächeln auf ihre Lippen. Ein wenig bitter, als wäre sie enttäuscht, daß es vorbei war.

Auch ihre Geschichte spielte sich Mitte der siebziger Jahre ab, als sie und Harry ihr Geschäft gegründet hatten und beide unter entsetzlichem Streß standen. Eines Nachmittags war ihre Angst so groß, daß sie sich aufs Bett legte. Dieses Loslassen oder Aufgeben war sehr ungewöhnlich für sie. Sie lag auf der rechten Seite, berichtete sie, den Arm ausgestreckt, als sie plötzlich eine Hand auf ihrer linken Schulter spürte. Die Hand war warm, die Berührung tröstlich.

Sie wußte, daß es sich um etwas Übernatürliches handelte.

Sie konnte nicht sagen, ob es ein Engel war, aber von der Berührung ging eine unbeschreibliche Süße aus, und sie hatte das Empfinden, daß alles sich zum besten entwickeln würde.

Dann stand sie wieder auf. Sie wußte nun, daß alles in Ordnung war – und sie sollte Recht behalten.

Das ist das zweite Merkmal eines Engels. Seine Botschaft lautet stets: «Fürchte dich nicht. Alles kommt völlig in Ordnung. Es wird dir gefallen; warte in Geduld.» Nie hört man von einem Engel, der schlechte Nachrichten herausposaunt. Und wenn wir ans Sterben denken, erwarten wir vom Engel des Todes die Verkündigung von Frieden und Freude und Licht.

Ich möchte an dieser Stelle jedoch nicht verschweigen, daß mir auch ein oder zwei Fälle bekannt geworden sind, in denen Engel Furcht verbreitet haben. Aber davon später.

Engel kommen in allen Größen, Gestalten und Farben, sichtbar und unsichtbar für das physische Auge. Aber alle, die einen Engel sahen, wurden verwandelt.

Und das ist das dritte Merkmal eines Engels. Man erinnert sich an die Begegnung mit ihm und ist nicht mehr derselbe Mensch wie zuvor.

Manchmal kommen sie in der Gestalt eines Freundes, aber wie es scheint, erkennen wir sie am ehesten, wenn sie als Fremde kommen, wenn sie nur für einen Augenblick in unser Leben treten und sogleich wieder hinaustanzen; manchmal geben sie nicht einmal einen Namen preis, unter dem man sich an sie erinnern kann.

Ich kenne eine Frau, die eigentlich längst tot sein müßte. Daß sie ihre Krankheiten und die vielen Operationen überhaupt überlebte, war für die behandelnden Ärzte ein Wunder.

Einmal fuhr sie mit dem Bus von New Jersey nach New York, um ihren Mann und ein paar Freunde zum Essen zu treffen. Sie hatte eine einfache Fahrkarte zum New Yorker Hafenamt gelöst und – da ihr Mann sie an der Bushaltestelle abholen wollte – auch kein Geld mitgenommen. Zudem kannte sie nicht einmal den Namen des Ehepaares, in dessen Haus das Essen stattfinden sollte.

Unglücklicherweise hielt der Bus wegen größerer Renovierungsarbeiten am betreffenden Gebäude nicht an der üblichen Haltestelle. Die Frau konnte ihren Mann nicht finden. Überall lungerten Betrunkene und verwahrloste Individuen herum. Niemand konnte ihr weiterhelfen. Sie irrte zwei Stunden lang auf dem Hafengelände herum. Schließlich begann sie zu beten.

Dann kam ein «netter kleiner dicker Mann» vorbei. Er hatte ein «süßes Gesicht».

«Entschuldigung, wissen Sie, wo die Busse nach New Jersey abfahren?» fragte sie ihn in ihrer Verzweiflung. Sie dachte sich, daß dort auch die Ankunftsstelle sein müsse.

«Ja», erwiderte er. «Ich bringe Sie hin.» Und er führte sie zu ihrem Mann.

«Wir waren so froh, einander zu sehen, daß wir beide weinten. Dann drehte ich mich um und wollte den Mann vorstellen, und er war fort.»

Unsere Geburt ist nur ein Schlaf und ein Vergessen:
Die Seele, die mit uns aufwächst, unser Lebensstern,
Ist an einem anderen Ort zu Hause,
Und sie kommt von weit her;
Nicht in völligem Vergessen
Und nicht in äußerster Nacktheit,
Sondern von Wolken der Herrlichkeit gefolgt kommen wir ...
WILLIAM WORDSWORTH, *Intimations of Immortality*

Am Anfang schufen die Unsterblichen,
die ihren Sitz auf dem Olymp haben,
das goldene Geschlecht der Sterblichen.
Sie lebten zu der Zeit,
als Chronos der König des Himmels war.
Sie lebten wie die Götter selbst,
die Herzen frei von Kummer,
mit sich in Einklang und ohne Mühe und Schmerz.
Die Plage des Alters war ihnen fremd;
ihre Glieder behielten ihre Geschmeidigkeit.
Sie vergnügten sich auf Festen
und lebten ohne Sorgen.
Wenn sie starben, war es, als fielen sie in einen Schlaf.
Alle Güter gehörten ihnen ...
Jetzt, da die Erde dieses Geschlecht zu sich genommen hat,
werden sie gute und gesegnete Seelen genannt;
sie leben auf der Erde,
und sie sind gut. Sie wachen über die Sterblichen
und beschützen sie vor dem Übel;
sie wachen über Prozessen und unrechten Geschäften;
sie hüllen sich in dunklen Nebel
und wandern übers ganze Land;
sie schenken Reichtum,
denn dieses Vorrecht der Könige ward ihnen verliehen ...
HESIOD, *Werke und Tage*

• 2 •

Engel erscheinen als Menschen oder unsichtbare Hände, und sie kommen auch als «Präsenzen» oder körperlose Anwesenheiten. Sir Ernest Shackleton, der Südpolforscher, der Robert F. Scott auf einer seiner abenteuerlichen Reisen begleitet hat, berichtete, daß er und seine Gefährten auf dem Rückweg vom Südpol von «einem weiteren» begleitet wurden. Und Francis Sydney Smythe sprach von einer freundlichen «Präsenz», die neben ihm kletterte, als er im Jahr 1933 den Mount Everest bestieg.

«In ihrer Begleitung konnte ich mich nicht einsam fühlen, und es konnte mir kein Unglück zustoßen. Sie war immer da, um mir bei meinem einsamen Aufstieg in die schneebedeckten Abhänge zu helfen. Als ich innehielt, um ein Pfefferminzplätzchen aus der Tasche zu holen, war sie so nahe und so deutlich spürbar, daß ich das Pfefferminzplätzchen instinktiv halb durchbrach und mich mit einer Hälfte in der Hand umwandte, um es meinem ‹Begleiter› anzubieten.» Smythe hielt die Präsenz für eine Halluzination.

Aber manchmal greift die Präsenz auch aktiv ein.

Gerry-Kay Talton, eine meiner Bekannten, erzählte mir ihre Geschichte. Sie verehrte die Jungfrau Maria. Eines Tages – sie war sehr deprimiert – hörte sie beim Beten die Stimme Marias tief in ihrem Innern, die sie freundlich aufforderte, sich zu erinnern, wie oft schon Unheil von ihr abgewendet worden war. Am Nachmittag dieses Tages überquerte Gerry-Kay in Begleitung einer Freundin eine Straße, als unvermittelt ein Wagen sehr schnell direkt auf sie zugerast kam. Ihre Freundin war schon zur Seite gesprungen, aber sie selbst war starr vor Schreck, stand mit offenem Mund da und sah reglos zu, wie der Wagen auf sie zukam. Da spürte sie zu ihrer Verwunderung, wie zwei Hände sie von hinten um die Taille faßten und hochhoben. Da kam Leben in sie, und sie sprang! Der Wagen verfehlte sie nur um dreißig Zentimeter.

Ihre Freundin hatte die ganze Szene beobachtet. Sie sagte später, es sei das Seltsamste gewesen, was sie je gesehen hatte: wie Gerry-Kay völlig unbeweglich auf der Straße stand, wie der Wagen auf sie zuschoß, und wie sie sich plötzlich eine Handbreit in die Luft erhob und einen Moment lang schwebte und schließlich aus dieser Position auf den Bürgersteig sprang – als hätten ihre Füße sich tatsächlich vom Boden abgestoßen.

Keine der Frauen hatte einen Engel gesehen, aber Gerry-Kay konnte das Gefühl nicht vergessen, wie ein Paar Hände sie emporgehoben hatten. Und sie erinnerte sich an das Glücksgefühl, das sie überkommen hatte. Sie hatte gelacht! Sie hatte tatsächlich kichern müssen, weil sie gespürt hatte, daß alles gut war. Vielleicht hätte sie daran gezweifelt, daß sich dieser Vorfall wirklich ereignet hatte, wenn ihre Freundin ihn nicht bezeugt hätte.

Aber wessen Schutzengel war es gewesen – der Gerry-Kays oder der des Autofahrers?

Am häufigsten kommen Engel, wie ich glaube, zu Kindern, Heiligen und sehr einfachen Leuten, zu den Unschuldigen, die vielleicht deutlicher als wir wahrnehmen können.

Bridget Mather, ein achtjähriges Mädchen, das in Washington, D.C., lebt, wird überallhin von einem Engel begleitet. Er hat pinkfarbene Flügel, sagt Bridget, ein gelbes Gewand und Flügel anstelle der Füße. Er ist seit etwa ihrem dritten Lebensjahr bei ihr, und wenn sie abends schlafengeht, umhüllt der Engel ihren Körper mit einem spiraligen Regenbogen, damit ihr im Schlaf nichts zustößt. Ich fragte das kleine Mädchen, ob der Engel immer bei ihr sei, auch wenn sie in Gesellschaft oder in der Schule ist. Sie dachte ein Weile nach, dann erwiderte sie: «Nein, nur wenn ich mich in der Schule am Papier schneide. Dann heilt er den Schnitt.» Wie? «Mit seinem Zauberflügel.»

Hier ist Karen Hills Geschichte:

«Als meine Tochter fünf und mein Sohn sieben Jahre alt waren, machten wir ein Picknick in den Colorado-Bergen. Die Kinder spielten an einem Bach. Plötzlich hörten wir unseren

Sohn schreien. Wir drehten uns um und sahen, wie unsere Tochter in die Strömung gezogen wurde. Sie war im Wasser auf den Kopf gefallen. Sie lag mit dem Gesicht nach unten da und hielt sich fest. Mein Mann zog sie heraus.

Auf dem Nachhauseweg trug ich sie in den Armen und sagte ihr, wie stolz ich auf sie war, darauf, daß sie sich festgehalten hatte, und auf ihre Stärke. Dann hielt ich ihr einen kleinen Vortrag über Gefahren – daß sie nie aufgeben dürfe, und so weiter.

Sie schaute mich an und sagte: ‹Aber, Mammi, da waren drei kleine Engel, die mir geholfen haben. Sie haben mir gesagt, daß ich mich festhalten soll, und ich fühlte mich so stark.›»

Aber auch Erwachsene haben Engel gesehen. Einige beschreiben sie als strahlende Helligkeit und farbiges Leuchten, andere als in strahlendes Weiß gekleidet. Erstaunlich ist, daß ihr Aussehen nie übereinstimmend beschrieben wird, selbst wenn sie in ihrer eigentlichen himmlischen Gestalt erscheinen – als Engel (statt als unsichtbare Hände, wirbelnde Energiebälle, Menschen, Träume, Visionen oder Gedanken). Sind die Engel aber tatsächlich verschieden, oder sind die Unterschiede in den Beschreibungen nur auf das unterschiedliche Wahrnehmungsvermögen der Menschen zurückzuführen?

St. Franziska, eine französische Heilige des 14. Jahrhunderts, hatte einen Schutzengel, der sie niemals verließ und ihr gelegentlich gestattete, seine unglaubliche Schönheit zu schauen. Er besaß lange, blonde, lockige Haare und trug ein bodenlanges Gewand, das manchmal weiß, manchmal auch blau und manchmal rot schimmerte. Sein Gesicht war «weißer als Schnee und röter als die blühende Rose» und sein Leuchten so hell, daß sie in seinem Licht sogar um Mitternacht eine Andacht lesen konnte. Seine Augen waren ständig zum Himmel erhoben. Einmal nahm die heilige Franziska ihn bei der Hand und stellte ihn ihrem Beichtvater und geistigen Beistand vor, der ihn – seltsam genug – ebenfalls sehen konnte. Er sagte, der Engel habe die Größe eines fünf- oder sechsjährigen Kindes.

Eine meiner Bekannten, eine Heilerin, sah einmal einen Engel zu Füßen der Frau, der sie gerade die Hände auflegte. Das war merkwürdig, sagte sie, denn obwohl sie bei ihrer Tätigkeit stets betet und Jesus und die Heilengel anruft, fühlt sie zuweilen ihre Gegenwart, sieht sie aber nicht. Und manchmal fühlt sie überhaupt nichts. Bei dieser Gelegenheit waren ihre Augen geschlossen gewesen. Sie öffnete sie und sah das Wesen schwach, aber mit den inneren Augen. Es war in Rot gekleidet und hatte lange, braun gesprenkelte Schwingen wie ein Falke. Die Heilerin selbst war wieder in ihr meditatives Heilgebet versunken. Sie nahm die wunderschöne Präsenz einfach zur Kenntnis, schloß die Augen und fiel wieder in Trance.

Aber die Frau, mit der sie arbeitete, sagte: «Zu meinen Füßen steht ein Engel.»

«Wie sieht er aus?» fragte die Heilerin.

«Es ist verrückt», erwiderte die Frau lachend, und sie beschrieb einen charmanten jungen Kavalier mit weißen Flügeln und unförmlichem, ziemlich anzüglichem Auftreten.

Was tun Engel? Sie retten, helfen, schenken uns Gelassenheit und Heiterkeit. Sie überbringen Botschaften der Warnung oder der Hoffnung. Sie führen uns, lehren uns, antworten auf unsere Gebete, geleiten uns in den Tod. Aber immer dienen sie Gott und nicht sich selbst.

Ein New Yorker Taxifahrer erzählte mir, er habe in Griechenland als kleines Kind von drei Jahren eine Schar Kinderengel auf einer Treppe spielen sehen. Es war auf der Treppe des Hauses einer frommen alten Frau gewesen, die eben gestorben war. Tatsächlich ging er gerade mit seiner Mutter zur Totenfeier dieser Frau, als er die Engelchen sah. Es waren *putti* – im Deutschen «Putten», oft fälschlich «Amoretten» genannt (im Englischen heißen sie *cherubs*, sind aber nicht mit den majestätischen Cherubim der Heiligen Schrift zu verwechseln).

Man sagt, die Kinderengel begleiten die Jungfrau Maria, die selbst zu den ranghöchsten Engeln gehört – den Thronen Gottes. Bei allen Erscheinungen der Jungfrau wimmelt es förmlich von

VERROCCHIO, *Taufe Christi* (Ausschnitt). 15. Jahrhundert.

Engeln. 1858 erschien die Jungfrau dem vierzehnjährigen Mädchen Bernadette Soubirou in Lourdes und wies sie an, den Brunnen zu graben, der seither als heilige Stätte gilt. 1861 nannte die erste Prüfkommission fünfzehn von hundert Heilungen an diesem Brunnen «wunderbar». 1959 wurden 5000 Heilungen in Lourdes gemeldet – unter anderem unerklärliche Genesungen von Krebs, Tuberkulose und Blindheit –, und 58 der Fälle wurden als «Wunderheilungen» bezeichnet.

1917 erschien die Jungfrau drei Hirtenkindern in dem portugiesischen Dorf Fatima, das seitdem ebenfalls ein Wallfahrtsort ist. Gerüchten zufolge zeigte sie sich neuerdings auch in Pennsylvanien und in Texas. Ein Ort ist heute bestätigt – Medjugorje in Jugoslawien. Dort erscheint die Jungfrau seit 1981 täglich um 6.40 Uhr vier Frauen und zwei jungen Männern, die jetzt um die zwanzig Jahre alt sind. Seit ihrem zwölften Lebensjahr erscheint ihnen die Jungfrau täglich zur gleichen Stunde. Sie seien für die Visionen auserwählt worden, sagte die Jungfrau, weil sie «ganz normale» Menschen sind.

Wenn die Jungfrau erscheint, fallen die jungen Visionäre in Trance. Sie reagieren nicht auf Licht, Geräusche oder Berührungen. Ihre Augen blinzeln nicht. «Wir sehen die Jungfrau, wie wir andere Menschen sehen», sagte einer von ihnen. «Wir beten, sprechen zu ihr und berühren sie.»

Sie ist eine wunderschöne Frau mit schwarzen, lockigen Haaren, blauen Augen, einer Sternenkrone und leuchtendem Antlitz. Sie trägt ein Gewand oder einen Mantel von grauer Farbe. Sie schwebt auf einer grauen Wolke und berührt den Boden nicht. Sie ist von Engeln umgeben. Die sechs Menschen fühlen sich außerhalb von Zeit und Raum, wenn sie erscheint, und auch die Umstehenden werden «irgendwie berührt», obwohl sie die Jungfrau Maria nicht sehen können.

Seit 1981 sind Tausende und Abertausende von Wallfahrern nach Medjugorje gepilgert. Dr. Susan Trout vom *Washington Center for Attitudinal Healing*, die diesen Ort 1988 besuchte, sah Putten in den Wolken, Kinderengel. Andere hingegen sahen erwachsene Engel, wieder andere die Madonna, und einige taten einen Blick in andere Realitäten und nahmen Energie- oder Farbenwirbel wahr.

Wie Susan Trout erzählt, kann man in Medjugorje in die Sonne schauen, ohne seine Augen zu schädigen, denn wenn man es tut, schiebt sich eine Scheibe, eine graue, abgerundete Raute, vor die Sonne und filtert die schädlichen Strahlen aus.

Die Madonna übermittelt den sechs jungen Leuten dieselben Botschaften, wie wir sie von den Engeln kennen: Fürchte dich nicht. Lege Angst und Sorgen ab, Gott wird dir den Weg zeigen ... Überlasse all deinen Besitz und dein Handeln Gott, so daß er dein Leben lenken kann, als der König von allem, was du besitzt ... Frohlocke über den Schöpfer, der dich so wunderbar erschaffen hat, und danke ihm unaufhörlich, auf daß Gottes Segen ständig auf dein Leben herabströme.

Sind die Erscheinungen echt? Die katholischen Priester am Ort sagen, daß es lediglich drei Entscheidungskriterien gibt. Das erste Kriterium ist die Frage, ob die Vision den Traditionen der etablierten Kirche entspricht. Das zweite ist die Frage, ob die Inhalte der Visionen mit der Heiligen Schrift in Einklang stehen. Der dritte Prüfstein betrifft die Verzückung und Ekstase der Visionäre selbst. Eine der sechs Personen ist inzwischen verheiratet, eines der Mädchen wird bald eine Nonne sein. Diese jungen Männer und Frauen sind – wie Susan Trout es ausdrückt – «etwas Besonderes». Sie verkörpern Frieden und Liebe und strahlen eine Heiterkeit aus, wie man es von Menschen erwarten kann, die jeden Tag Engel und das Angesicht Gottes schauen.

«Ich habe mit keinem einzigen der Besucher Medjugorjes gesprochen, der nicht verändert worden wäre», sagt Susan. «Man findet eine innere Verwandtschaft; ein tiefes Wissen. Die Sorgen verflüchtigen sich. Frieden zieht in das Herz ein, den einem niemand je wieder nehmen kann.»

Engel Gottes, mein Beschützer hier,
durch Gottes Liebe empfohlen mir,
sei bei mir diesen Tag, ich bitte dich,
erleuchte, beschütze und leite mich.
Amen.

Denn er beauftragt seine Engel, über dir zu wachen auf allen deinen Wegen.

Psalm 91, 2

«Fürchtet euch nicht! Denn siehe, ich verkünde euch eine große Freude.»

Lukas 2, 10

Unsere Taten sind unsere Engel, ob gut, ob böse,
Unsere schicksalhaften Schatten, die noch mit uns wandeln.

JOHN FLETCHER, *The Honest Man's Fortune*

Engel können fliegen, weil sie sich selbst leicht nehmen.

Schottisches Sprichwort

Obwohl sie so groß sind, so glorreich, so rein, so wunderbar, daß uns der bloße Anblick (wenn es uns erlaubt wäre, sie zu sehen) zu Boden werfen würde, wie es dem Propheten Daniel geschah – und er war ein heiliger und rechtschaffener Mann , sind sie doch mit uns Diener und Arbeiter, und sie wachen gewissenhaft über uns und verteidigen den Geringsten unter uns.

KARDINAL NEWMAN

Man hört gelegentlich die Behauptung, der Sieg der Alliierten im Zweiten Weltkrieg sei darauf zurückzuführen gewesen, daß Engel auf ihrer Seite mitkämpften.

Aber die dramatischste Kriegsgeschichte – ein Rolandslied der Gegenwart – handelt von den Engeln bei Mons in Belgien. Die Erscheinung fand zwischen dem 26. und 28. August 1914 während der anfänglichen Kriegshandlungen des Ersten Weltkriegs statt. Die Franzosen und die Briten befanden sich vor der Übermacht der deutschen Kanonen auf dem Rückzug nach Paris. Verglichen mit dem Massaker, das später in diesem Krieg stattfand – als die durchschnittliche Lebenserwartung eines britischen Offiziers an der Front zwanzig Minuten betrug, wie man sagte –, war das gar nichts, aber dennoch war es ein trauriger und verlustreicher Rückzug.

Dann begannen sich Gerüchte auszubreiten – daß die Männer auf dem Feld Engel gesehen hätten. Vage Gerüchte.

Die Franzosen hatten den Erzengel Michael (oder war es die heilige Johanna?) gesehen: barhäuptig, mit einer goldenen Rüstung angetan, auf einem weißen Pferd sitzend, ein Schwert schwingend. Für die Briten war es der heilige Georg, der plötzlich aus einem gelblichen Nebel auftauchte: «Ein großer Mann mit blonden Haaren, in goldener Rüstung, auf einem weißen Pferd, das Schwert erhoben. Der Mund war geöffnet, und er rief: ‹Sieg!›» Und es waren nicht nur ein oder zwei Männer, die ihn sahen. Eine Krankenschwester aus einem Lazarett erzählte, sie und ihre Mitschwestern hätten die Geschichte von vielen Verwundeten gehört, und Männer beider Nationalitäten hätten wiederholt nach Medaillen oder Abbildungen von St. Michael oder St. Georg gefragt. Am merkwürdigsten fanden die Schwestern die Aura der Verklärung oder heiteren Zuversicht bei diesen sterbenden Männern.

Einer der Verwundeten gab an, er habe in einer kritischen Phase des Rückzugs von Mons zwischen den herankommenden

Die Engel sind, wo seit Urzeiten sie waren,
Wend' einen Stein, und es regt sich ein Flügel!
Du bist's allein; dein verfremdetes Aug',
Das blind dich gemacht für das Wundergeschöpf.
FRANCIS THOMPSON, *The Kingdom of God*

Engel sind nicht nur deshalb Engel, weil sie heiliger sind als Menschen oder Teufel, sondern weil sie ihresgleichen nicht für heilig halten, nur Gott allein.
WILLIAM BLAKE

Engel sind keine verfeinerten menschlichen Wesen, die mit ihren Flügeln Tiermerkmale entwickeln. Sie sind himmlische Besucher und fliegen nicht auf materiellen, sondern auf spirituellen Fittichen. Engel sind reine Gedanken Gottes, von Wahrheit und Liebe beflügelt, wie ihre Individualitäten auch beschaffen sein mögen. Der Mensch aber überträgt die Eigenarten seines Denkens auf die Engel, verleiht ihnen übernatürliche Züge und stattet sie zudem mit bildhaften Flügeln aus. Aber das sind lediglich Phantasien, hinter denen nicht mehr Realität steht als ein Bildhauer Gedanken hat, während er seine «Freiheitsstatue» erschafft. Sie verkörpert sein Konzept einer unsichtbaren Qualität ...

Engel sind Gottes Beauftragte. Diese nach oben strebenden Wesen führen nie zum Selbst, zur Sünde oder zu Materiellem, sondern immer zu dem göttlichen Prinzip alles Guten, das alle wahre Individualität, jedes Bild oder Gleichnis Gottes umfaßt. Wenn wir diese geistigen Führer ernst nehmen, bleiben sie bei uns, und wir laden «unerkannte Engel» ein.
MARY BAKER EDDY, *Science and Health*

Denn er wird seinen Engeln befehlen, auf dich zu achten,
sie sollen sollen dich auf Händen tragen,
daß du nicht an einen Stein stößt.
Psalm 91, 11–12

Deutschen und ihnen selbst «einen Engel mit ausgebreiteten Flügeln wie eine leuchtende Wolke» gesehen. Von diesem Moment an habe der Ansturm der Deutschen nachgelassen.

Ein anderer Soldat berichtete, «ein seltsames, scharf abgegrenztes Licht, das kein Widerschein des Mondes war», gesehen zu haben. «Das Licht wurde heller, und ich konnte ganz deutlich drei Gestalten erkennen. Die in der Mitte hatte etwas, das wie ausgebreitete Flügel aussah, die beiden anderen waren nicht so groß, aber eindeutig von der mittleren abgegrenzt. Sie schienen lange, lose herabhängende Gewänder von goldener Tönung zu tragen, und sie waren über den deutschen Linien, die Gesichter uns zugewandt.»

Ein Jahr darauf kamen auf deutscher Seite Gerüchte auf. Ihnen zufolge waren die Männer in einem bestimmten Augenblick «völlig unfähig, weiterzumarschieren ... und ihre Pferde wendeten urplötzlich und flohen ... und nichts konnte sie aufhalten». In Deutschland erhielt das betroffene Regiment angeblich einen scharfen Verweis. Aber die deutschen Soldaten blieben bei ihrer Aussage, sie hätten gesehen, daß die alliierten Linien von Tausenden von Truppen gehalten wurden – «Tausende», sagten sie, obwohl es sich in Wirklichkeit nur um eine schwache Front von zwei Regimentern gehandelt hatte, deren Männer in Abständen von 15 Metern stationiert waren oder in ungeordnetem Rückzug über die Straßen schwärmten.

Hatten die Soldaten etwas gesehen? Wer kann das sagen? Die Berichte lassen sich nicht bestätigen. In einigen Fällen handelte es sich um einen einzelnen Engel, in anderen um mehrere, die über dem Schlachtfeld schwebten; in wieder anderen war es eine Geisterkavallerie, die den Rückzug der Männer deckte.

Inzwischen war der englische Journalist Arthur Machen so bewegt, daß er, als er im Radio von dem Rückzug von Mons hörte, eine Kurzgeschichte darüber verfaßte. Sie erschien am 14. September 1914, drei Wochen nach dem Ereignis, unter dem Titel «The Bowmen» («Die Bogenschützen») in der *London Evening News.* Darin schilderte er, wie den zurückweichenden

Männern «schimmernde» Phantombogenschützen aus einer Schlacht erschienen waren, die im 15. Jahrhundert bei dem ganz in der Nähe von Mons gelegenen Agincourt stattgefunden hatte.

Als die Gerüchte über die Engelerscheinungen nach England gelangten, glaubte Machen, daß sie von seiner Geschichte herrührten. Er gab sich viel Mühe, die Menschen davon zu überzeugen, daß er die Geschichte ersonnen hatte, daß sie nicht der Wahrheit entsprach. Es hatte keine Erscheinungen gegeben!

Aber die Gerüchte hielten sich hartnäckig, und es gelang Machen nie, sie zu zerstören.

Ein Mann hielt die Erscheinungen für die Seelen der soeben Gefallenen, die sich noch in der Nähe ihrer Kameraden aufhielten. Andere schworen darauf, die Geschichten seien sämtlich unwahr, bloße Ausgeburten des Fiebers und der Erschöpfung in einem Krieg, in dem die Schwestern eines Feldlazaretts 45 Stunden lang ununterbrochen Dienst taten, in dem man die noch Lebenden unter den schon erkalteten Leichen hervorzog, wenn die Verwundeten auf Pferdekarren herangebracht wurden. Manche behaupten, die Gerüchte von Engeln seien die Folge einer Massenhysterie in dieser hunderttausend Mann starken Armee gewesen, die erst wenige Tage zuvor aufgebrochen war, in Erwartung des sicheren Sieges, und statt dessen bei der ersten Begegnung 15000 Mann verlor. Und der egozentrische Arthur Machen führte die Gerüchte natürlich auf seine Geschichte über die Bogenschützen des 15. Jahrhunderts zurück, die den Rückzug der Armee deckten.

Einige Leute aber glauben, daß Engel bei Mons waren.

Kapitel 3

Wend' einen Stein, und es regt sich ein Flügel!

• 1 •

Meiner Meinung nach kann man keine Erscheinung haben, wenn nicht auch parapsychologische Erfahrungen anderer Art wie Telepathie und außersinnliche Wahrnehmung im Spiel sind. Ich hatte meine diesbezüglichen Erlebnisse, als ich den Geist in Brooklyn sah; aber ich habe nie viel über Geister nachgedacht, denn sie zeigten sich in so flüchtiger Gestalt, und ihr Erscheinen war folgenlos. Ich konnte leicht darüber hinweggehen. Bedenken Sie, daß ich ein Kind der Aufklärung war. Für alle, die an Séancen, Medien, Wahrsagen aus den Handlinien oder charismatische Prediger glaubten – kurz, für all das, was in unseren Augen mit Hexensabbaten und mittelalterlicher Alchemie zusammenhing –, empfand ich nichts als Verachtung.

Aber wie sollte ich mir diese Einbrüche des Unerklärlichen erklären? Das Telefon klingelt, und Sie wissen, wer anruft, bevor Sie den Hörer abnehmen. Oder Ihre Hand greift schon zum Hörer, bevor der Apparat klingelt, und Sie wissen, daß dieser oder jener Sie jetzt anrufen wird. Ich habe eine irische Freundin, deren Mutter eine Art Seherin war. Sie lebten in einem Haus ohne Telefon. «Geh für mich auf den Markt, Bill», sagte sie gelegentlich zu ihrem Sohn, «wir werden heute Nachmittag Besuch haben.» Woher wußte sie das?

Ich persönlich entdeckte, daß ich nur an einen befreundeten Menschen denken und überlegen mußte, wie ich ihn erreichen konnte – und er begegnete mir auf der Straße oder schrieb mir oder rief mich an. Es war unheimlich. Und diese Fähigkeit nahm mit dem Alter zu. Und auch etwas anderes geschah – oder vielleicht war es immer schon geschehen und ich war nur zu unsensibel gewesen, es wahrzunehmen oder darauf zu vertrauen: Wenn ich hilflos vor einem Problem stand, das ich glaubte, nicht lösen zu können, wurde mir die Antwort gegeben. Jemand rief an. Ein Buch fiel vom Tisch und öffnete sich auf der Seite, auf der die nötige Information stand. Es war, als hätte ich ein mentales SOS ausgesandt und als würde jemand darauf reagieren. Die Frage ist: Denken wir an einen Menschen, weil er im Begriff ist anzurufen, weil wir ihn bald treffen werden? Mit anderen Worten, tauchen wir in die Zukunft ein? Oder ist es der stumme Wunsch oder der Gedanke an eine bestimmte Person, der sie anzieht? Sind wir eine physische Manifestation unseres Innenlebens? Ist die Lösung eine Reaktion auf das Bedürfnis oder die Not?

Ich nannte es Telepathie und nickte dazu, als sei dieses Wort eine Erklärung. Außersinnliche Wahrnehmung. Wenn wir an das Radio glauben können – diesen geheimnisvollen Kasten, der unhörbare Töne empfängt und sie in unserem Wohnzimmer hörbar macht, wenn wir an einem Knopf drehen –, dann sollte Telepathie kaum geheimnisvoller für uns sein. Aber wie erklären wir uns die Tatsache, daß gewisse Botschaften anscheinend auf keinen Sender angewiesen sind, um irgendwo empfangen zu werden?

Eines Tages – meine beiden Kinder waren noch sehr klein – saß ich an meiner Schreibmaschine; es war vor unserem Umzug nach Brooklyn, und wir lebten noch in Washington, D.C. Die eine Tochter war zwei Jahre, die andere, Molly, war erst wenige Wochen alt. Ich arbeitete im dritten Stock unseres kleinen Hauses in einer Dachstube. Ein Stück den Flur hinab lag Molly auf einem Bett und schlief. Sie war noch zu klein, um sich auf die andere Seite zu drehen (tatsächlich hatte sie es noch nie versucht, obwohl sie manchmal den Kopf hob), aber trotzdem hatte ich sie für alle Fälle zwischen drei Kissen gebettet. Sie schlief wie ein Stein, flach ausgestreckt, wie es nur Hunde und Menschenbabies können. Ich schrieb in dem anderen Zimmer an einem Artikel, klapperte auf meiner Maschine (Computer gab es damals noch nicht) und war völlig in meine Arbeit vertieft, als plötzlich ...

«Molly fällt aus dem Bett», dachte ich und war auch schon in fliegender Hast auf dem Weg zu ihrem Zimmer – und fing sie mitten im Fall auf.

Das sollte uns nachdenklich machen. Selbst wenn wir die Gedankenübertragung oder Telepathie akzeptieren – wie sollen wir uns diesen Vorfall erklären? Das Baby konnte unmöglich gewußt haben, daß es fallen würde, und noch weniger war es fähig, mir dieses Wissen zu übermitteln. Schließlich hatte sich Molly noch nie zuvor umgedreht, war noch nie gefallen und wußte nicht, daß sie sich knapp einen Meter über dem Fußboden befand.

Außerdem wußte ich, daß sie fallen würde, bevor sie tatsächlich fiel. Ich hatte Kenntnis von einem künftigen Geschehen erhalten. Dieses Phänomen heißt Präkognition.

Der mittelalterliche Philosoph Thomas von Aquin schrieb um das Jahr 1250 eine ganze Abhandlung über Engel. Seiner Überzeugung nach sind Engel reine Gedanken, die willentlich und in Gedankenschnelle stoffliche Körper annehmen können – aber ihre Körper werden ebenfalls aus Gedanken geformt. Reiner Intellekt.

Wenn es sich so verhält, dann kommen Engel als Vorstellungen, als Intuitionen, als Einsichten – als Blitze aus heiterem Him-

LUCA CAMBASO, *Engel mit Trompete* (Zeichnung). 16. Jahrhundert.

mel, die Künstlern zu ihren Visionen und Wissenschaftlern zu den Lösungen ihrer Probleme verhelfen. Einstein schrieb seine Relativitätstheorie der Intuition zu, und der Nobelpreisträger Emil Fischer führte seine Entdeckungen in der Chemie auf das beunruhigende Gefühl zurück, daß «etwas nicht in Ordnung» war.

Wir wissen nichts über die Intuition. Wir wissen, daß sie meist nicht einzeln auftritt. Wir wissen, daß sie durch Erfahrung verstärkt und durch mangelnde Übung verloren oder vergessen werden kann. Sie ist durch plötzliches Wissen, plötzliche Einsicht gekennzeichnet; einen Zusammenhang, der in einem Augenblick und unerwartet hergestellt wird, aber gewöhnlich erst nach Tagen oder Wochen fruchtloser Bemühungen. Ist dieses Bemühen eine Form des Gebets?

Intuition wurde von allen nur möglichen Standpunkten aus erklärt – aus historischer, soziologischer, psychologischer Sicht. Die Asiaten glauben, daß sie der Akasha-Chronik entstammt – einem Fluß des Wissens, der die Erde umströmt und in den manche begünstigte Menschen gelegentlich eintauchen können. Der Philosoph Spinoza faßte sie als Einheit mit Gott auf.

Man kann sie nicht herbeizwingen. Der Wunsch ist sozusagen ihr Gefährt, aber sie kommt erst, wenn man seinen Stolz, seine Befürchtungen und seine Vorurteile soweit vergißt – daß man sich ganz in einer Idee, einer Person oder einem Ereignis verliert. Das ist der Augenblick, in dem – in blitzartiger Erkenntnis – der Engel der Einsicht erscheint.

Man sagt, daß das Beten die Engel herbeiruft. Aber wenn das Gebet konzentriertes und von Ablenkungen befreites Denken ist, die reine und geklärte Sehnsucht des Herzens, ist dann auch das Gebet selbst eine Manifestation des Göttlichen? Ist schon das Verlangen ein Geschenk Gottes – damit Er selbst es später befriedige?

Ich sprach mit meiner Freundin Jane Vonnegut über diese Fragen. «Glaubst du, daß ein Unterschied zwischen dem Gebet und der Hilfe durch Engel besteht?» Der auf Einheit bedachte

Teil von mir antwortete: «Nein.» Es ist alles ein und dasselbe. Ein Ozean, ein Traum. «Alles fließt und berührt einander. Eine Störung an einer Stelle wirkt sich bis ans andere Ende der Welt aus», schrieb Dostojewski. Also führt ein Gedanke im geistigen Atlantik zu Reaktionen im Indischen Ozean, und Engel überbringen ihre Botschaften sicherlich in Träumen und Gebeten – vermöge solch verborgener Wunder, daß wir die wunderbaren Antworten auf unsere Nöte nicht einmal wahrnehmen.

Man sagt, daß das Beten die Engel herbeiruft. Andere sagen, die Gnade ziehe die Engel an. Ich las vor etwa einem Jahr in der Zeitung von einem Mann, der eines Nachts im Pazifischen Ozean von seinem Segelboot fiel – oder seine Jacht war gesunken; das weiß ich nicht mehr genau. Jedenfalls fand er sich kilometerweit von jedem Land entfernt im Meer schwimmend wieder, wurde auf Wellenkämme gehoben und in Wellentäler gestürzt. Er schwamm in Richtung Hawaii, von wo er gekommen war, aber er wußte, daß es weit weg war. Waren es 30 oder mehr Kilometer? Er schwamm die ganze Nacht. Er muß eine gute Kondition gehabt haben, auch wenn ihn die Zeitung nur als Geschäftsmann auf Urlaub bezeichnete. Schließlich wurde ihm mit einem Mal bewußt, daß er es nicht schaffen konnte. Er hatte nicht mehr genügend Kraft, um das Land zu erreichen. Dann betete er, wie er sagte, aus ganzem Herzen und mit ganzer Seele – und spürte, wie ihn ein Energiestrom durchfloß. Er verlieh ihm Auftrieb. Er gab ihm genügend Kraft, noch stundenlang zu schwimmen, bis er den Strand erreichte.

So stand es in der Zeitung. Andererseits erscheinen Engel auch ohne Gebete – also weiß man nicht, weshalb sie kommen. Oder schlimmer – man weiß nicht, weshalb sie so oft nicht kommen.

Ed Shiver, 53 Jahre alt, schreibt Reden für Privatindustrielle. Als Kind von sieben oder acht Jahren hatte er mehrere Träume, in denen Engel vorkamen. Es war keine schöne Zeit für ihn. Seine Eltern stritten sich andauernd. Ed fühlte sich – wie so viele Kinder – schuldig. Aber seine Traumvisionen befreiten ihn nicht von seinen Schuldgefühlen, sondern machten ihn noch beklommener. Er erzählte mir den folgenden Traum (von dem er nie zuvor zu einer Menschenseele gesprochen hatte):

«Eines Nachts träumte ich – und der Traum ist mir noch heute äußerst deutlich in Erinnerung –, ich hätte das Bett verlassen und die Schlafzimmertür geöffnet, und plötzlich stand ich draußen in der Nacht. Es war Viertelmond, und Christus saß in der Mondsichel. Ich blickte verwundert hoch. Er schaute auf mich herab und winkte mir lächelnd zu. Er schaukelte in der Mondsichel. Zu seiner Linken war ein Engel, der ein großes Buch hielt: ‹Das Lebensbuch des Lammes.› Und Jesus schaute auf das Buch und dann auf mich und lächelte, als stünde mein Name in dem Buch.

Ich habe bisher noch niemandem davon erzählt. Man würde denken: ‹Der Junge ist ein Spinner oder krank ... ein Psychotiker.›»

Eine Woche später hatte er seinen ersten Engeltraum.

Er träumte, daß er auf einen Spiegel in seinem Zimmer zuging. Es sah sich selbst im Spiegel, flankiert von zwei Engeln. Sie waren erwachsen. Sie lächelten. Sie hatten Flügel. Sie strahlten hell und waren sehr weiß. Es war ein Schwarzweiß-Traum.

«Einige Nächte später kam derselbe Traum wieder. Was so merkwürdig war, der Traum war so ... klar und ... lebendig. Er ist immer noch lebendig. Aber er erschreckte mich zu Tode. Er zeigte mir etwas, das ich nicht verstand. Ich wollte nicht fromm sein oder etwas Besonderes, ich wollte nicht anders als die anderen sein.

Dann träumte ich den Traum zum dritten Mal, und ich war entsetzt. Ich betete, daß der Traum aufhören solle, und danach kam er nicht wieder.

Heute bin ich geteilter Meinung darüber. Die Logik weist mir die psychischen Ursprünge des Traumes auf. Sie sagt mir, daß er von meiner frühen religiösen Erziehung beeinflußt und mit Streß verbunden war ... aber ein Teil von mir denkt – weil der Traum so lebendig war – anders darüber.

Denn nichts, was zu beweisen wert wäre, läßt sich beweisen noch widerlegen; deshalb tust du gut daran, immer die Sonnenseite des Zweifels zu wählen.

ALFRED, LORD TENNYSON, *The Ancient Sage,* 1,66

Man blickt nach ihm und sieht es nicht:
der Name nennt es: das Flüchtige;
man lauscht nach ihm und hört es nicht:
der Name nennt es: das Seltene;
man greift nach ihm und faßt es nicht:
der Name nennt es: das Zarte.

LAO-TSE, *Tao-Tê-King,* 14. Spruch

Gute Gedanken führen zu guten Handlungen, und schlechte Gedanken haben schlechte Handlungen zur Folge. Haß weicht niemals durch Haß; Haß weicht nur durch Liebe.

GOTAMO BUDDHA

Ein Engel ist ein Gedanke Gottes.

MEISTER ECKHART

Sind sie nicht alle dienende Geister, ausgesandt, um jenen zu dienen, die das Heil erben sollen?

PAULUS, *Brief an die Hebräer,* 1,14

Es ist sehr wichtig, daß du für andere betest, denn wenn du für jemanden betest, bricht ein Engel auf und setzt sich auf die Schulter dieses Menschen.

Die JUNGFRAU MARIA zu den Kindern von Medjugorje

Engel und Boten Gottes, steht uns bei!

SHAKESPEARE, *Hamlet,* I,4

Ich kann heute keine Engel sehen, aber ich stelle mir gerne vor, daß sie da sind. ‹Würdet ihr mir bitte die Hand reichen?› sage ich zum Beispiel. Und plötzlich kommt eine Wärme über mich.»

«Hat der Traum Sie selbst oder Ihr Leben verändert?» fragte ich ihn.

«Nein, er hat mein Leben nicht verändert. Oder vielleicht doch.» Wer weiß?

• 2 •

Nachdem ich erst einmal einen Engel und ein, zwei Geister gesehen hatte, konnte ich nicht länger an ihrer Existenz zweifeln. Ebenso gut könnte man jemandem, der sich auf einen heißen Ofen stützt, weismachen wollen, daß er sich nicht die Hand verbrennt. Aber es scheint dennoch durchaus berechtigt zu sein, nicht an eine höhere Macht zu glauben, bis man einen Beweis für sie hat. Nur deshalb an Gott oder eine Vorsehung zu glauben, weil es einem eingeredet wird, ist der Gipfel der Dummheit. Wir sind mit Sinnen ausgestattet, damit wir unsere eigenen Eindrücke sammeln können. Wir haben unsere eigenen Erfahrungen. Wir sehen mit eigenen Augen und fühlen mit dem eigenen Tastsinn. Wir haben unsere Intelligenz, damit wir verstehen. Jeder Mensch muß diese Dinge mit sich selbst abmachen.

Und das scheint der Witz zu sein, um den es beim Leben letztlich geht.

Susan Lehman ist eine ehemalige Schauspielerin und Theaterdirektorin aus New York. 1968 trat sie als Sängerin in Saint Thomas auf den karibischen Inseln auf. Sie lebte auf dem Schiff des Produzenten, während sie an der Show mitwirkte. Dort lernte sie Howard und seine beiden Söhne Brian und Michael kennen, die in der Nähe auf der Jacht *Hypatia* lebten.

Howard hatte für die Fluggesellschaft BOAC gearbeitet, sich frühzeitig pensionieren lassen, die *Hypatia* gekauft – einen zwölf

Meter langen Trimaran – und war mit Brian von England in die Karibik gesegelt. Dort vermietete er sein Boot. Michael hatte sich ihnen angeschlossen, und bald war Susan an Bord gekommen. Sie arbeitete auf einer zehntägigen Kreuzfahrt als Mädchen für alles. Sie hatten eine ausnehmend schöne Zeit an Bord, und sie beschloß daher, auf dem ersten Abschnitt ihrer Rückreise nach Kanada mit Howard und seinen Söhnen bis Miami mitzufahren.

Zwei Ereignisse durchkreuzten allerdings diese Pläne, und Susan sollte erst im nachhinein erkennen, wie weitreichend die Auswirkungen waren. Zuerst hatte Howard einen Herzanfall. Die drei jungen Leute – Brian, Michael und Susan mit ihrem Scotchterrier – mußten also ohne ihn nach Miami segeln. Der zweite Vorfall schien trivial, sollte aber später zum Schiffbruch führen: Sie verloren einen Schraubenschlüssel.

Auf der ersten, zehntägigen Kreuzfahrt waren Probleme mit den beiden Außenbordmotoren aufgetreten, und sie hatten sie nach ihrer Rückkehr nach Saint Thomas durch Innenbordmotoren ersetzt. Die fehlerhaften Motoren zurrten sie im als Stauraum dienenden Backbordponton fest. Dann setzten sie die Segel und nahmen Kurs auf Puerto Rico, der ersten Station auf dem Weg nach Miami. Weiter ging es zu der Bahama-Insel Great Inagua, wo sie nach dreitägiger Fahrt eine Rast einlegten. Dort erwarteten sie die nächsten Schwierigkeiten. Der Startknopf der neuen Innenbordmotoren funktionierte nicht richtig.

Als sie den Starter reparieren wollten, trat einer von ihnen aus Versehen einen Schraubenschlüssel von 5/8 Zoll Größe über Bord. O je! Susan erinnert sich, das kleine Werkzeug ins Meer fallen gesehen zu haben. Auf der Insel war kein anderer Schraubenschlüssel aufzutreiben. Das bedeutete, daß sie gänzlich auf die Segel angewiesen waren, um Long Island – den nächsten Bahama-Ankerplatz – anzulaufen. Sie hofften, dort einen neuen Schraubenschlüssel zu bekommen.

Unterwegs gerieten sie in eine Flaute. Sie dümpelten auf dem kaum bewegten Meer. Warteten. Mit dem Schraubenschlüssel hätten sie den Starter reparieren und die Fahrt mit Motorkraft fortsetzen können. So aber mußten sie warten. Später am Nachmittag frischte der Wind auf, doch dann stürmte es derart, daß der Trimaran die Nordostküste von Long Island entlang abgetrieben wurde, an der windgeschützen Landebucht vorbei.

Sie waren auf hoher See, nichts brach die Gewalt des Oststurms, und sie konnten nicht dagegen ankreuzen. Es wurde Nacht. Es fiel kein Regen in der mondhellen Nacht, aber die See ging so hoch und der Wind blies so heftig, daß sich die beiden Außenbordmotoren aus ihrer Vertäuung im Backbordponton losrissen und das Fiberglas durchbrachen. Das Boot ging unter. Es sank backbords so rasch, daß Susan in der Heckkabine auf den Boden geschleudert wurde. Sie dachte: «Es wird nicht sinken, aber es könnte umschlagen.»

Brian – der erfahrenere Seemann – warf einen Anker aus, um die Jacht im Wind zu halten. Sie wurde mit jeder Bö und jeder Welle nach Westen abgetrieben, auf die Insel zu, aber die Hauptkabine füllte sich mit Wasser. Die Lebensrettungsausrüstung befand sich in dem leckgeschlagenen Ponton.

Brian beschloß, den Trimaran aufzugeben. Die Insel war nicht weit entfernt, sie konnten sie mit dem Rettungsfloß erreichen. Er ging an Deck, um das Floß aufzublasen. Es war ein BOAC-Floß für zwanzig Personen, komplett mit Ausrüstung, Lebensmittelproviant und Wasser.

Sofort schlug das Unglück erneut zu. Als Brian an der Leine zog, um das Floß aufzublasen, riß ihn eine Woge über Bord. Er trug keine Schwimmweste, aber die Leine des Rettungsfloßes war um sein Handgelenk gewickelt. Susan und Michael bemühten sich, ihn in der Finsternis auszumachen, während die Wellen gegen die untergehende *Hypatia* brandeten. Nach einer Weile sahen sie ein Licht, das hin- und hergeschwenkt wurde. Da wußten sie, daß Brian das Ufer erreicht hatte. Er signalisierte ihnen mit einer Taschenlampe.

Die beiden unerfahrenen Seeleute Susan und Michael waren allein auf dem sinkenden Boot. Sie hatten keine Möglichkeit, es zu verlassen.

Mein Bruder bat stets die Vögel, ihm zu vergeben. Das hört sich unsinnig an, aber es ist richtig. Denn alles ist wie der Ozean; alles fließt und berührt einander. Eine Störung an einer Stelle wirkt sich bis ans andere Ende der Welt aus. Es mag töricht sein, Verzeihung von den Vögeln zu erbitten, aber die Vögel, die Kinder und alle Tiere wären glücklicher, mit dir zusammenzuleben – zumindest ein wenig glücklicher –, wenn du rücksichtsvoller wärst, als du es jetzt bist. Wie gesagt, alles ist wie ein Ozean. Dann würdest du auch zu den Vögeln beten, weil eine alles umfassende Liebe dich mit Entzücken umhüllte, und sie bitten, daß sie dir deine Sünden vergeben. Halte diese Ekstase hoch, so sinnlos sie dir auch erscheinen mag.

DOSTOJEWSKI, *Die Brüder Karamasow*

Ich glaube, daß wir innerhalb gewisser Grenzen frei sind, und doch gibt es eine unsichtbare Hand – einen Engel, der uns leitet und uns wie eine Schiffsschraube unter Wasser antreibt.

RABINDRANATH TAGORE

Jungs Interesse am Metaphysischen erwachte aufgrund der Tatsache, daß Freuds Methode nicht bei Patienten anwendbar war, die älter als 35 Jahre waren.

Man kann mit ruhigem Gewissen sagen, daß sie sich alle krank fühlten, weil sie dasjenige verloren hatten, was die lebendigen Religionen jedes Zeitalters ihren Anhängern schenkten, und keiner von ihnen wurde wirklich geheilt, wenn er nicht seine religiöse Perspektive wiedergewann.

C. G. JUNG, *Modern Man in Search of a Soul*

Zahllos sind die Wagen Gottes, tausend und tausend, also zieht vom Sinai der Herr in das Heiligtum.

Psalm 68, 18

Inzwischen ging der Mond unter. Michael sagte, er wolle das Ankertau kappen, weil das manövrierunfähige Boot ohne Anker schneller auf die Insel zugetrieben würde. Susan hatte keine Segelerfahrung, aber sie war sicher, daß er sich irrte.

«Wenn du das tust», sagte sie, «legt sich das Boot mit der Breitseite vor den Wind und schlägt um.»

«Das ist möglich», erwiderte Michael störrisch, «aber ich habe die Verantwortung. Du kannst ins Wasser springen oder an Bord bleiben.»

Ihre kalte und sichere Gewißheit war seltsam. Sie wußte, was sie nun zu tun hatte. Der Wind heulte. Sechs Meter hohe Wellen schlugen gegen den Trimaran.

«Ich muß springen», sagte Susan.

Brian hatte ihr einen Korkrettungsring gegeben. Sie schob ihn sich unter die Achseln, nahm ihren Scotchterrier Bonnie auf, stellte seine Hinterpfoten auf den Rettungsring, legte seine Vorderpfoten auf ihre rechte Schulter und schob die Finger unter sein Halsband. Als sie im Wasser war, wußte sie – wiederum mit größter Gewißheit –, daß sie geführt wurde. Die Wellen schlugen alle acht oder zehn Sekunden über ihrem Kopf zusammen. Sie atmete jedesmal tief ein, wenn sie an die Oberfläche auftauchte. Sie war voller Zuversicht, daß alles gut ausgehen würde. Sie scherzte mit Bonnie.

Endlich spürte sie Seetang unter den Füßen. Sie begann zu schreien, um Brians Aufmerksamkeit auf sich zu ziehen. Er rief zurück, kam zu ihr und half ihr auf. Sie konnte nicht gehen.

Der Hund lief prompt an einen Fels und hob das Bein.

Sie kauerten sich im Rettungsboot zusammen, um sich vor dem Wind zu schützen. Susan stand unter Schock und fröstelte. Die Nacht war sternenklar. Susan lag da und mußte an Michael denken. Sicher war er tot.

Am nächsten Tag fanden sie das Boot. Ein Seilgeflecht über dem ganzen Deck zeugte von Michaels ebenso mühsamen wie vergeblichen Versuchen, ihre Habe festzuzurren. Er hatte das Ankertau gekappt. War das Boot umgeschlagen? Sie konnten es nicht entscheiden. War er in das 30 Meter tiefe Wasser gespült worden? Niemand wußte es.

Der kleine Hund war es, der Michaels Leiche fand. Plötzlich lief er den Strand hinunter und bellte. Brian eilte ihm nach. Er zog seinen ertrunkenen Bruder an Land und deckte ihn zu. Dann machten sich die beiden Überlebenden auf, um Hilfe zu holen. Sie waren an einem unbewohnten Teil der Insel gelandet. Susan war barfuß. Sie trug Jeans, ein Bikinioberteil und eine Windjacke mit Kapuze. Ihr Weg führte durch dornige Sträucher. Susan befand sich immer noch in jenem Trancezustand, in dem sie sich geführt und geleitet fühlte. Sie wußte Dinge, von denen sie eigentlich nichts wissen konnte. Einmal blieb sie zum Beispiel unvermittelt stehen. «Nein», sagte sie, «das ist der falsche Weg», und sie änderten ihre Marschrichtung.

Schließlich kamen sie an ein Haus, ein Dorf, trafen einen Polizisten und erzählten ihre Geschichte. Brian ging mit dem Polizisten zum Strand zurück, um die Leiche Michaels zu holen.

Es war eine britische Insel. Wenn hier jemand ertrank, gab es eine Untersuchung. Susan und Brian wurden in ein Büro gebeten und befragt. Der schmucklose Raum beherbergte nichts außer einem Tisch und zwei Stühlen, nicht einmal ein Bild an den kahlen weißen Wänden. Aber auf dem Tisch lag ein Schraubenschlüssel von 5/8 Zoll Größe – genau das Werkzeug, das sie gebraucht hätten, um den Starter zu reparieren! Hätten sie diesen Schraubenschlüssel gehabt, hätten sie in der Flaute den Motor anlassen können und wären dann nicht in den Sturm geraten. Die Außenbordmotoren hätten nicht das Fiberglas des Pontons durchbrochen, und das Boot wäre nicht gesunken. Susan starrte angewidert auf das Werkzeug.

Michael wurde auf Nassau beerdigt.

Eine Zeitung brachte die Geschichte am 15. April. «Eine Person ertrank und zwei wurden gerettet, als die zwölf Meter lange Jacht *Hypatia* um 1.30 Uhr drei Kilometer vor O'Neills in der Nähe vom Simms Long Island auf ein Riff lief.» Die Story stimmte nicht mit der Susans überein, aber damals sagte sie nichts.

Sie barg sie in ihrem Herzen. Zuerst diese Überzeugung, daß sie ins Wasser springen mußte, dann das Gefühl, geleitet zu werden, das Gefühl, schon zuvor auf dem Meer gewesen zu sein, «so als wäre ich in einem anderen Leben Matrose gewesen und hätte genau gewußt, was zu tun war». In diesem Leben hatte sie, abgesehen von gelegentlichen Tauchversuchen mit dem Schnorchel, keinerlei Erfahrung mit dem Ozean.

Sie sagte, sie habe sich in jener mondhellen, stürmischen Nacht selbst im Meer schwimmen sehen können. Sie wußte, daß sie in ihrem Leben noch einiges zu erledigen hatte. Selbst als die Wellen über ihr zusammenschlugen, wußte sie, daß sie in Sicherheit war. Und das war das eigentlich Dramatische für sie.

Als sie später zur Vernehmung in diesen leeren Raum kam – ein Tisch, zwei Stühle – und den Schraubenschlüssel sah, nahm sie dies als Bestätigung, als ein Zeichen dafür, daß alles so hatte kommen müssen. «Du bist genau da, wo du jetzt sein mußt.» So drückte sie es aus. Als sei das Geschehen vorbestimmt gewesen.

Engel als Intuition. Sie kommen recht häufig in Seefahrtsgeschichten vor. Die folgende Geschichte erzählte mir eine Freundin. Sie war ihrem Freund widerfahren – einem Mann, der eines Tages weit auf eine Hafenmole hinausging. Er war sehr deprimiert, dachte sogar an Selbstmord. Neben ihm schlugen hohe Brecher gegen die Mole, ein Tumult aus weißem Schaum und grünem Wasser. Er stand in seiner Verzweiflung auf der Mole und dachte daran, daß er nur einen Schritt tun mußte. Einen einzigen Schritt nach vorn – und seine Sorgen wären vorbei.

In diesem Augenblick rollte ein neuer, riesiger Brecher heran. Er riß ihn von den Füßen und verschlang ihn. Die Wogen schlugen über ihm zusammen und spülten ihn ins offene Meer hinaus.

Im nächsten Moment ließ der Druck wieder nach, und er spürte wieder festen Boden unter sich: die Mole. Die Woge hatte ihn zurückgebracht. Er lag auf dem Bauch, klammerte sich an den nassen Stein und kroch erschöpft über die Mole ans sichere Land zurück.

Wer macht sich schon etwas aus Wundern?
Ich hingegen kenne nichts als Wunder,
Ob ich durch Manhattans Straßen gehe,
Oder über die Dächer in den Himmel schaue,
Oder barfuß den Strand entlang gehe,
Oder unter den Bäumen des Waldes stehe ...
Oder Honigbienen an einem Sommermorgen
ihren Korb umsummen sehe,
Oder Tiere auf der Weide fressen,
Oder Vögel, oder das Wunder der Insekten
in den Lüften,
Oder das Wunder des Sonnenuntergangs,
oder der stillen und hellen Sterne,
Oder die feine, wunderbare Linie des
Neumonds im Herbst;
Dies und alles andere, eines und alles,
sind Wunder für mich,
Eines verweist aufs andere, und doch ist
jedes für sich an seinem Ort.
Jede Stunde des Lichts und der Finsternis
ist ein Wunder für mich,
Jeder Kubikzoll des Raumes ist ein Wunder,
Jeder Quadratfuß Boden dieser Erde
Jedes Stück Natur ist voller Wunder.
Das Meer ist für mich ein beständiges Wunder,
Die schwärmenden Fische – die Steine – die Unrast
der Wellen – die Schiffe, auf denen Menschen fahren,
Gibt es denn seltsamere Wunder?
WALT WHITMAN, *Miracles*

Da rief der Engel Jahwes vom Himmel her: «Abraham, Abraham!» Er antwortete: «Hier bin ich.»
Genesis 22,11

Er nahm dieses Erlebnis als Zeichen. Eine andere Dimension hatte sich über ihn geneigt und ihn gefragt, ob er wirklich Selbstmord begehen wollte. Er betrachtete es als eine zweite Chance zu leben.

Erhalten wir alle eine zweite Chance? Ich habe in einem anderen Buch über eine Freundin geschrieben, die ich Anne genannt habe. Sie ist davon überzeugt, einmal Engeln begegnet zu sein. Dunklen Engeln. Sie ist Dichterin und eines der strahlenden Wesen auf dieser Erde, die uns stolz darauf machen, daß wir zum Geschlecht der Menschen gehören. Sie war jedoch viele Jahre lang mit einem Mann aus einer traditionsreichen Familie mit einer strengen und sehr auf Formen bedachten Lebensauffassung verheiratet. Sie und ihr Mann fuhren jeden Sommer auf eine Insel vor der Küste Maines, die zum Privatbesitz der Familie gehörte. Vor einigen Jahren wollte ihr Sohn Augustus eines Abends vom Kap aus hinfliegen, um sie zu besuchen. Anne und ihr Mann verließen die Insel auf dem Bostoner Walboot, um ihn auf dem Festland abzuholen. Es hatte schon den ganzen Tag über gestürmt; der Flug war mehrmals verschoben worden.

Es war 9.00 Uhr abends und immer noch stürmisch. Die sich hoch auftürmenden Wellen hätten Annes Mann nicht beeindruckt, aber der zunehmend heftigere Regen und das Blitzen veranlaßten ihn, ein paar Schwimmwesten aus dem Hummerboot zu holen und sie in dem Motorboot zu verstauen.

Sie stachen in See. Die Wellenberge waren so steil, daß der Motor manchmal ganz aus dem Wasser ragte. Auf halbem Weg zum Festland füllte sich das Walboot mit Wasser. Es schüttete vom Himmel. Aber schlimmer waren die Blitze, die ringsumher im Wasser einschlugen. Es blitzte ununterbrochen, an mehreren Stellen zugleich. Der ganze Himmel war erhellt. Diese unheimliche Beleuchtung geleitete sie an Hummerkörben und Fahrrinnenmarkierungen vorbei.

Anne war in Panik. In atavistischer Angst, ihr Mann könnte vom Blitz getroffen werden, und aus dem Gefühl heraus, daß wegen der Kinder wenigstens einer von ihnen gerettet werden müßte, kauerte sie am Bug des Boots, so weit wie möglich von ihrem Mann entfernt. Wellen schwappten über den Bug und durchnäßten ihr Ölzeug.

Sie betete: «Lieber Gott, ich weiß nicht, ob es dein Wille ist, daß ich heute Nacht sterbe. Wenn du es so willst, ist es in Ordnung. Wenn du es wirklich willst. Aber falls du dich nur an dem Sturm erfreust und uns hier draußen nicht bemerkt haben solltest, möchte ich dich daran erinnern, daß wir hier sind. Und ich will nicht sterben. Noch nicht. Es gibt noch so vieles, was ich tun möchte. Ich habe ja kaum angefangen zu leben. Aber wenn du auch das weißt und wenn du unsere Anwesenheit hier bemerkt hast, dann ist es mir recht, wenn du willst, daß wir sterben. Aber wenn ich verschont werde, lieber Herr, verspreche ich, mich zu ändern. Ich habe noch so vieles zu erledigen.»

Als der Sturm abflaute, waren sie ins offene Meer abgetrieben worden. Sie wendeten, hielten auf die Lichter des Dorfes zu, erreichten das Ufer, banden das Boot fest, riefen den Flughafen an und erfuhren, daß der Flug erneut verschoben worden war.

Die Fischerdörfer Maines sind oft nur kleine Weiler. Sie haben weiße, mit Schindeln gedeckte Häuser, verfallende Rathäuser und Büchereien. Die Kirchen sind mit hübschen Türmen und bunten Glasfenstern geschmückt. Die einfachen hölzernen Gesimse der Häuser heben sich anmutig gegen den azurblauen Himmel ab. Manchmal stehen einige Häuser sogar im August leer, und niemand übernachtet darin.

Anne und ihr Mann hatten zwei Stunden lang zu warten. Da sie völlig durchnäßt waren, machte sich Annes Mann auf die Suche nach einem Motelzimmer.

Anne setzte sich auf die Treppe des Knights-of-Columbus-Gebäudes im Ortszentrum und saß fröstelnd unter der einzigen Straßenlampe. Es war fast Mitternacht. Der Sturm hatte sich gelegt. Der Wind trieb Wolken vor dem Mond vorbei. Anne saß unter der Laterne, eine Gestalt von unbestimmbarem Geschlecht in gelbem Regenumhang, Kostüm und Stiefeln. Sie hatte den

Kragen hochgeschlagen, und der Südwester verschattete ihr Gesicht. Nur ihre Nase war sichtbar.

Die Straße lag im Dunkel. Keinerlei Leben zeigte sich. Da erschien von links eine riesige schwarze Limousine. Sie fuhr langsam an Anne vorbei, und sie konnte auf dem Rücksitz einen Mann erkennen, der sich vorbeugte, um zu den beiden Männern vorn zu sprechen. Das Wageninnere war nicht erleuchtet, aber Anne sah, daß die drei Insassen dunkle Anzüge trugen. Im Vorbeifahren schauten alle drei sie an, wie sie da auf den Stufen hockte. Dann fuhr der Wagen bedächtig weiter und verschwand um die Ecke.

Unvermittelt kam ihr der Gedanke: «Das Auto wird umkehren und zurückkommen.» Sie ermahnte sich zur Vernunft, aber sie konnte weder ihre Überzeugung noch ihre Furcht vertreiben.

Im nächsten Augenblick kam die Limousine zurück, diesmal von rechts, und glitt im Schrittempo geräuschlos an Anne vorbei. Wieder starrten die drei Männer im Auto sie an.

Anne war verängstigt. «Die Männer kommen wegen mir», dachte sie.

Als der Wagen um die Ecke verschwunden war, sprang Anne auf. Am Ende der Straße entdeckte sie ihren Mann. Sie rannte auf ihn zu und rief: «Schnell! Schnell! Wir dürfen keine Zeit verlieren!» Die Angst stand ihr so deutlich im Gesicht geschrieben, daß er ohne Rückfragen reagierte. Gemeinsam liefen sie zum Motelzimmer, das er gefunden hatte, schlossen schnell die Türe hinter sich zu und schoben, noch keuchend, eine schwere Schubladentruhe davor. Doch gleichzeitig spürte Anne, daß ihre Furcht unbegründet war und daß die drei Männer im Auto ihnen nichts antun würden.

Dennoch – sie hatten sich keine Sekunde zu früh verbarrikadiert. Der große Wagen hatte gewendet und hielt nun direkt vor der Tür des Motelzimmers an. Bis auf das Brummen des Motors herrschte völlige Stille. Keine Türen schlugen, keine Schritte erklangen, niemand hämmerte gegen die Tür. Kein Licht war zu sehen. Aber der schwarze Wagen blieb drohend mit laufendem

Motor volle 40 Minuten lang vor dem Motel stehen. Schließlich fuhr er davon.

Anne spürte, wie ihr die Tränen in die Augen traten. Sie zweifelte nicht daran, daß dieser Vorfall mit ihrem Gebet auf dem Walboot zusammenhing.

«Wenn du wirklich meinst, was du im Boot gesagt hast», so warnten sie diese Wesen, «wenn du dein Leben also tatsächlich ändern willst, dann nur zu. Aber wenn es dir nicht ernst war, wenn du die Absicht hast, dein nützliches, aber oberflächliches Leben fortzusetzen, dann wisse, was dich erwartet. Und fürchte dich.»

Anne begann mit einer langen und sorgfältigen Überprüfung ihres Lebens und ihrer Wertvorstellungen. Sie änderte sich tatsächlich. Sie akzeptierte die Herausforderungen des Lebens und ihre Verantwortung. Sie verließ oder vernachlässigte ihre Kinder nie, aber ihre Ehe wurde schließlich aufgelöst.

Das ist die einzige wahre Geschichte, die ich kenne, in der himmlische Wesen Warnungen und Furcht statt eines Füllhorns der Gnade mit sich brachten. Und doch sah Anne nichts Dämonisches in ihnen: Sie glaubte schließlich, daß sie nur Beobachter waren, die ihr eine Warnung überbrachten.

Wir hören und lesen viel von Wundern. Ich würde sagen, zwar nicht die meisten, aber doch viele Menschen reagieren mit Spott oder Verachtung auf das Unmögliche. Sie tun Ereignisse dieser Art ab, als hätten sie nur in der Einbildung oder Phantasie stattgefunden. Skeptiker äußern sich so. Es handelt sich um eine Mikrosekunden dauernde Phantasmagorie, die sich einstellt, wenn bestimmte elektrische Impulse – etwa durch Schmerz erregt oder aus ihrer Bahn gelenkt – Reizleitungen im Gehirn kreuzen und die Illusion erzeugen, daß der Betreffende an einem Wunder teilhat. Ich erinnere mich, einmal einen Redakteur des *New York Times Magazine* gefragt zu haben, ob ich einen Artikel über spirituelles Heilen schreiben sollte, eine Untersuchung über Wahrheit oder Schwindel. Er starrte in seinen Wodka-Mar-

MARC CHAGALL, *Jakob ringt mit dem Engel.* 20. Jahrhundert.

tini, als wäre das Glas eine Kristallkugel, und tat so, als fände er die Idee interessant. Gewiß gäbe es viele Dinge, die wir nicht verstünden, sagte er. Aber er konnte sich nicht recht vorstellen, die Idee auf der Redaktionssitzung vorzutragen. Allein der Gedanke daran war ihm unangenehm.

Aber dieselbe Zeitung berichtete zu Beginn des Jahres 1983 von der Aussage einer Frau aus Connecticut, die in einen Autounfall verwickelt gewesen war. Sie war bewußtlos und konnte sich nicht rühren. Dann hörte sie eine Stimme sagen: «Steig aus.» Sie spürte, wie unsichtbare Hände sie vom Auto fortzogen. Dann kroch sie aus eigenem Antrieb weiter. Hinter ihr explodierte der Wagen.

Wenn wir erkennen, daß so etwas *nicht* in unserer Einbildung geschieht, läuft uns ein Schauer den Rücken hinab. Etwas ist da draußen und beobachtet uns.

Nita Colgrave erzählte mir von einer New Yorker Psychiaterin, deren Mann ebenfalls Psychiater ist. Beide sind reine Konstruktionisten. Eines Nachts träumte Nita, daß der Wagen ihres Mannes bei Sonnenuntergang auf dem Seitenstreifen eines Highway anhielt. Sie sah die Szene deutlich vor sich: den Highway mit dem Verkehr, den Wagen, ihren Mann im Wagen, die Raststätte auf dem Hügel – und dann den Lastwagen, der auf den Wagen zuraste, den Aufprall. Sie erwachte.

Sie erzählte ihrem Mann nichts von dem Traum.

Am folgenden Montag rief ihr Mann sie an. Sein Wagen sei auf dem Connecticut Thruway stehengeblieben, und er werde später kommen. Er sei zu einer Telefonzelle gegangen, um sie anzurufen, sagte er. Er habe bereits einen Abschleppwagen gerufen und werde jetzt zurückgehen und im Wagen warten. Es werde nicht lange dauern, sagte er. Nita wurde sehr unruhig. Sie wollte ihm nicht von ihrem Traum erzählen, aber die Vorstellung, daß er zu seinem Wagen zurückgehen wollte, entsetzte sie.

«Weshalb gehst du inzwischen nicht hinauf in die Raststätte», sagte sie ruhig, «und trinkst einen Kaffee? Warte doch nicht im Auto.»

«Woher weißt du, daß hier eine Raststätte ist?» erwiderte er lachend. «Nun, vielleicht tue ich es.»

«Nein, wirklich», sagte sie. «Ich meine es ernst.» Aber auf welches Wissen konnte sie sich denn berufen? Einen Traum? Sie brachte es nicht über sich, ihm zu sagen, daß ihn vielleicht ein Lastwagen überfahren würde.

Sie hängten auf. Ihr Mann ging zum Auto zurück, setzte sich hinein und wartete. Plötzlich verspürte er dann den unwiderstehlichen Drang wegzugehen. Vielleicht würde er einen Kaffee trinken. Er konnte das orangefarbene Dach der Raststätte auf dem Hügel erkennen. Er stieg aus und ging ein paar Schritte. In diesem Augenblick kam der Laster angedonnert und verwandelte den Wagen in einen Schrotthaufen.

Sara Michaels lebt in Memphis. Die Geschichte, die sie mir in ihrem melodischen Südstaaten-Akzent erzählte, ereignete sich 1971, als sie 22 Jahre alt war. Ihr kam es so vor, als wäre es erst gestern geschehen.

Sie hatte das letzte College-Semester abgebrochen, um mit ein paar Freundinnen und einem Rucksack zuerst nach Israel und dann nach Griechenland zu reisen. Auf der kleinen Insel Ios mieteten sie Zimmer im Haus «Mama», in einem auf einem Berg gelegenen Dorf. Zu den Zimmern gehörte eine Terrasse mit Schieferboden, von der aus man den Hafen überblicken konnte. Die vier Freundinnen verbrachten ihre Abende auf dieser Terrasse, spielten Scharade und tranken Kaffee.

«Ich bin nie zuvor und auch später niemals so glücklich gewesen. Ich war in niemanden verliebt, nur in das Leben. Es war Mai. Die Farben waren prächtig und lebendig, und alles war erhöht, wie es mir schien.»

Ich fragte, ob sie Drogen genommen hatte. Sie lachte und

erwiderte: «O nein. Ich war einfach glücklich. Meine einzige Droge war Koffein.»

Eines Abends – die Sonne ging gerade unter – schauten die vier zu, wie ein Schiff im Hafen einlief und die Menschen auf Esel kletterten, um den Hügel hinauf ins Dorf zu reiten. Sara sah einen Mann, den sie früher in Oak Ridge in Tennessee kennengelernt hatte. Sie erkannte ihn an seinem Hut und lief den Hügel hinab, um ihn zu begrüßen. Er wohnte in dem einzigen, am Strand gelegenen Hotel der Insel. Es war vom Dorf aus in 20 oder 30 Minuten zu Fuß zu erreichen. Sie sagte, sie kenne eine Abkürzung zu seinem Hotel, die an einem Felsenriff vorbeiführte. Sie begleitete ihn und trank eine Tasse Tee mit ihm. Dann war es an der Zeit, sich auf den Heimweg zu machen.

«Inzwischen war es stockdunkel. Er brachte mich den halben Weg zurück und sagte dann: ‹Hast du keine Angst, allein zu gehen?› Ich lächelte. ‹Du kennst diese Insel nicht›, erwiderte ich. Aber weil es so dunkel war, beschloß ich, statt der Abkürzung die Straße zu benutzen. Das bedeutete einen halbstündigen Weg. Ich weiß nicht, ob seine Frage daran schuld war, aber ich begann mich zu fürchten. Ich redete mir selbst gut zu: ‹Laß diese Gedanken nicht ein, laß dir den schönen Spaziergang nicht verderben.› Aber die Gedanken bedrängten mich weiter, verrückte Gedanken: ‹Was ist, wenn ich auf eine Schlange trete?› oder ‹Wenn nun ein Berglöwe von links kommt, und rechts von mir ist der Ozean?›

Solche ängstliche Gedanken schlichen sich mir also ins Gehirn. Ich sang vor mich hin. Zehn Minuten vor dem Dorf war eine Seilbrücke über einen Kanal gespannt, nur für Fußgänger, von einer einzelnen elektrischen Birne erhellt. Auf der anderen Seite lag ein Friedhof. In der Nähe der Brücke standen diese Windmühlen. Die Wirtin hatte mir erzählt, daß ihr Mann auf dem Friedhof begraben war.

‹Okay, dann ist hier eben der Friedhof›, sagte ich mir. ‹Fang jetzt nur nicht an zu spinnen.› Ich wußte, daß ich selbst die Gespenster auf diesem Fußmarsch schuf.

Plötzlich hörte ich einen entsetzlichen Schrei. Ich erstarrte. Haben Sie je gehört, wie sich Katzen paaren? Wenn ich heute darüber nachdenke, kann ich nur annehmen, daß das Geschrei von sich paarenden Wildkatzen herrührte. Es war gespenstisch. Es war das reine Böse. Es ließ mir das Blut in den Adern gefrieren. Ich stand wie angewurzelt auf der Straße. Ich konnte mich buchstäblich nicht bewegen.

‹Im Namen Christi, rette mich›, wiederholte ich immer wieder, wie ein Mantra. ‹Im Namen Christi, rette mich. Im Namen Christi, rette mich.› Ich hatte jedes Zeitgefühl verloren. Es kann zwei oder fünf oder dreißig Minuten gedauert haben, daß ich dort stand und diese Worte immer wieder laut wiederholte.

Ich sage ‹er›, aber ich habe nie etwas oder jemanden gesehen. Er kam von oben herab und ergriff mich unter den Achseln. Er hob mich etwa fünfzehn Zentimeter über den Boden und trug mich zu der Hängebrücke mit der Glühbirne und brachte mich so hinüber.

Am merkwürdigsten war, daß mir das Ganze so vertraut erschien. Es war wie ein völlig normaler und richtiger Vorgang, nicht die Spur ungewöhnlich, und ich hatte ein Gefühl vollkommenen Friedens, als ob – natürlich! – als ob so etwas jeden Tag geschähe. Als er kam, sagte ich: ‹Danke.›

Es war, als höbe eine Mutter ihr Kind hoch. Genau so tröstlich.

Dann ließ er mich fallen. Auf der anderen Seite der Brücke.

Ich war barfuß und trug einen kurzen Rock. Ich fiel auf den Boden und schrammte mir beide Knie auf. Dann kam ich auf die Füße und rannte wie ein Hase, wie ein Reh, ins Dorf und zu unserem Haus und hinauf ins Zimmer und auf die Terrasse, wo meine Freundinnen waren.

Sie schauten mich an. ‹Was in aller Welt ist denn mit dir los?› fragten sie.

‹Gebt mir einfach einen Kaffee›, sagte ich. ‹Ich habe mich da draußen erschreckt, aber jetzt bin ich wieder in Ordnung.›

Rowena, ein Mädchen aus Israel, nahm mich beiseite. ‹Du

So groß ist die Macht der Engel in der geistigen Welt, daß es die Kraft des Glaubens überforderte, wenn ich von allen diesbezüglichen Ereignissen berichten würde, deren Zeuge ich wurde. Jedes Hindernis, das beseitigt werden muß, weil es der göttlichen Ordnung widerspricht, beseitigen die Engel allein durch ihren Willen und ihren Blick.

EMANUEL VON SWEDENBORG, *De coelo et eius mirabilibus*

Ihre Gewänder sind weiß, aber von einer unirdischen Weiße. Ich kann diese Weiße nicht beschreiben, weil sie nicht mit irdischer Weiße verglichen werden kann; sie ist viel sanfter für das Auge. Diese hellen Engel sind in ein so von unserem verschiedenes Licht gewandet, daß im Vergleich zu ihm alles andere dunkel wirkt. Und wenn man eine Gruppe von vierzig solcher Engel sieht, fällt man in Verzückung. Sie scheinen in goldene Platten gekleidet zu sein und bewegen sich ständig wie so viele Sonnen.

PÈRE LAMY

Die höchsten Ränge [Cherubim, Seraphim und Throne] greifen nicht in unseren Kampf gegen unsere Untugend ein. Sie weilen nur dann bei uns, wenn wir bei allen Konflikten mit Gott in Frieden sind, in Beschaulichkeit und unverbrüchlicher Liebe.

JAN VAN RUYSBROECK, *Sieben Stufen der Leiter zum spirituellen Leben*

Schweigen ist der einzige Segen,
den Engel Gottes spenden,
wenn die Seele
in großer Betrübnis verstummt.

JAMES GREENLEAF WHITTIER an einen Freund, dessen Schwester gestorben war mußt mir unbedingt erzählen, was passiert ist›, sagte sie. Ich weigerte mich, aber sie wollte nicht locker lassen. ‹Du mußt es mir erzählen. Du hast dort draußen Gott gesehen.›

Ich sah sie nur an.

Sie sagte: ‹Als du ankamst, war ein so helles Licht um dich, daß wir dich nicht anschauen konnten.›»

Ich fragte Sara, ob sie ihren Schutzengel seitdem nochmals gesehen hatte.

«Nein.» Sie hatte einem Geistlichen ihrer Kirche davon erzählt, als sie wieder nach Hause kam. Er meinte: «Sprechen Sie zu niemandem darüber. Man muß so etwas für sich behalten.»

Aber sie erzählte es ihrer Familie. Ihre Mutter war besonders beeindruckt und zweifelte keinen Augenblick daran. Sara behielt die Geschichte nicht für sich. «Einigen Leuten habe ich davon erzählt, anderen nicht. Ich habe es in einem Restaurant, in dem ich als Kellnerin arbeitete, einem Maurer erzählt. Einem völlig Fremden. Aber anderen Menschen, engen Freunden, habe ich es nicht erzählt.»

Es war wichtig für Sara, über ihr Erlebnis zu sprechen, und anderen auch von den schrecklichen Dingen zu berichten, die ihr seitdem zugestoßen sind und bei denen sie nicht beschützt wurde oder sich auf irgendeine Art geleitet fühlte.

Im September 1983 wurde sie vergewaltigt. Ein Mann fesselte sie und setzte ihr ein Messer an die Kehle. Sie erwartete, daß ihr Engel erscheinen würde, rechnete fest damit – aber er kam nicht. Sie zerbrach sich den Kopf darüber. Schließlich akzeptierte sie es. Sie dachte, daß diese Erfahrung vielleicht wichtig für ihre seelische Reifung war, etwa um mehr Mitleid zu entwickeln, sogar für einen Frauenschänder. «Und ich überlebte es. Ich bin nicht gestorben. Vielleicht widerfahren uns schreckliche Dinge aus Gründen, die wir nicht verstehen. Wir können nicht erwarten, daß uns jedesmal ein Retter erscheint, wenn wir uns in den Finger stechen.»

Vielleicht wurde sie an jenem Friedhof auf der Insel vor etwas Schrecklicherem als einer Vergewaltigung gerettet.

Teil II

Angelologie, oder die Wissenschaft von den Engeln

Kapitel 4

Die Söhne Gottes

• 1 •

Gab es Engel unter den Höhlenmenschen? Neandertal- und Cro-Magnon-Engel? Engel des Australopithecus? Waren sie in jenen Tagen – als die Menschen noch naturverbundener waren und mehr auf ihre Intuition hörten – vielleicht besser sichtbar als heute? Wenn wir uns den Zeiten des Beginns der Geschichtsschreibung nähern, finden wir in künstlerischen Darstellungen und Bilderschriften Hinweise auf Engel. Die etwa 225 Kilometer von Babylon entfernte Stadt Ur im Euphrat-Tal wurde etwa 4000 v. Chr. gegründet, erlebte um 2500 v. Chr. ihre Blüte und bestand noch weitere 1500 Jahre oder länger. In Ur fanden Archäologen eine Stele mit der Abbildung einer geflügelten Gestalt. Sie steigt aus einem der sieben Himmel des sumerischen Glaubenssystems herab, um aus einem übervollen Gefäß das Wasser des Lebens in den Trinkbecher des Königs zu gießen. Einige Forscher halten diese Abbildung für die früheste bekannte Engeldarstellung, aber wir finden andere Vorläufer in den riesigen geflügelten Greifen Mesopotamiens oder auf einem ägyptischen Grabgemälde,

Engel [zu griechisch *ángelos* «Bote»]. Bote und Diener Gottes, Mittler zwischen der Gottheit und den Menschen. Die Engel sind der Gottheit, der sie dienen und in deren Nähe sie weilen, untergeordnet, stellen aber die höchste Stufe der Schöpfung in personaler Gestalt dar. Sie gelten nicht als völlig körperlos, sondern als Gestalten mit einem Körper aus Licht oder Äther (Astralleib) oder einem Feuerleib (daher die rote Gewandung auf griechischen Ikonen). Unter sich können die Engel eine hierarchische Ordnung bilden, an deren Spitze oft Erzengel stehen. Als gefallene Engel (z. B. Luzifer) gelten häufig die widergöttlichen Mächte der Dämonen. Religionsgeschichtlich findet sich die Engelvorstellung vor allem in monotheistischen Religionen. Der Parsismus kennt neben seinem nahezu monotheistisch verehrten Gott eine uranfängliche Macht des Bösen und ordnet in diesem antagonistischen Dualismus die Engel einerseits und die Dämonen andererseits ein. Im A. T. treten Engel als Boten (z. B. Gn 19,1; Ps 103,20) und als Söhne Gottes (Job 1,6) auf. Als besondere Engelnamen finden sich Michael (Dn 10,13), Gabriel (Dn 8,16) und Raphael (Tob 3,17). Im N. T. findet sich zusätzlich zu Vorstellungen des A. T. die Gestalt des Schutzengels (Mt 18,10); die Engel erscheinen ferner als Begleiter des Messias beim Endgericht (Mt 16,27). Die christlichen Kirchen haben eigene Engellehren (Angelologien) ausgebildet. Der Islam übernahm die Engelvorstellungen vom Judentum und Christentum.

Farbiges Großes Volkslexikon, Mannheim 1981

das eine geflügelte Isis zeigt (ist sie der Todesengel?), die ihre Anbeter in die Ruhe ihrer Flügel hüllt. In Griechenland leisteten Iris, der Regenbogen des Zeus, wie auch Hermes, der Götterbote, der Flügel an seinem Hut und an den Füßen trug, Engelsdienste. Sie überbrachten Botschaften und halfen den Menschen. Tatsächlich finden wir die Vorstellung von Engeln in ganz Kleinasien, der zivilisierten Welt des Altertums; sie erstreckt sich westwärts bis nach Italien, wo Jahrhunderte später die geflügelte griechische Siegesgöttin Nike als Vorlage für die Renaissance-Engel dient, die uns heute in den Sinn kommen, wenn wir an Engel denken.

Das in unserer jüdisch-christlichen Kultur gebräuchliche Wort *Engel* verweist auf ihre Tätigkeit als *Boten;* andere Namen für Engel beziehen sich auf ihr Wesen. Sie werden «Götter» genannt, «Söhne Gottes», «Beauftragte», «Diener», «Wächter» oder «die Heiligen». Sie stellen einen himmlischen Hofstaat dar. Sie werden «Geister» genannt, «die himmlischen Heerscharen», «Cherubim», «Seraphim», «Lebewesen». Im *Buch Hiob* heißen sie «Morgensterne» und in den Psalmen «die Wagen Gottes».

Engel gibt es seit Anbeginn der Zeit. Es gab sie schon, bevor Adam und Eva den Garten Eden durchwandelten, um ihn zu erkunden – den «ersten, wirbelnden Ort, den Gefilden des Lobes». Und nachdem die ersten Menschen aus dem Paradies vertrieben worden waren, weil sie von Baum der Erkenntnis des Guten und Bösen gegessen hatten, standen die Cherubim – die zu den drei gottnächsten Rängen der Engel gehören – als Wächter am östlichen Tor. Ihre Flammenschwerter halten seitdem jeden von uns – Adam und Eva – davon ab, umzukehren und auch vom Baum des ewigen Lebens zu essen.

Cherubim (ein Pluralwort) bedeutet «Fülle des göttlichen Wissens». Dieser Begriff ist assyrischer Herkunft. Das assyrische Wort *karibu* bedeutet «einer, der betet» oder «einer, der Zwiesprache hält». Im Islam sind sie als *el-karrubiyan* bekannt, jene, die Allah «nahegebracht wurden». Sie preisen Gott unablässig bei Tag und Nacht.

In der assyrischen Kunst werden die Cherubim als geflügelte Geschöpfe mit Menschen- oder Löwengesichtern und Adler- oder Stier- oder Sphinx-Leibern dargestellt. Anfangs hielt man sie eher für Palastwachen als für Engel. Im Mittelalter wurden die Cherubim häufig als von blauer Farbe oder blau gekleidet beschrieben; diese Farbe ist das Merkmal der Besitzer und Spender von Weisheit. Sie gießen wahre Weisheitsfluten aus. Wir werden später noch ausführlicher auf sie zu sprechen kommen.

Im Lauf der Zeit wurden aus den Cherubim Kleinkinder oder *putti* – eine der römischen Tradition entnommene Vorstellung. Im Deutschen heißen sie «Cherubs» und sind kindlich von Körperform und Erscheinung. Gewöhnlich schweben sie wie Cupido oder Amor in der Luft um eine liebliche Frauengestalt. Sie unterscheiden sich beträchtlich von den ehrfurchtgebietenden Wesen in Ezechiels Vision oder von den Wächtern am östlichen Tor des Gartens Eden.

Wer vermöchte zu sagen, ob sich die Engelvorstellungen in verschiedenen Kulturen unabhängig entwickelt haben oder welche Ideen einander befruchteten? Weise Männer, Kaufleute, Betrüger, Söldner, Zigeuner und Flüchtlinge aus Hunger- oder Kriegsgebieten wanderten ruhelos jahrtausendelang durch ganz Asien, von Byzanz bis Cathay. Wir vergessen leicht, daß Ideen nicht fest verwurzelt sind. Wir finden also Engelvorstellungen in arischen, mithraistischen, manichäischen und zoroastrischen Mythen. Sie werden im Lauf der Jahrhunderte ins persische, jüdische, christliche und islamische Denken übernommen.

Die ersten in der Bibel erwähnten Engel waren Männer. Sie gingen – wie die Führer oder Schutzgeister der amerikanischen Indianer – eine Wegstrecke neben einem hungernden Menschen her oder halfen ihm bei einer Aufgabe. Drei von ihnen kamen zu Abraham, heißt es in der *Genesis*, als er bei der Terebinthe Mamres vor seinem Zelt saß. Wie sie aussahen? Sie besaßen keine Flügel, trugen keine schimmernden Gewänder und hatten keine

REMBRANDT, *Abraham bewirtet die drei Engel* (Kupferstich).
17. Jahrhundert.

Heiligenscheine. Sie waren Männer von gewöhnlichem Aussehen. Sie lagerten unter Bäumen, und ihr Gastgeber wusch ihnen die Füße mit Wasser und setzte ihnen Kalbfleisch, Brot und Käse vor. Und sie aßen – im Gegensatz zu späteren Engelfiguren. Es stellte sich heraus, daß einer der drei Jahwe selbst war, in Begleitung zweier Engel. Als das Mahl beendet war, offenbarte Gott, daß Abrahams betagte Frau einen Sohn gebären werde, dessen Nachkommen ein großes Volk bilden würden.

Diese Erzählung erinnert an die Besuche, mit denen die griechischen Götter bevorzugte Sterbliche beehrten, obwohl hier die persönliche Schwängerung fehlt, wie sie Zeus so gern vornahm. Und man erinnert sich an die Erscheinungen, wie sie bis auf den heutigen Tag in den Andachten der Hindus üblich sind – nicht etwa Besuche von Engeln, die Botschaften von fernen Göttern überbringen, sondern der Gottheit selbst, die körperliche Gestalt annimmt und sich dem Andächtigen liebend nähert. Von Angesicht zu Angesicht. Eine persönliche Begegnung mit Gott.

Während Abraham seine Besucher noch ein Stück des Wegs nach Sodom und Gomorrha geleitete, bat er vergebens um die Verschonung dieser beiden Städte. Wenig später wurden sie durch zwei etwas kriegerischere Engel zerstört. Wieder einige Jahre später hielt ein gütigerer, sanftmütigerer Engel Abraham davon ab, seinem einzigen Sohn die Kehle durchzuschneiden, und beendete damit den Brauch der Menschenopfer. Damit wird aber auch gezeigt, wie weit ein religiöser Fanatiker gehen kann, wenn er glaubt, die Stimme Gottes gehört zu haben. Ein solcher vertrauter Umgang mit Gott ist gefährlich.

Abrahams alte und unfruchtbare Frau Sara bekam endlich den vom Herrn selbst unter Mamres Bäumen verheißenen Sohn. Er wurde Isaak genannt. Eines Tages hörte Abraham die Stimme Gottes, der ihn anweist, seinen Sohn zu opfern – ihn auf einen fernen Berg zu führen, ihm die Kehle durchzuschneiden und ihn Gott als Zeichen seiner Treue und völligen Ergebenheit darzubringen: aufzugeben, was ihm am teuersten und liebsten ist. Und Abraham gehorcht. Er macht sich mit seinem Kind und

Ein Engel hält Abraham davon ab, seinen Sohn Isaak auf dem Berg Morija zu opfern. Holzschnitt, 15. Jahrhundert.

zwei Knechten auf den Weg. Selbstverständlich ohne seine Frau oder sonst jemanden in sein Vorhaben einzuweihen, folgt er der strengen inneren Stimme. Kurz vor dem Ziel läßt er seine Knechte zurück und setzt den Weg mit dem Knaben fort, angeblich um ein Lamm zu opfern. Abraham trägt «den Feuerbrand und das Messer» bei sich.

Isaak sagt voller Vertrauen: «Vater!»

Abraham antwortet: «Was willst du, mein Sohn?»

«Siehe, hier ist wohl der Feuerbrand und das Holz; wo ist aber das Lamm zum Opfer?»

«Gott wird sich das Lamm zum Opfer selbst ersehen», erwidert Abraham und denkt bei sich, daß sein eigener Sohn das Lamm sein wird. Begehrt das Herz in seiner Brust auf? Oder ist er in seiner zwanghaften, unbeugsamen Unterwerfung unter Gott glücklich? Sie gehen noch ein Stück weiter, dann errichtet Abraham den Altar und entfacht das Feuer. Und plötzlich ergreift Abraham seinen eigenen Sohn, bindet ihm Hände und

Füße, legt ihn auf den Altar und setzt ihm das Messer an die Kehle – als die Stimme des Engels ihm Einhalt gebietet.

«Lege deine Hand nicht an den Knaben.» Im selben Augenblick entdeckt Abraham einen Widder, der sich mit dem Gehörn im Dickicht verfangen hat, und er nimmt den Widder und tötet ihn dankbar und bringt ihn Gott an Stelle seines Sohnes dar.

Die Engel des Alten Testaments hatten keine Flügel, nicht einmal die jüdischen. Jakob, der Sohn Isaaks, schaute in einer Traumvision eine Engelsleiter, und einige der Engel kletterten hinauf, andere hinab, um ihre Arbeit zwischen dem Menschen- und Gottesreich zu verrichten; sie flogen nicht.

In jenen Tagen wirkten die Engel eher wie die inneren Führer, mit denen heutzutage einige Menschen mittels ihrer Traumtagebücher zusammenarbeiten, und erschienen nicht äußerlich. Man konnte darauf zählen, daß sie kamen, wenn man sie rief.

Was können wir der Erzählung von Jakob – der die ganze Nacht über mit einem Engel rang, der seinen Namen nicht preisgeben wollte – entnehmen, außer daß die Menschen schon in jenen nomadischen Zeiten mit ihrem schuldigen inneren Selbst rangen?

Jakob hatte als junger Mann seinen Bruder Esau um sein Erstgeburtsrecht betrogen; er floh, heiratete später zwei Frauen und zeugte zwölf Söhne und wer weiß wie viele Töchter – darunter mit mehreren Mägden auch uneheliche Kinder. Danach beschloß er, nach Hause zurückzukehren. Er fürchtete sich. Er lagerte einen halben Tagesmarsch vom Wohnort seines Bruders Esau entfernt und übersandte ihm Geschenke: ganze Ziegen- und Schafherden, dazu 30 säugende Kamelstuten mit ihren Füllen, 40 junge Kühe und 10 junge Stiere, sowie 20 Eselinnen und 10 Eselsfüllen. Trotzdem floh ihn der Schlaf, weil er Angst hatte, am folgenden Tag getötet zu werden; er hätte es verdient. In dieser Nacht kam der Engel, der die ganze Nacht über mit ihm rang.

Wenn wir diese Erzählung wörtlich nehmen, können wir uns vorstellen, daß die Engel in jenen Tagen physische Körper besaßen, daß der in diesen verzweifelten, stillen, die ganze Nacht andauernden Kampf verwickelte Engel ächzte und stöhnte, zu Boden geworfen wurde und von Schweiß glänzte. Und als der Kampf vorbei war und Jakob immer noch lebte, verlangte er, von seinem Gegner gesegnet zu werden. Der Engel gewährte Jakob den Segen, aber er verriet ihm nicht seinen Namen. Dann zog Jakob mit seinen Frauen, den Rindern, Schafen und Sklaven in das Tal hinab und über die Ebene, um seinem Bruder Esau gegenüberzutreten. Der kam ihm mit vierhundert bewaffneten Männern entgegen, aber er hatte Jakob zu dessen großer Erleichterung vergeben und war trotz allem froh, ihn wiederzusehen.

Der Engel erschien Jakob nie wieder. Ich für meinen Teil glaube nicht, daß es sich um eine echte Manifestation gehandelt hat. Zu oft habe ich selbst mit meinen inneren Engeln wie auch den inneren Geistern und Dämonen gerungen, die gelegentlich mit ihnen verwechselt werden, und manchmal hatte auch ich Schwierigkeiten, meine Bedränger zu benennen und mich auf diese Weise von ihnen zu befreien. Denn wenn ich meine Pein (Schuld! Zorn! Angst!) benennen kann, verliert sie die Macht über mich. Aber es ist mir wirklich nie in den Sinn gekommen, meine Furcht oder Scham oder Eifersucht oder Einsamkeit oder Wut um ihren Segen zu bitten, wenn sie kommt und mir an die Kehle springt ... Würde meine Angst verschwinden, wenn ich ihren Segen erbäte?

Bei fast allen späteren Erscheinungen (und darin besteht allgemeine Übereinstimmung) zeigen sich die Engel Gottes in strahlendes Licht gehüllt – und man hat angesichts dieser Göttlichkeit nur noch den Wunsch, sich in Anbetung und Freude zu Boden zu werfen.

Die Sadduzäer hielten die Engel für bloße Ausgeburten der menschlichen Phantasie. Die Pharisäer glaubten an Engel.

Wir haben von den würdigen Botenmännern aus Abrahams Zeiten zu den sentimentalen und oft widerlich kitschigen Bildwerken des 19. und 20. Jahrhunderts – auf denen geschmacklose Feen durch die Lüfte flattern – einen langen Weg zurückgelegt. Wir haben in einem Zeitraum von nur wenigen Jahrtausenden die Stimme eines Engels vernommen, der die entlaufene Magd Hagar ermahnte, nicht töricht zu sein, die Wildnis zu verlassen und nach Hause zurückzukehren, die ochsengesichtigen Kreaturen der Vision Ezechiels kennengelernt, Dantes überweltliche Geschöpfe aus Licht und Gesang geschaut, die zum Ruhme Gottes in endlosen funkelnden Kreisen schweben, mit Miltons Renaissance-Engeln Bekanntschaft gemacht, ätherischen Menschengestalten, eifrigen Erfüllungsgehilfen göttlicher Weisungen. In unseren modernen Zeiten könnte man sie sich sogar auf Motorrädern vorstellen, so menschlich wirken die essenden und trinkenden Engel Miltons. In der Tat errötet der Erzengel Raphael, als er in Miltons Gedicht den «engelischen» Geschlechtsverkehr schildert.

Nur ein paar Jahrhunderte später findet man moderne Mystiker, die keine wirkliche Beschreibungen der Engel liefern – sie verweisen nur auf Schönheit –, die keinen Versuch machen, die Eigenschaften der geistigen Geschöpfe, die sie schauten und hörten, der Engel, die ihnen Tag für Tag Rat gaben, bei ihnen blieben, sie liebten und sich um sie sorgten, mit den trockenen Begriffen unserer verarmten menschlichen Sprache der Substantive und Fakten zu beschreiben.

In den Geschichtsbüchern des Alten Testaments wird nur ein Engel erwähnt: der Engel des Todes. Er vernichtete zur Zeit König Davids 70 000 Menschen durch die Pest und erschlug bei einer anderen Gelegenheit 185 000 assyrische Soldaten, die gegen die Juden antreten wollten. Das war ein so unerhörtes Ereignis, daß es in nicht weniger als drei verschiedenen Chroniken erwähnt wird.

Sanherib, der König Assyriens, fiel in Juda ein. Sein Heer lagerte vor Jerusalem.

> In derselben Nacht ging der Engel des Herrn aus und erschlug im Lager der Assyrer 185 000 Mann. Und am andern Morgen frühe, siehe, da waren sie alle tot, lauter Leichen. (2. *Kön* 19, 35)

Da zog sich Sanherib zur großen Erleichterung der Juden nach Ninive zurück.

Ein anderes Mal stellte sich ein Engel dem Propheten Bileam mit gezücktem Schwert in den Weg. Er erschreckte Bileams arme Eselin derart, daß sie scheute und bockte und ins Feld hinein lief. Da schlug der Prophet das arme Tier erbarmungslos, denn er selbst konnte den Engel nicht sehen. (Auch ich bin als Kind über mein Pony in Zorn geraten. Es kam mir allerdings nie in den Sinn, das Verhalten des Tieres auf einen Engel zurückzuführen. Esel und Pferde können ja wirklich sehr störrisch sein.) Und natürlich haben wir die Visionen der Propheten Jesaja und Ezechiel, deren Beschreibungen wir einen großen Teil des Wissens darüber verdanken, wie die Seraphim – eine andere Ordnung der himmlischen Heerscharen – erscheinen.

Jesaja wurde um 765 v. Chr. geboren. In seiner Vision besitzen die Seraphim sechs Flügel, und jedes der Flügelpaare hatte eine andere Funktion:

Seraphim. Mosaik, 13. Jahrhundert. San Marco, Venedig.

In dem Jahre, da der König Usia starb, sah ich den Herrn auf einem hohen und erhabenen Throne sitzen, und seine Säume füllten den Tempel. Seraphe standen über ihm; ein jeder hatte sechs Flügel: mit zweien bedeckte er sein Angesicht, mit zweien bedeckte er seine Füße, und mit zweien flog er. Und einer rief dem andern zu und sprach:

«Heilig, heilig, heilig ist der Herr der Heerscharen! Die ganze Erde ist seiner Herrlichkeit voll!» *(Jes.* 6,1–3)

Jesaja beklagte angesichts der Glorie und Reinheit Gottes seine unreinen Lippen, aber einer der Seraphim schwebte mit einer glühenden Kohle in der Hand (er hatte sie jedoch mit einer Zange vom Altar genommen) zu Jesaja, berührte damit seinen Mund und sprach: «Deine Sünde ist getilgt.»

Von dem Engel Raphael heißt es, daß er ein Seraph ist. In Miltons *Das Verlorene Paradies* wird er so beschrieben:

… sechs Flügel trug er, die verhüllten
Den Göttlichen Leib; ein Paar deckte
Die mächtigen Schultern, dazu die Brust
Mit herrlichem Schmucke; die Taille
Und Hüften das zweite, ein Sternband
Aus schimmerndem Golde und Farben
Des Himmels; das dritte die Füße
Und Fersen mit fiedriger Rüstung,
Von Farbe auch sie wie der Himmel.

Gemäß der mittelalterlichen Symbolik sind die Seraphim rot, sie besitzen drei Paar Flügel und feurige Schwerter. Ihre Aufgabe ist es, Menschen zu göttlicher Liebe zu entflammen. Dante sagt, Seraphim bedeuteten die Gegenwart der «Freude Gottes».

200 Jahre nach Jesaja sah der Prophet Ezechiel keine Seraphim, sondern sogar die Throne oder Räder Gottes. Aus seiner Vision leiteten mittelalterliche Gelehrte die als Räder oder Throne bekannte ranghöchste Klasse der Engel ab.

Die Versuchung Christi. Mosaik, 13. Jahrhundert. San Marco, Venedig.

Seine Vision fand exakt am fünften Tag des vierten Monats im dreißigsten Jahr nach der Gefangenschaft der Juden in Babylon statt, also etwa 560 v. Chr. Er weilte am Flusse Chebar, als sich der Himmel öffnete:

> Ich sah aber, wie ein Sturmwind daherkam von Norden her und eine große Wolke, umgeben von strahlendem Glanz und einem unaufhörlichen Feuer, aus dessen Mitte es blinkte wie Glanzerz. Und mitten darin erschienen Gestalten wie von vier lebenden Wesen; die waren anzusehen wie Menschengestalten. Und ein jedes hatte vier Gesichter und ein jedes vier Flügel. Ihre Beine waren gerade, und ihre Fußsohle war wie die Fußsohle eines Kalbes, und sie funkelten wie blankes Erz. Unter ihren Flügeln an ihren vier Seiten hatten sie Menschenhände, und die Flügel von allen vieren berührten einander, und ihre Gesichter wandten sich nicht um, wenn sie gingen; ein jedes ging gerade vor sich hin. Ihre Gesichter aber sahen so aus: ein Menschengesicht nach vorn bei allen vieren, ein Löwengesicht auf der rechten Seite bei allen vieren, ein Stiergesicht auf der linken Seite bei allen vieren und ein Adlergesicht bei allen vieren nach innen.

Seraph, auf geflügelten und feurigen Rädern stehend. Byzantinisches Mosaik, 13. Jahrhundert.

Weiter sah ich neben jedem der vier lebenden Wesen ein Rad auf dem Boden. Das Aussehen der Räder war wie der Schimmer eines Chrysoliths, und die vier Räder waren alle von gleicher Gestalt, und sie waren so gearbeitet, als wäre je ein Rad mitten in dem anderen

> … und wenn sich die lebenden Wesen vom Boden erhoben, so erhoben sich auch die Räder …
>
> Und über den Häuptern der lebenden Wesen war etwas wie eine feste Platte, schimmernd wie furchtbarer Kristall, hingebreitet oben über ihren Häuptern. Und unter der festen Platte waren ihre Flügel ausgespannt, je einer an den andern reichend, und ein jedes hatte deren zwei, die ihre Leiber bedeckten. Und wenn sie gingen, hörte ich ihre Flügel rauschen gleich dem Rauschen großer Wasser, gleich der Stimme des Allmächtigen, und ein Getöse wie das eines Heerlagers …
>
> Und siehe, über der festen Platte, die über ihrem Haupte lag, war es anzusehen wie Saphirstein mit etwas wie einem Thron darauf; und auf dem, was wie ein Thron aussah, war eine Gestalt wie ein Mensch anzusehen … Und ich sah es blinken wie Glanzerz … wie von Feuer, und strahlender Glanz umgab rings die Gestalt …
>
> Als ich sie sah, fiel ich auf mein Angesicht, und ich hörte die Stimme eines, der da redete. (*Ez* 1,1–10, 15–16, 19, 22–27; 2)

Eine unglaubliche Vision.

Throne kreisen um die Hohe Feste Gottes und flößen Vertrauen in die Macht Gottes ein. Die Jungfrau Maria selbst ist eine der Throne: «Ein wahrer Thron Gottes, erhöht sie den Thron Gottes.»

Ein mir bekannter Astrophysiker, Robert Jastrow, lehrt in Dartmouth. Er behauptet, was Ezechiel sah, seien keineswegs Engel, sondern ein Raumschiff mit Wesen aus dem Weltraum gewesen, die sich steif wie Roboter in ihren Raumanzügen bewegt und stets den ganzen Körper gedreht hätten, so daß ihre Beine immer «gerade» waren. Als ich Jastrow kennenlernte, glaubte er nicht an Gott, aber an die Evolution der Menschheit. Er glaubte, daß die Menschen immer höhere Intelligenzgrade erreichten und daß wir zur Zeit die Entstehung einer neuen, erregenden Intelligenz erleben, die uns letztlich ersetzen wird … des Computers!

Jene, die sich im Zustand der Unschuld befinden, sprechen sich selbst nichts Gutes zu, sondern betrachten sich als Empfänger. Sie schreiben alle Dinge Gott zu und wollen von ihm geleitet werden, statt aus eigenem Antrieb zu handeln. Sie lieben alles Gute und erfreuen sich an allem Wahren, denn das … heißt, Gott zu lieben.

EMANUEL VON SWEDENBORG, *Memorabilia*

Die Nacht El-Kadr [der Allmacht oder Herrlichkeit] ist besser als tausend Monde. Hinabsteigen die Engel und der Geist in ihr mit ihres Herrn Erlaubnis zu jeglichem Geheiß. Frieden ist sie bis zum Aufgang der Morgenröte.

Koran, Sure 97, 3–5

Dreimal versuchte er, [zu sprechen] und
dreimal im Geist der Verachtung
Tränen, wie sie die Engel weinen, brachen hervor.

JOHN MILTON, *Das Verlorene Paradies*, I

Keiner singt so froh und hell
Wie der Engel Israfel.
Es verstummt bei diesem Klang
Selbst der Sterne Lobgesang.

EDGAR ALLEN POE, *Israfel*

Ich schaute zu den Wolken empor, und da kamen zwei Männer, den Kopf voran wie Pfeile kamen sie vornübergeneigt herab; und als sie kamen, sangen sie ein heiliges Lied, und der Donner war wie Trommeln. Ich will euch das Lied singen. Das Lied und der Donner waren so:
«Halt an, eine heilige Stimme ruft dich;
Über den ganzen Himmel ruft eine heilige Stimme.»

SCHWARZER HIRSCH

Nach den ersten Berichten des Alten Testaments (*Genesis* 6), die sich etwa auf das Jahr 2000 v. Chr. beziehen, hielten sich Engel in der Nähe der Erde auf. Sie waren ihr in der Tat so nahe, daß sie – die Gottessöhne – geschlechtlichen Umgang mit den schönen «Menschentöchtern» pflegten und das Geschlecht der Nephilim zeugten, die «berühmten Helden der Vorzeit». Dies war ein weit verbreitetes Sagengut. Die Griechen und andere Völker hingen dem «inoffiziellen» Glauben an, daß Engel und Menschen sich geschlechtlich vereinigen und Nachwuchs haben könnten. Aber zur Zeit der babylonischen Gefangenschaft der Juden – etwa 600 v. Chr. – waren Engel und Erzengel schon in höhere Sphären entrückt, obwohl sie gelegentlich immer noch als Menschen erscheinen konnten. Weitere 600 Jahre später – zur Zeit Christi – herrschte die einmütige Ansicht vor, daß die Engel über jeder sexuellen Vereinigung mit Menschen standen, ganz gleich wie verführerisch die Menschenfrauen sein mochten.

Nach der Eroberung des Königreichs Juda durch König Nebukadnezar II. wurden die aufrührerischen und rebellischen Juden dreimal nach Babylon deportiert: 598, 586 (als der Tempel in Jerusalem zerstört wurde) und 582 v. Chr., nach einem neuerlichen Aufstand. Schwierige Leute, diese Juden. Sie wurden nach Babylon gebracht, in die Hauptstadt ihrer persischen Eroberer, und gerieten in den Bann des Luxuslebens der reichen, urbanen Perser. Sie begannen sogar, die falschen Götter zu verehren.

Die Gefangenschaft dauerte achtundvierzig Jahre, bis der Perserkönig Cyrus der Große 558 v. Chr. dem jüdischen Volk erlaubte, nach Israel zurückzukehren. Zuvor war es jedoch die Aufgabe rechtschaffener Propheten wie Elia, sie zum rechten Weg anzuhalten – und Elias ständig bedrohtes Leben als Bote Gottes war mühsam genug. Isebel tötete 450 Priester seines Gefolges. Auf einer seiner Wanderungen in der Wüste erschien aber ein Engel und versorgte ihn, den «Outlaw», mit Nahrung. Der arme, entmutigte Prophet lag unter einem Ginsterstrauch, er war ausgebrannt und bereit, aufzugeben. «Steh auf, iß!» sagte der Engel, «denn sonst ist der Weg zu weit für dich!» Dann wanderte der heilige Mann weitere vierzig Tage lang durch die Wüste, fastete und meditierte, bevor er nach Babylon ging und 400 Baalspriester tötete.

Während der Zeit der Gefangenschaft verwirklichte Nebukadnezar, der König Babylons (607–587 v. Chr.), gewaltige Bauvorhaben, darunter die hängenden Gärten, den großen Tempel des Marduk oder der Venus mit dem dazugehörigen Zikkurat, dem Turm von Etemenanki, der als der «Turm von Babel» bekannt ist. Zum Bau des Turms waren Sklaven nötig. Er hatte sieben Stufen und war 90 Meter hoch – eines der Weltwunder. Es wurden Tempel für Ishtar, Ninmalsch und Gula erbaut. Der Historiker Herodot bezeichnete Babylon als die großartigste Stadt der Welt.

Außerdem ließ Nebukadnezar ein goldenes Standbild Gottes anfertigen, 60 Ellen hoch und sechs Ellen breit (eine Elle entspricht der Länge des Unterarms eines Mannes, so daß das Standbild an die 30 Meter hoch und etwa drei Meter breit war). Es wurde auf der Ebene von Dura aufgestellt, wo es im Sonnenlicht glänzte und leuchtete. Nebukadnezar ließ seine Satrapen, Statthalter, Gouverneure, Räte, Schatzmeister, Richter, Rechtsgelehrte und alle Regierungsbeamten der Provinzen zur Einweihung des Standbildes kommen. Sobald sie die Trompeten, Pfeifen und Zithern, die Harfen und Psalter, den Dudelsack und alle übrigen Instrumente erklingen hörten, sollten sie sich niederwerfen und das goldene Standbild anbeten. Als dann diese (wohl eher kakophonische) Musik ertönte, warfen sich alle wie befohlen nieder und beteten das Bild an, aus Angst, anderenfalls bei lebendigem Leib in dem Feuerofen zu verbrennen.

Drei fromme jüdische Männer aber widersetzten sich. Wir kennen sogar ihre Namen: Sadrach, Mesach und Abed-Nego. Sie waren nicht nur Verwaltungsbeamte oder Satrapen in der Provinz Babel, sondern auch heilige, Jahwe ergebene Männer, und sie wußten, daß es falsch war, von Menschenhand gemachte Götzenbilder anzubeten, weil Gott grenzenlos, gestaltlos und so überaus herrlich ist, daß der begrenzte menschliche Geist ihn nicht fassen kann.

Diese drei Männer waren gemeinsam mit Daniel als Kinder in den Palast des Herrschers gebracht worden, wie es damals üblich war, um drei Jahre lang dort aufgezogen zu werden. Man hatte ihnen das beste Fleisch und guten Wein vorgesetzt, um ihre Gesundheit und Schönheit zu fördern und um zu sehen, ob sie Wohlwollen am Hof finden würden. Aber sie hatten den Obereunuchen gebeten, Vegetarier bleiben zu dürfen, und ihm versichert, weder ihre Gesundheit noch ihre Schönheit werde bei dieser Ernährung Schaden erleiden. Um diese Behauptung zu beweisen, fasteten sie zehn Tage lang. Der Obereunuch war davon so beeindruckt, daß er ihnen, entgegen dem Befehl des Königs, erlaubte, sich nun ausschließlich von Linsen oder Bohnen zu ernähren, der Kost aller wahren Heiligen auf der Welt – aller indischen Gurus und Sadhus, aller Eremiten und Mönche und Nonnen und Yogis –, kurz, aller Menschen, die durch Gebet und Kontemplation eine bewußte Verbindung mit Gott herzustellen versuchen. Am Ende der drei Jahre hatte Nebukadnezar diese vier jungen Männer voller Weisheit und Einsicht und «allen Gelehrten und Beschwörern in seinem ganzen Reiche zehnfach überlegen» gefunden.

Wir wissen nicht, wo sich Daniel bei dieser Gelegenheit aufhielt, aber die drei anderen standen vor dem goldenen Standbild auf der Ebene von Dura und weigerten sich, sich vor ihm auf den Boden zu werfen. Also wurden sie an Händen und Füßen gebunden, und das Feuer in dem Ofen wurde geschürt, bis es siebenmal so heiß wie üblich war, und dann wurden die drei hineingeworfen – mit ihren Mänteln, Röcken und Mützen (wie der Verfasser mit offenkundiger Freude am Detail beschreibt). Die Glut und die Flammen aber waren so heiß, daß die Soldaten, die die Jünglinge in den Ofen stoßen mußten, Feuer fingen und verbrannten. Man stelle sich das einmal vor!

Dann warf der König einen Blick in den Feuerofen und sah die drei Männer und einen vierten unversehrt in den Flammen umhergehen. Auf seine Aufforderung hin kamen sie heraus. All die Satrapen, Statthalter, Gouverneure und die königlichen Räte sahen die vom Feuer unberührten Männer und stellten fest, daß «das Haar auf ihrem Haupte nicht versengt und ihre Mäntel nicht beschädigt waren und daß auch kein Brandgeruch an ihnen wahrzunehmen war». Nebukadnezar, der noch nichts von der Liebe Gottes oder davon gehört hatte, daß es nur einen Gott gibt, der mit vielen Namen genannt wird, pries den Gott dieser Männer, weil er einen Engel gesandt und sie errettet hatte. Er erließ umgehend den Befehl, jedermann, der vom Gott dieser drei heiligen Juden verächtlich sprach, solle in Stücke gehauen und sein Haus in einen Schutthaufen verwandelt werden, denn es gebe keinen anderen Gott, der so zu retten vermöchte.

Die Geschichtenerzähler jener Zeit wollten offenbar zeigen, daß Engel diejenigen belohnen, die an Gott glauben. Die Engel noch früherer Zeiten brachten keine Belohnungen. Sie überbrachten gute und schlechte Botschaften, sie zerstörten eine Stadt oder wachten über einem Mann oder einer Frau (gewöhnlich war es ein Mann). Aber sie belohnten niemanden für seine Standhaftigkeit im Glauben. Vielleicht wurden solche Geschichten erst nötig, als die Menschen unter dem Einfluß des Wohllebens in Babylon nachlässig wurden und ihre Erinnerungen verblaßten – oder den Engeln wurde erst im Lauf der Zeit diese neue Pflicht auferlegt.

Die gleiche Absicht liegt der Erzählung von Daniel in der Löwengrube zugrunde – eine sanftere und von mehr Liebe geprägte Geschichte, denn Darius war ein feinerer Mensch als Nebukadnezar. Das *Buch Daniel* ist die einzige Schrift des Alten Testaments, die Engel bei ihren Namen nennt: Gabriel und Michael. Sie sind «Wächter», und sie erscheinen Daniel in mehreren Visionen, aber der Engel, der den Löwen «den Rachen verschloß», bleibt anonym.

Inzwischen hatte es manche Machtwechsel gegeben. Nebukadnezar war gestorben, und sein Enkel Belsazzar (der, wie wir

Daniel in der Löwengrube. Aus einen Kommentar zum *Buch der Enthüllungen* des spanischen Mönchs BEATUS († 978).

uns erinnern, die Zeichen an der Wand gesehen und Daniel – den heiligen Propheten, den Seher, der Hand in Hand mit Gott ging – gebeten hatte, sie zu deuten) hatte sein Reich an Cyrus verloren. Dessen Nachfolger Darius wiederum war ungefähr 62 Jahre alt, als er 522 v. Chr. die Regierung übernahm. Daniel, der vier orientalische Potentaten überlebt hatte, war jetzt einer der drei wichtigen Verwaltungsbeamten, die nur Darius verantwortlich waren und denen die 120 Statthalter des Reiches Rechenschaft ablegen mußten. Daniel war derjenige unter den Verwaltungsbeamten, den Darius am meisten schätzte, denn er erkannte in ihm einen «überragenden Geist».

Also überredeten die übrigen Aufsichtsbeamten, Gouverneure, Statthalter, Staatsräte und Präfekten den König, ein Gesetz zu unterzeichnen, nach dem 30 Tage lang keine Bitte an irgendeinen Gott oder König außer an Darius selbst gerichtet werden durfte; wer es dennoch tat, sollte in eine Löwengrube geworfen werden. (Die orientalischen Potentaten jener Tage hielten sich Zoos mit wilden und seltenen Tieren, wie gegenwärtige Herrscher Kunstwerke sammeln.) Darius unterzeichnete das Edikt im Zuge seiner vielfältigen Geschäfte, ohne zu bedenken, daß er es nicht würde aufheben können, denn die Gesetze der Meder und Perser waren unabänderlich: Kein vom König unterzeichneter Erlaß konnte zurückgenommen werden.

Als Daniel erfuhr, daß das Gesetz unterzeichnet war, stieg er dreimal täglich in das Obergemach seines Hauses hinauf, kniete sich vor das Fenster, das auf die Straße ging, und betete laut zu seinem Gott und dankte ihm, wie er es immer getan hatte.

Natürlich eilten Daniels Feinde zu Darius und teilten ihm mit, daß Daniel dreimal täglich einen anderen als den König anrief und daher in die Löwengrube geworfen werden müsse. Der König Darius erschrak und haderte mit sich selbst. Er grübelte den ganzen Tag über eine Möglichkeit nach, Daniel zu retten, aber er konnte das Gesetz nicht widerrufen. Also befahl er am Abend mit großem Bedauern und widerstrebend, Daniel in die Löwengrube zu werfen. Zu Daniel sagte er, er hoffe, der Gott, dem er so treulich diene, werde ihn erretten.

Darius selbst verbrachte die Nacht im Palast, wachend, fastend und betend. Am frühen Morgen erhob er sich und eilte zur Löwengrube, um zu sehen, ob Daniel noch am Leben war, und er war es. Daraufhin ließ Darius die Berater, die Daniel so hinterhältig verleumdet hatten, mitsamt ihren Frauen und Kindern in die Löwengrube werfen, und die Löwen fraßen sie alle. Dann wies Darius jedermann an, den Gott Daniels – der solche Wunder tat – zu verehren. Daniel stand während der gesamten Regierungszeit des Darius und auch noch unter seinem Nachfolger in hohem Ansehen.

• 2 •

Engel werden häufig in der jüdischen Thora erwähnt. Vier Engel werden dort namentlich genannt, die den Thron Gottes umstehen:

	Michael	
Uriel	Thron	Raphael
	Gabriel	

Uriel bringt den Menschen das Licht der Weisheit Gottes. Er legt die Prophezeiungen aus und ist der Engel der Vergeltung. Sein Name bedeutet «Licht Gottes», und in Miltons *Das Verlorene Paradies* wird er als Herrscher der Sonne bezeichnet.

Gabriel ist der wichtigste Botschafter Gottes bei den Menschen. Sein Name bedeutet «der Starke Gottes». Er ist der Engel der Verkündigung, majestätisch und reich geschmückt, und wird in der christlichen Ikonographie als vor Maria kniend dargestellt, die Hände vor der Brust gefaltet, oder mit einer Schriftrolle, einem Szepter oder einer Lilie.

Gabriel überbringt die guten Nachrichten. Es war der Engel Djibril – dieser islamische Name Gabriels bedeutet «der getreue Geist» –, der Mohammed in klarer arabischer Sprache eine Enthüllung über «die Nacht der Macht und der Glorie» machte. Gabriel – der jüdische Engel des Gerichts – wurde im Christentum zum Engel des Mitleids. Er ist aus Feuer geschaffen.

Michael ist der Prinz und Befehlshaber der Himmlischen Heerscharen, obwohl die Erzengel an vorletzter Stelle in der himmlischen Hierarchie kommen. Sein Name bedeutet: «Wer (ist) wie Gott.» Er ist stark und jung und stattlich, und Renaissance-Gemälde zeigen ihn mit einer Rüstung angetan. Er ist der Schutzherr der römisch-katholischen Kirche und der Nationalheilige der Hebräer. Es steht zwar nicht in der Bibel, aber folklo-

Der Erzengel Michael. Russische Ikone.

ristische Erzählungen besagen, daß Michael derjenige war, der Petrus aus dem Gefängnis befreite und an den Wachen vorbeiführte. Dem Propheten Mohammed erschien Michael gemeinsam mit Gabriel. Wie die großen indischen Sadhus und Heiligen kann Michael an zwei oder mehr Orten zugleich anwesend sein und frei in der Luft schweben, und er kann in dreien der sieben Himmel zugleich erscheinen. (Wir wissen ja kaum etwas über diese Himmelsabteilungen, die bis auf die Ursprünge des Zoroastrismus zurückgehen, aber wir wissen, daß der Apostel Paulus in den dritten Himmel emporgetragen wurde, und daß es der höchste erreichbare Zustand ist, im «siebenten Himmel» zu sein.) Michael ist aus Schnee geschaffen.

Raphael ist ein Seraph und auch der Anführer der Schutzengel, der Engel der Vorsehung, der über die ganze Menschheit wacht. Sein Name bedeutet «göttlicher Arzt» oder «Gott heilt». Oft wird er mit Tobias, einem jungen Mann, und dessen Hund dargestellt. Er begleitete diese beiden auf ihren Reisen so treu wie der übernatürliche Helfer in einem Märchen. Er sorgt sich besonders um die Pilger, also nicht einfach um Reisende, sondern um Menschen, die sich auf der Pilgerfahrt zu Gott befinden. Deshalb wandert er in Sandalen, mit einem Stab, einer Wasserflasche und einem Beutel, der an einem Riemen von seiner Schulter hängt. Er ist ein freundliches Wesen. Hier ist Miltons Beschreibung Raphaels in *Das Verlorene Paradies:*

> Abwärts geneigt fliegt er
> rasch dahin, durch den unermeßlichen Himmelsäther
> Schwebt zwischen Welten und Welten mit sich'ren Flügeln
> Mal auf den Polarwinden, mal mit raschem Sturm
> Durchteilt er die gefügige Luft.

Soweit die ersten vier Engel, die Erzengel. Legenden und die jüdisch-mystische Überlieferung kennen Hunderte anderer Engel – einige mit Hunderten von Namensvarianten –, von denen später mehr gesagt werden wird.

Auch der Islam kennt viele Engel mit Namen. Sie bewachen die Himmelstore, damit keine Dämonen, Djinne und Scheitans «lauschen».

Israfil, «der Brennende», ist der Engel des Tages des Gerichts. Er verherrlicht Allah mit vielen Zungen in tausend Sprachen, und Allah erschafft aus seinem Atem Millionen weiterer Engel, die Ihn verherrlichen. Israfil schaut Tag und Nacht zur Hölle und weint so kummervoll, daß seine Tränen «die Erde überschwemmen würden, wenn Allah ihren Fluß nicht eindämmen würde». Israfil ist auch der Engel der Musik; seine Trompete hat die Form eines Tierhorns, und sie enthält Zellen wie die Honigwaben der Bienen, und in diesen Zellen ruhen die Seelen der Toten.

Allah schuf Mika'il (Michael) 5000 Jahre nach Israfil. Safranfarbige Haare bedecken ihn vom Kopf bis zu den Füßen und zu den Flügeln aus grünem Topas. Jedes seiner Haare hat eine Million Gesichter, und in jedem Gesicht sitzen eine Million Augen, aus denen 70 000 Tränen fallen. Diese Tränen werden zu Cherubim, die sich über den Regen, die Blumen, Bäume und Früchte neigen. Mika'il hat eine Million Zungen, deren jede eine Million Sprachen spricht. Mika'il lacht nie.

Djibril (Gabriel) wurde 500 Jahre nach Mika'il erschaffen. Er hat 1600 Flügel und safranfarbene Haare. Die Sonne steht zwischen seinen Augen. Er taucht jeden Tag 360mal in den Ozean ein, und wenn er wieder herauskommt, fallen eine Million Wassertropfen von seinen Flügeln, und diese werden zu Engeln, die Allah lobsingen. Als er dem Propheten in der Nacht der Macht und der Glorie erschien, um ihm den Koran zu offenbaren, erstreckten sich seine Flügel von Ost bis West. Seine Füße waren gelb, seine Schwingen grün, und um den Hals trug er eine Kette aus Rubinen. Sein Gesicht war leuchtend hell. Zwischen seinen Augen stand geschrieben: «Es gibt keinen Gott außer Gott, und Mohammed ist sein Prophet.»

Azrael oder Azaril ist der Engel des Todes. Für die Moslems ist er eine Erscheinungsform Raphaels. Er trägt eine Million Schleier und hat vier Gesichter, eines vorn, eines auf dem Kopf,

FILLIPPINO LIPPI, *Tobias und der Engel Raphael.* 15. Jahrhundert.

Der Engel Israfil (Engel der Musik). Islamische Manuskriptillustration.

eines hinter ihm und eines unter seinen Füßen. Er hat 74 000 Flügel, und sein Leib ist mit Augen bedeckt. Wenn eines dieser Augen zwinkert, stirbt ein Geschöpf. Er ist größer als die Himmel. Zwischen seinen Händen liegt die ganze Welt, wie ein Teller, von dem er essen kann, was immer er will – und so wendet der Engel des Todes die Welt hierhin und dorthin. Er sitzt auf einem Thron im sechsten Himmel.

Der Koran nennt auch andere Engel mit Namen: Harut und Marut, die der sexuellen Versuchung nachgaben, und Malik, dem die Aufsicht über die Hölle gegeben ist. Außerdem stehen 19 Engel als Wächter vor der Hölle. Sie werden die «Gewalt-Anwender» genannt *(al-Zabaniya)*, ein nirgendwo sonst verwendetes Wort. Sie werden als «grob» und «heftig» beschrieben. Die in der Hölle Gequälten rufen den Aufseher mit «O Malik!» an.

Im Koran steht Jesus, in Gesellschaft der Engel, in nächster Nähe Allahs und ist selbst von halb engelhaftem Wesen.

Die Engel des Islam, *malaika* («Boten»), sind Hüter des Menschengeschlechts. Sie schreiben auf, was die Menschen tun, obwohl diese Schreibarbeit, einer anderen Koranstelle zufolge, von Allah selbst verrichtet wird. Die Tradition will, daß diese Engel aus Licht gebildet sind, während Satan oder Iblis und all die Dämonen und Djinne aus Feuer geschaffen sind, aber im Koran findet sich kein Hinweis darauf, aus welchem Stoff Engel bestehen. Weil Feuer und Licht eng zusammengehören – eines bringt das andere hervor, und Feuer kann sich in Licht und Licht in Feuer verwandeln –, bleibt uns nur die entmutigende Einsicht, daß allein Allah die Wahrheit kennt.

Wie im Christentum werden auch im Islam die Engel weder als männlich noch als weiblich beschrieben, und wenn sie ein bestimmtes Geschlecht haben (was häufig angenommen wird), so können sie damit nichts anfangen.

Deshalb heißt es, daß wir Menschen aufgrund unserer Geschlechtlichkeit sogar noch größere Entwicklungsmöglichkeiten haben als Engel, denn wir müssen lernen, unsere Triebhaftigkeit zu beherrschen.

Kapitel 5

Ein Donnern wie Trommeln

• 1 •

Weshalb mögen Engel Verkleidungen? Wie es scheint, nehmen sie jede Gestalt an, die der Mensch, dem sie erscheinen, zu akzeptieren bereit ist. Manchmal fehlt aber jede Form, und sie erscheinen als Traum, als ein Gedanke, als Woge der Kraft, als ein Gefühl des Geleitetseins. Es scheint kein großer Unterschied zwischen ihnen und natürlichen Phänomenen zu bestehen. Deshalb ist es so leicht, Engel wegzuerklären, und deshalb können Skeptiker endlos die Korridore ihres Intellekts durchwandern, ohne Einbrüche des Unerwarteten befürchten zu müssen, denn was auch immer ihnen widerfahren mag, sie haben eine rationale und «natürliche» Erklärung dafür. Und das ist das wunderbarste aller Wunder! Das Geheimnisvolle und Göttliche ist auch Skeptikern nicht verschlossen, aber die Mysterien stellen sich ihnen auf eine derart triviale, «faktische», alltägliche und plausible Art dar, daß sie davon nicht aus der Ruhe gebracht werden. Die Regel lautet nämlich: Niemandem wird mehr Wissen zuteil, als er verkraften kann. Deshalb scheint es so, als brächten Engel ihre Botschaften in einer Form – sogar in der Mundart –, die der jeweilige Empfänger verstehen kann.

In ähnlicher Weise können tief religiöse oder spirituelle Menschen Visionen haben oder auch nicht, das hängt von ihrer Glaubensgemeinschaft und vielleicht von der Offenheit ihrer Herzen ab. Dennoch erstaunt uns aber die außergewöhnliche Tatsache, daß diese Besuche oder Einsichten gewöhnlich mit der Erziehung und der Konditionierung des Empfängers in Einklang stehen. Ein Hindu hat kaum Christusvisionen, und Protestanten träumen selten einmal vom Buddha, obwohl auch das zuweilen vorkommt. Ich habe eine jüdische Freundin, die zu ihrem Entsetzen und zu ihrer Verwirrung jedesmal Jesus Christus und all die christlichen Symbole sah, wenn sie Haschisch rauchte. Jesu Antlitz schaute sie durch ein dunkles Fenster an, oder sie sah ein schimmerndes Kreuz. Diese Erlebnisse veränderten ihr Leben. Ich kenne eine andere Frau – als Mitglied der Episkopalkirche erzogen –, die eines Tages eine so gewaltige Vision hatte, daß sie als geisteskrank bezeichnet wurde. Sie fuhr den New Jersey Turnpike entlang, als die Offenbarung über sie kam – Saulus wurde auf der Straße nach Damaskus vom Pferd gestoßen und geblendet. Eine Polizeistreife hielt sie an, weil sie auf der falschen Straßenseite gefahren war. Sie hatte einen Blick in andere Welten getan, wie sie sagte, und als sie sich von den Nachwirkungen ihrer Trance erholt hatte, änderte sie ihre Kleidung, ihre Ernährung, ihre Wünsche und Gebete; sie reiste nach Indien und wurde eine Hindupriesterin. Heute unterhält sie ein Ashram an der Ostküste. Ihre Geschichte ist interessant, weil sie so ungewöhnlich ist. In der Regel erscheinen Engel und Götter in dem kulturellen Habitus der Menschen, die sie besuchen.

Zu einigen Menschen kommen sie in Tiergestalt. Ezechiel wurde in der Wildnis von Raben ernährt; am Morgen und am Abend kamen die Vögel mit Nahrung von Gott zu ihm. Waren sie Engel?

Bei den amerikanischen Indianern helfen große Vögel wie Raben und Adler den Kindern, oder sie spielen Streiche oder hei-

Zwei Geister kommen zu Schwarzer Hirsch.
Amerikanisches Eingeborenengemälde. 20. Jahrhundert.

len oder bringen Feuer oder übermitteln Botschaften von Gott. Darüber hinaus wandeln freundlich gesonnene «Familiengeister» – manchmal geflügelt, manchmal nicht – unter den Menschen, beschützen sie vor Schaden und helfen den Medizinmännern bei ihren Verrichtungen.

Pattie Lipman war früher Anthropologin an der *Smithsonian Institution* und studierte die Indianer der Nordwestküste. Sie verspürte immer eine gewisse Affinität zu Krähen. Sie sagt, Krähen können einen verspotten und necken. Sie vertreiben Raubtiere. Sie sind klug, und man kann sie zähmen. Krähen sind Patties Totemvögel. Immer wenn es ihr nicht gut geht, hält sie nach Krähen Ausschau, und wenn sie eine entdeckt, weiß sie, daß alles wieder gut wird. Diese Vögel sind Patties Engel.

Einmal hatte sie einen Skiunfall in Vail. Sie raste gegen einen Baum, brach sich mehrere Rippen und verletzte sich die Nerven am rechten Ellbogen und in der Hand. Solche Unfälle bei großer Geschwindigkeit sind normalerweise tödlich. Jedes Jahr sterben drei oder vier geübte Skifahrer, weil sie gegen Bäume prallen.

Nach dem Unfall war sie den ganzen Tag über allein in ihrer Wohnung und versuchte sich zu erholen. Sie hatte unerträgliche Schmerzen. Sie saß auf dem Sofa und sah fern. Sie konnte nicht aufstehen. Sie jammerte: «Wieso gerade ich? Weshalb mußte mir das geschehen, Gott?»

Da sah sie auf einem Dach in der Nähe zwei Krähen sitzen. Sie war verblüfft, denn wie sie sagt, sieht man selten Krähen in Vail. Sie flogen auf das Geländer ihres Balkons, und dann hörte sie ganz deutlich eine Stimme: «Aber, Pattie, wir haben dich am Leben gelassen.»

Später werde ich von meiner eigenen Begegnung mit einem Schwan erzählen, und die Schriftstellerin Hope MacDonald berichtet von Laurie, einer jungen Frau, die einmal spät abends auf ihrer Busfahrt nach Hause von einem verdächtig aussehenden Mann verfolgt wurde. Sie hatte Angst und begann zu beten. An ihrer Haltestelle stand ein großer weißer Hund auf dem Bürgersteig, ein großer Pyrenäenhund. Er schob seinen Kopf unter ihre Hand und begleitete sie den ganzen Weg bis nach Hause. Der Mann verstand die Warnung und trollte sich. Der Hund verschwand vor Lauries Haustür.

Für erdverbundene Menschen leben überall Geister – in Felsen und Steinen und Bäumen und Flüssen und Tieren und Wüstengesträuch. Das Göttliche schimmert überall durch, weshalb also sollten nicht auch Wächter neben uns gehen? Und weshalb sollten einfache Nomaden, unschuldig wie Kinder, nicht ihren eigenen Sinnen trauen?

Menschen, die eng mit der Natur leben, sind mit ihr verbunden, und diese Vorstellung der Allverbundenheit läßt sich nicht einfach beiseiteschieben, ebensowenig wie der Tod, der die Menschen auf dem Land rings umgibt. Man kann nicht umhin, ihn wahrzunehmen: den Tod von Enten und Schweinen und Schlangen und Fischen und Katzen und schönen Pferden und guten Jagdhunden, den Tod von kleinen Kindern und Familienmitgliedern. Und in jener Stille, die das einsiedlerische Leben fernab von den städtischen Zentren mit sich bringt, lernt man zu sehen, wie die Mystiker zu sehen, mit schärferen Ohren zu hören, bis man selbst auch ein Teil des schlichten Wunders von Leben und Sterben und Wachsen und Vergehen ist. Das braucht Tage und Monate und Jahre. Mönche, Eremiten, Schamanen, alle Rishis und Heiligen suchen diese Einsamkeit und Zeit der Stille für Gebete, weil darin der einzige Zugang zu der unmittelbaren Erfahrung Gottes liegt: «Sei stille und wisse, daß ich Gott bin.»

Aber wenn sie sich einstellt – sind wir verwandelt!

Häuptling Seattle vom Stamm der Duwamish schrieb 1853 in einem Brief an Präsident Franklin Pierce:

> Der weiße Mann muß die wilden Tiere dieses Landes als seine Brüder behandeln. Ich bin ein Wilder und verstehe es nicht anders. Ich habe Tausende verwesender Büffel in der Prärie liegen sehen, die der weiße Mann aus einem fahrenden Zug erschossen und zurückgelassen hat. Ich bin ein Wilder, und ich verstehe nicht, wie das rauchende eiserne Pferd wichtiger sein kann als die Büffel, die wir nur töten, um am Leben zu bleiben.
>
> Was ist der Mensch ohne die Tiere? Wenn alle Tiere fort sind, wird der Mensch aus großer Einsamkeit des Geistes sterben. Denn welches Geschick auch immer den Tieren widerfährt, wird bald auch das Schicksal des Menschen sein. Alle Dinge sind miteinander verbunden ... Was auch immer die Erde befällt, wird auch die Söhne der Erde befallen.

Ein geflügeltes Wesen kniet neben dem Heiligen Baum. Ausschnitt aus einem Wandgemälde im Palast des Assurnasirpal II. bei Nimrud. 9. Jahrhundert v. Chr.

• 2 •

Die Menschen im alten Babylon verehrten ein Pantheon von Gottheiten: geflügelte Stiermenschen, einen Gott namens Nebo, einen Mondgott und verschiedene *sukalli* oder Boten-Engel, die Söhne der Götter waren. Zarathustra führte eine monotheistische Gottheit ein und verwandelte die alten babylonischen und assyrischen Götter in Erzengel, die schließlich im Judentum und im Christentum Einzug hielten. Der Zoroastrismus hatte zur Zeit der babylonischen Gefangenschaft der Juden die Oberhand. Er war die offizielle Religion des Königs Darius. Ein großer Teil unserer gegenwärtigen westlichen Engelvorstellungen stammt von der Lehre Zarathustras her.

Zoroaster oder Zarathustra (sein Name bedeutet «reich an Kamelen») lebte zwischen 1000 und 600 v. Chr. Er wurde in Medea geboren und wirkte in Baktrien als ein Prophet, der sich gegen eine Religion wandte, die vermutlich eng mit den hinduistischen Veden verknüpft war und zu der die Verehrung des Feuers, Rinderopfer und vielleicht die Verehrung der Göttin und des Baal oder Ba'lim gehörten. Zarathustra versuchte, die Menschen für einen ethischen und moralischen Monotheismus zu gewinnen. Wie ein halbes Jahrtausend später Gotamo Buddha betonte er die Wichtigkeit guter Gedanken, guter Worte und guter Taten. Er lehrte, daß die Welt in einem ständigen Kampf zwischen Gut und Böse begriffen sei und daß wir zwischen diesen beiden wählen müssen.

Im Zoroastrismus kommt alles Gute von einem höchsten Gott, Ahura Mazda (Ormuzd), dem «Herrn der Weisheit», dem höchsten reinen Licht. Sein Gegenspieler ist der Satan, der böse Geist Angra Mainyu (Ahriman), der Geist der Finsternis, der von seinen Dämonen oder *devas* umgeben ist. Ahura Mazda wird jedoch von sieben *amesha spenta* unterstützt, Erzengeln oder heiligen Geistern, die von ihm ausgehen und sieben grundlegende moralische Prinzipien verkörpern. Diese sieben Engel haben verschiedene Namen. Nach einer Gruppierung werden sie als Rech-

Nichts in der Welt ist für sich allein;
Alle Dinge sind durch ein göttliches Gesetz
untereinander verbunden.
PERCY BYSSHE SHELLEY, *Love's Philosophy*

Die Welt ist von der Macht Gottes erfüllt,
Sie flammt wie ein Blitz von dem gezogenen Florett.
GERALD MANLEY HOPKINS, *God's Grandeur*

Wenn wir das gewöhnliche Menschenleben in seiner Gesamtheit deutlich sehen und fühlen könnten, wäre das als hörten wir das Gras wachsen und das Herz der Eichhörnchen schlagen, und das Gebrüll, das die Kehrseite des Schweigens ist, würde uns töten.
GEORGE ELIOT, *Middlemarch*

Wo warst du denn, als ich die Erde gründete ... Als allzumal die Morgensterne jauchzten und alle Gottessöhne jubelten?
Hiob 3, 4, 7

Gott allein genügt.
THERESE VON AVILA

In der Pilgerschaft der Seele ist das starke und ernsthafte Streben, Gott von Angesicht zu begegnen, der erste und letzte Weggefährte.
DILIP KUMAR ROY, *Pilgrim of the Stars*

Wir meinen mit «Wunder» keinen Widerspruch zur Natur. Wir meinen, daß die Natur niemals Wunder hervorbringen könnte, wenn sie auf ihre eigenen Mittel angewiesen wäre.
C. S. LEWIS, *On Miracles*

tes Wissen (oder Weisheit), Wahrheit (oder Der Weg), Frömmigkeit, Heilsgewinn, Unsterblichkeit (oder Freude an der Schönheit), Gehorsam und Verdientes Glück übersetzt. Jeder dieser Engel beschützt etwas: Weisheit schützt die Erde, Wahrheit hütet das Feuer, Unsterblichkeit die Pflanzen, und so weiter. *Ashi,* die Gute, ist der Engel der Segnungen. Sie stellt eine weibliche Form von *Asha* dar, der für Wahrheit, Gerechtigkeit, Tugend, Heiligkeit, kosmisches Gesetz und Ordnung steht. Ahura Mazda spendet Seinen reichlichen Segen *(Ashi)* jenen, die *Asha* folgen, Seiner Wahrheit, Seinem Göttlichen Gesetz. *Ashi* wird durch *Armaiti* beschützt und bemuttert, den Engel der Hingabe oder der Liebe Gottes in unseren Herzen. Ihre drei Brüder und Gespielen sind *Sraosha,* der Engel der Göttlichen Intuition, *Rashnu,* der Engel der Gerechtigkeit, der nach dem Tod die guten und bösen Taten der Seele abwägt, und *Meher,* der Engel des Lichts und des Erbarmens, der die Seele während dieser schrecklichen Zeit hält und tröstet.

Außerdem gibt es noch weitere Engel oder *yazatas;* zu ihnen gehören *Psychopompos,* der Himmlische Führer und Herr der materiellen Ebene, ferner *Vata,* der über die Luft und die Winde herrscht, und schließlich *Mithra* mit den 10 000 Augen, aus dem später der persische Lichtgott wird, ein eigenständiger Gott. Im Zoroastrismus ist *Mithras* der Engelsbote zwischen Himmel und Erde, der Richter und Erhalter der Welt. Er wird auf alten Monumenten als schöner Jüngling dargestellt, der einen Dolch in den Nacken eines Stieres senkt. Er wurde in unterirdischen Katakomben verehrt; zu der Zeremonie gehörten die Taufe und ein Mahl aus geweihtem Brot und Wasser, und die Gläubigen rieben sich mit Honig ein.

Wie es scheint, vereinigte die Oberste Gottheit bis zur Zeit Zarathustras – wie ihr Name auch lautete – das Gute wie das Böse in sich; es gab noch nicht die Begriffe von «richtig» oder «falsch». Gott sandte Ereignisse auf die Erde, und die Menschen nahmen sie zur Kenntnis und bezeichneten sie als «gut» oder als «böse», obwohl sie weder das eine noch das andere waren, sondern nur die Saat von beidem in sich bargen. Mit Zarathustra entstand die Dualität, die uns heute vertraut ist – mit den guten Engeln auf der einen und den bösen Dämonen auf der anderen Seite. Sie tragen einen ungleichen Kampf aus, denn das Gute wird letztlich siegen, wie uns versichert wird.

Um 330 v. Chr. rottete Alexander der Große den Zoroastrismus fast vollständig aus. Die islamische Eroberung Kleinasiens im 7. Jahrhundert n. Chr. räumte mit den Überbleibseln auf. Einige Häuflein seiner Anhänger verbargen sich, die meisten Zoroastrier wanderten im 10. nachchristlichen Jahrhundert nach Indien aus. Dort wurden sie als die Parsen bekannt, heute eine kleine Sekte, deren Anhänger ausschließlich untereinander heiraten und die deshalb immer kleiner wird.

Heute haben sich die Parsen in bezug auf Milieu, Kleidung und Sitten den Hindus angepaßt. Es gibt noch etwa 250 000 Parsen, die meisten in der Umgebung Bombays.

Zarathustra schrieb etwa 21 Hymnen an seine Engel. Es folgen zwei Gesänge aus seinen *Gathas:*

> Als ich Dich mit meinen Augen erblickte, erkannte ich Dich in meinem Geist, O Mazda, als den Ersten und den Letzten in alle Ewigkeit, als den Vater Vohu Manas, des Guten Geistes, als den wahren Schöpfer Ashas, des Göttlichen Gesetzes, und als Herrn über alles lebendige Geschehen.
>
> *Yasna* 31,8

> Sie [Armatai, der Engel der Hingabe an Gott] gewährt uns wahrhaft guten Schutz … sie, die Geliebte Vohu Manas [des Guten Geistes]. Denn für sie … ließ Mazda Ahura in der Geburt des uranfänglichen Lebens die Pflanzen gedeihen.
>
> *Yasna* 48,6

Etwa um 2500 v. Chr. besiedelten die Arier oder Indoeuropäer den Iran und Indien. Ihr höchster Gott war Dyaus (die indoeuropäische Wurzel *deivos* findet sich in griech. *Zeus*, lat. *deus*, skr.

deva, iran. *div,* lit. *diewas,* altgerm. *tivar* wieder). Dyaus war der leuchtende Gott des Himmels, der den Regen spendete und seine Feinde mit Blitzen erschlug. Seine göttliche Gemahlin war die Erdmutter. Um diese beiden drehten sich die übrigen Götter, die Sonne, der Mond und die Dämmerung. Diese Menschen der Frühzeit verehrten das Feuer und eine Schar *devas* und Naturgottheiten. Das Wort *deva* bedeutet «der Leuchtende», aber solche Wesen wurden damals nicht eigentlich als Engel gesehen, und sie werden in Indien auch heute nicht als Engel betrachtet.

Gibt es Hindu-Engel? Ich kann diese Frage nicht direkt beantworten. Engel erscheinen nämlich meistens in monotheistischen Religionen, in denen Mittler zwischen der Menschenwelt und einer fern entrückten Gottheit erforderlich sind. In polytheistischen Religionen erscheinen die Götter selbst. Die Menschen in Indien sehen keine Engel, sie sehen Gott. Auch die bedeutendsten christlichen Mystiker wie die heilige Theresa, der heilige Johannes vom Kreuz oder Julian von Norwich sprechen wenig von Engeln und viel von Jesus Christus, denn es war Gott selbst, der ihnen erschien und den sie verehrten. Die Engel sind ihm untergeordnet.

Ich fragte einmal einen großen Hindulehrer, ob Engel im hinduistischen Denken eine Rolle spielen. Er sprach aber vom allmächtigen Gott, dem Schöpfer, der unser geringes Vorstellungsvermögen übersteigt. Gott ist absolutes Wissen, absolute Weisheit, absolute Liebe. Wir geben Ihm tausend Namen, aber Er ist Eins. In Gott gibt es weder «richtig» noch «falsch», sondern nur reines Sein. Er ist grenzenlos und gestaltlos, aber Er wünscht dennoch eine Beziehung zu den Menschen. Und weil wir Ihn ohne Form nicht erkennen können, nimmt Er in grenzenlosem Mitgefühl einen Leib an, um dem zu erscheinen, der Ihn anbetend verehrt. Diese Verleiblichung Gottes, sagte der Lehrer, geschieht in Form von Energien oder *shaktis.* Oft erscheint die *shakti* als weibliche Gottheit, als *devi* wie Parvati. (Eine *devi* ist übrigens nicht zu verwechseln mit dem männlichen *deva,* einem rangniedrigen Naturgeist Indiens, der unter Zarathustra und der späteren persischen Folklore zum *daeva, div, djinn* oder Dämon degradiert wurde.) Durga ist die größte *shakti,* aber es gibt auch die Kali, die als schwarzgesichtiges und nacktes Hexenweib erscheint, blutverschmiert und mit weit heraushängender Zunge – keineswegs also das, was wir uns unter einem Engel vorstellen. In ihren vier Händen hält Kali ein Schwert, einen Schild, den Kopf eines Riesen und eine Würgeschlinge. Sie trägt ein Schädelhalsband. Einmal tanzte sie in ihrer wild-göttlichen Ekstase so selbstvergessen und vehement, daß sie ihrem Gemahl mit den Füßen den Kopf zertrat. Da war sie über ihre wilde Raserei erschrocken, und liebevoll erweckte sie ihn wieder zum Leben. Sie trinkt das Blut der Dämonen. Sie ist einer der vielen Aspekte Gottes.

Es gibt noch weitere *devis* – Lakshmi, der Überfluß, und Surasuti, eine weiße und friedvolle *shakti.* Alle *shaktis* sind weiblich, Manifestationen Gottes in weiblicher Gestalt. Der Yogi, der heilige Mystiker, erlangt Befreiung und Weisheit, indem ihn die Göttin selbst dazu bringt, seine *shakti* oder *devi* körperlich und spirituell zu lieben. Ich werde später auf diesen sexuellen Aspekt der Engel zurückkommen. Wir finden die gleiche Sprache im Christentum wieder, wenn heilige Frauen sich auf die Liebespfeile Gottes werfen, sich selbst Braut und Jesus ihren Bräutigam nennen, an dem sie sich erfreuen.

Die *devis* scheinen nicht als Boten zu fungieren, aber die Hindus kennen auch geflügelte Wesen, die *kimpurushas,* die in Anbetung die Götter umschweben, und bei ihnen könnte es sich um eine Art Engel handeln. Sie leben am selben Ort wie die Götter, aber auf einer anderen Bewußtseinsebene. Ich kann allerdings nicht sagen, was das bedeutet oder was diese Wesen tun. Außerdem gibt es die *apsaras,* bestrickend schöne Kurtisanen, die die Götter mit Musik und Tanz, mit Anbetung und sexuell-erotischen Wonnen entzücken. Die *apsaras* wurden für die Liebe erschaffen. Sie sind unermüdliche und vollkommene Spenderinnen amouröser Freuden und können ohne Ende mit ihren Geliebten kopulieren. Gewöhnlich bleiben sie im Himmel, aber

Shiva und Parvati. Hinduistische Holzschnitzerei an der Fassade eines Gebäudes in Nepal.

zuweilen beauftragen die Götter sie, irdische Männer zu verführen und abzulenken, die den Frieden des Kosmos stören (es wäre nur zu wünschen, daß sie häufiger geschickt würden). Die *apsaras* beten die Anbetung an, und sie beten ihre Anbetung der Anbetung an. Sie beten es an, Vergnügen zu schenken, in allen göttlichen und liebenden Formen und ohne störende Körpersäfte oder Menstruation oder Schmerzen oder Schwangerschaft, Geburt und Kinderaufzucht. Aber wenn sie einst Engel waren, haben sie diesen Status heute nicht mehr inne.

«Gibt es also Engel im religiösen Denken der Hindus?» beharrte ich.

«Ja», erwiderte der Meister. Aber er konnte nicht sagen, wie sie genannt werden. Er zog jedoch das persische Konzept der *feresh'ta* in Betracht, der geflügelten spirituellen Berater, die Gott in Worten und Taten preisen. Und doch wimmelt es im modernen Hinduismus von Engeln. Haben westliche Kaufleute und portugiesische Missionare sie nach der Renaissance nach Indien «exportiert»?

Die modernen hinduistischen wie die christlichen Engel sind näher bei Gott als bei den Menschen, aber sie verehren menschliche Heilige und Propheten neben Gott. Paramahansa Yogananda erzählt in seinem wundervollen Buch *Autobiographie eines Yogi*, wie er in den zwanziger Jahren eine heilige Frau in Indien besuchte. Sie war die Gattin und Lebensgefährtin des erleuchteten Meisters Lahiri Mahasaya und schilderte dem damals noch jungen Yogananda einen sehr deutlichen Traum.

Engelhafte Gestalten waren in ihrem Zimmer. Sie erwachte, nur um festzustellen, daß der Raum von einem blendendem Licht erfüllt war, und ihr Mann schwebte in seiner Meditation in der Mitte des Zimmers. Sie war über alle Maßen erstaunt und glaubte, immer noch zu träumen, denn Engel umgaben ihn, die Hände gefaltet, seine Versenkung anbetend.

Lahiri Mahasaya sprach seine Frau an und sagte ihr, daß sie nicht träume, und sie fiel in ehrfürchtigem Schrecken auf die Knie und bat ihren Gatten demütig um Vergebung, daß sie in ihm nicht den Heiligen erkannt hatte. Er forderte sie auf, sich auch vor den Engeln zu verneigen. Die Engel erwiderten ihre Verehrungsbezeugung mit dem Wohlklang ihrer himmlischen Stimmen. Dann verschwanden sie. Das Zimmer war wieder in Dunkelheit gehüllt.

Sie wurde eine Schülerin ihres Mannes, und er schlief nie wieder in ihrem Bett.

Der Ausgang der Geschichte mag uns hart anmuten. Nach unseren Vorstellungen ist es traurig, daß ihnen durch die Engel und auch durch die große spirituelle Kraft ihres Gatten fortan die eheliche Liebe verwehrt war.

Dies trägt zu einem Gefühl bei, das uns der himmlischen Welt mißtrauen läßt: Furcht. Furcht vor Verlust. Furcht vor dem

Verlust von etwas Wertvollem. Furcht, daß die Engel nicht wirklich auf unserer Seite stehen.

Ich wollte mit dieser Geschichte jedenfalls zeigen, daß Engel auch in den Visionen von Hindus vorkommen und daß sie wie die christlichen Engel singen und sogar Menschen huldigen, die ihr Leben der kosmischen Macht unterordnen. Wie die christlichen Engel dürfen sie weder angebetet noch mit Gott verwechselt werden. Aber man darf sie verehren.

• 3 •

In Malaysia werden Sommersprossen «Engelsküsse» genannt. Die Taoisten räumen den Engeln, wie wir sie kennen, keinen offiziellen Status ein, aber wenn man unter Engeln helfende Geister versteht – spirituelle Wesen, die einer höheren Gottheit dienen und sie verehren –, findet man sie auch in den chinesischen und japanischen Religionen ständig wieder. Sie sind die Unsterblichen, ehemals gewöhnliche Menschen, die eine solche Höhe spiritueller Klarheit erreicht haben, daß sie nie sterben. Sie werden den «Göttern» (im Chinesischen *shen)* zugeordnet, sind rangmäßig jedoch unter ihnen angesiedelt und stehen in enger Verbindung mit der Menschenwelt. Wie Engel können sie fliegen, zwischen den Welten reisen, Wunder vollbringen, heilen, Dämonen austreiben und lehren. Wie Engel erscheinen sie in menschlicher oder tierischer Gestalt, um zu helfen oder zu raten, und wie Engel sind sie selbst die Botschaft. Aber all das tun genauso auch Heilige …

Je weiter man von Persien aus nach Osten kommt, desto unklarer werden für unsere Begriffe die Engel-Vorstellungen. Bei den Buddhisten sind die *bodhisattvas* – die heiligen Buddhas der Zukunft – den Engeln ähnlich, denn sie haben sich wie die Unsterblichen entschieden, auf die Erde herabzukommen, um uns Menschen anzuleiten und zur Erleuchtung zu führen. In ihren Leibern wohnt aber die Energie Gottes, die als *dakini* oder

Engel bezeichnet wird und der hinduistischen *shakti* entspricht. Es besteht jedoch ein kleiner Unterschied zwischen den buddhistischen *bodhisattvas* und den taoistischen Unsterblichen. Die taoistische Unsterblichkeit bezieht sich auf die physische Ebene: Der Körper ist unsterblich. Es gibt eine ganze Reihe von Namen für diese Wesen, um die sich je nach der lokalen schamanistischen und buddhistischen Tradition eine Vielfalt von Legenden und folkloristischen Sagen rankt.

Die buddhistischen *bodhisattvas* hingegen sind hochentwickelte Wesen, die bereits die Erlösung erlangt haben (das bedeutet, daß es ihnen freisteht, sich vom Rad der Wiedergeburten zu lösen), jedoch aufgrund ihrer großen Liebe und ihres Mitleids beschließen, auf die Erde zurückzukehren und uns Sterbliche zu führen und zu lehren.

Bodhisattvas lieben und genießen die Wonnen der spirituellen Welt, aber sie sind auch Gesandte des Göttlichen. Sie verrichten nicht nur Engeltaten wie Heilen, Führen, Belohnen und Bestrafen von Menschen, sondern sie geleiten außerdem die Seelen der Sterbenden an ihren Bestimmungsort. Aber sie besitzen nicht die physische Unsterblichkeit der taoistischen Unsterblichen. Wenn ihre Zeit erfüllt ist, sterben sie, wie auch der Buddha gestorben ist. Sie sterben einen heiligen Tod, in hohem Alter, friedvoll, wie sie gelebt haben, und unberührt von Gewalt. Niemals leiden sie für ihren Gott den Märtyrertod, wie es bei manchen Heiligen der christlichen Geschichte der Fall war. Manchmal verwesen ihre Leichen nicht.

Menschen, die einen lebenden Buddha in China oder Tibet gesehen haben, sprechen von der Aura des Friedens und der Energie, der Wärme und der Liebe, die von ihnen ausgeht. Einige sehen Licht von der Haut dieser *bodhisattvas* aufflackern.

Stehen ihnen andere Engel zur Seite? Einer Bronze im Metropolitan Museum of Art zeigt einen *bodhisattva,* den geflügelte Gottheiten in freudiger Verehrung umschweben. Sowohl die Unsterblichen als auch die *bodhisattvas* können den Körper verlassen, «levitieren», sich an zwei Orten zugleich aufhalten und

Altar-Schrein mit Maitreya. Nördliche Wei-Dynastie. 6. Jahrhundert.

Ein Mahasiddha erfreut sich der Wonnen des sprirituellen Fluges mit seinem Dakini-Engel. Tibetisches Tankha (Ausschnitt).

wochenlang ohne Nahrung leben, als hätten sie keinerlei körperliche Bedürfnisse. Aber es ist anzumerken, daß die heiligen Männer in allen Kulturen – alle, die ihr Leben der Obhut eines liebenden Gottes anvertrauen und ihm ihren Willen unterordnen – zu solcherlei fähig sind.

Aus der Frühzeit des christlichen Eremitentums erzählt man sich, daß eines Tages im 4. oder 5. Jahrhundert ein Beamter nach Pelusium kam, um eine Gruppe Mönche zu besteuern, als wären sie Kaufleute oder dergleichen. Dies rief Befremden hervor, denn schon damals bestand eine gewisse Trennung zwischen Kirche und Staat. Die Mönche erwogen, den Kaiser deswegen zu befragen, doch Abba Ammonathas – ein Heiliger – wies sie an, in ihre Zellen zu gehen und zwei Wochen lang zu fasten. In dieser Zeit wolle er sich mit Gottes Hilfe um die Angelegenheit kümmern. Sie zogen sich also zurück. Nach Ablauf der zwei Wochen aber murrten die Brüder. Der alte Mann hatte nur in seiner Zelle gesessen und nichts weiter unternommen. Am fünfzehnten Tag versammelten sich die Mönche wie vereinbart, und der alte Mann überreichte ihnen einen Brief mit dem Siegel des Kaisers. Sie waren erstaunt.

«Woher habt Ihr das?» fragten sie.

«Glaubt mir», erwiderte Abba Ammonathas, «ich bin an jenem Abend zum Kaiser gegangen, der diesen Brief schrieb. Dann ging ich nach Alexandrien und ließ den Brief von dem Beamten gegenzeichnen. Dann bin ich zu euch zurückgekehrt.»

• 4 •

Einige Menschen glauben, daß Engel als «Manen» kommen, als die vergöttlichten Seelen der Verschiedenen, denn in vielen Kulturen herrscht der Glaube, daß die Seelen der Menschen nach dem Tod zu Schutzengeln aufsteigen, so wie sich auch die Engel selbst immer höher entwickeln. Ich hörte von einer deutschen Frau, die zehn Tage nach dem Tod ihres Mannes in einen schrecklichen Autounfall verwickelt war. Der Wagen wurde zwischen einem Lastwagen und einem Baum zerdrückt, aber sie und ihre Schwester krochen, wie durch ein Wunder unverletzt, aus dem Wrack. Sie führte ihr Überleben auf den Schutz ihres verstorbenen Mannes zurück, denn sie hatte seine Gegenwart bei dem Unfall sehr intensiv gespürt. Diese Vorstellung, daß sich unsere Lieben nach ihrem Tod um uns kümmern oder sich über unser Leben auf der Erde freuen, ist alt. Aber die Geister der Verstorbenen sind nicht immer freundlich gesonnen:

> Bei den Manen meines Sohnes wird heute Freude sein,
> Da mit Blut ich meine Schwüre der Rache löse ein.
> JOHN DRYDEN

Ich kenne keine Kultur auf der Erde, in der es nicht den Glauben an das Weiterleben der Seele nach dem Tod gibt. Am extremsten drückt sich dieser Glaube meiner Meinung nach in der Ahnenverehrung des Konfuzianismus aus. Hier lebt jeder Geist zehn Generationen lang, aber die überlebenden Nachkommen müssen ihn verehren und seiner gedenken und ihn so am Leben erhalten. Das ist keine leichte Aufgabe, denn im Verlauf von zehn Generationen muß man sich um 1024 Vorfahren kümmern, ihnen Opfer bringen und ihnen zu Ehren Weihrauch verbrennen. Die Geister verblassen in demselben Grad, in dem sie in der Erinnerung der Lebenden verblassen – bis sie einfach ganz verschwinden. Aber solange sie gesund und «lebendig» sind, kümmern sich diese Geister der Großeltern ihrerseits um die Nachkommen. Sie werden niemals als geflügelt oder als Boten einer höheren Gottheit abgebildet. Sie sind nach allem, was ich in Erfahrung bringen konnte, viel enger mit den «Schatten» der alten Griechen verwandt, denen nach dem Tod nur so lange Unsterblichkeit beschieden war, wie ihre von den Barden vorgetragenen Heldentaten in den Hallen der Zeit erklangen. Deshalb ist Achilles in der *Ilias* nur so lange lebendig, wie die Erinnerung an seine Taten unsere Herzen erreicht. Danach ist er nichts weiter als einer der unglückseligen Schatten, die den grauen Hades durchstreifen und nach Blutopfern dürsten.

Anders als die Chinesen konnten die alten Griechen nicht darauf zählen, daß ihnen die Schatten ihrer Helden wie etwa Achilles oder Agamemnon in schwierigen Zeiten beistanden. Das Leben der armen Sterblichen hing von der wankelmütigen Aufsicht und von gelegentlichen Einmischungen eines Götterpantheons ab. Die Götter sandten ihnen Träume oder Visionen oder erschienen als Zeus, Apollo oder Athene zuweilen selbst auf der Erde. Die Geister der Verstorbenen waren einfach nur tot.

Wie ich hörte, glaubten die Copper-Eskimos in der zentralkanadischen Arktis bis weit ins 20. Jahrhundert hinein, daß jedes Kind einen persönlichen Schutzgeist habe. Das Kind erhielt den Namen der Person, die zuletzt gestorben war. Die Eskimos glaubten, daß der Geist dieses Toten bei der Geburt in den Körper des Kindes einziehe. Handelte es sich um den Geist

Tempelbanner, Avalokitesvara. Chinesisch, Hien-lung-Periode. 18. Jahrhundert.

Ende der 1890er Jahre wurde der große indische Heilige Sri Ramakrishna gefragt:
«Glauben Sie an Gott?»
«Ja», erwiderte er.
«Können Sie es beweisen, Sir?»
«Ja.»
«Wie?»
«Weil ich Ihn ebenso hier sehe wie Sie, nur deutlicher.»

PARAMAHANSA YOGANANDA, *Autobiographie eines Yogi*

Der Mensch steht höher als die Engel; er ist von allen Erscheinungen die höchste. Der Mensch aber ist das höchste von allen Geschöpfen, weil er nach Freiheit strebt.

PARAMAHANSA YOGANANDA, *Autobiographie eines Yogi*

Die Frage lautet: Ist der Mensch ein Engel oder ein Affe? Nun, ich bin für den Engel.

BENJAMIN DISRAELI in einer Rede über CHARLES DARWINS *Ursprung der Arten*

Sie sollen loben den Namen Jahwes;
denn er befahl, und sie waren geschaffen.

Psalm 148, 5

Das ist es, was du für dich festhalten solltest – die Sympathie und Freundschaft der unsichtbaren Welten. Im Augenblick ist es sicherlich das beste für uns, daß wir sie nicht sehen können. Dadurch stärkt sich die höhere Wahrnehmung in uns, die wir «Glauben» nennen. Aber wer vermöchte zu sagen, ob nicht eine Zeit kommen wird, da diese unsichtbaren Welten nicht länger unsichtbar sind – selbst nicht mehr für uns, die wir hier auf der Erde leben?

PHILLIPS BROOKS

der Großmutter, wurde das Kind als «Großmutter» angesprochen; war es ein Onkel, wurde es «Onkel» genannt, denn man glaubte, daß die Kinder anfangs zu klein seien, um eine eigene Persönlichkeit zu haben. Die Kinder wurden dementsprechend mit demselben Respekt behandelt, den man den betreffenden Erwachsenen schuldete. Sie konnten fast alles tun, was sie wollten – etwa mit einem Abhäutungsmesser spielen –, ohne daß jemand sich einmischte, weil Großvater oder Onkel ja genau wußten, wie so ein Messer zu handhaben war. Etwa im Alter von sechs Jahren konnte ein Kind zum ersten Mal bestraft werden; dann nämlich, so glaubte man, habe es eine eigene Persönlichkeit und einen eigenen Namen erworben.

Dieser Ahnengeist entspricht allerdings nicht unserer Vorstellung von einem Schutzengel, denn er verläßt das Kind, wenn es älter wird.

Die größte Verehrung der Eskimos gilt den Raben, Krähen, Bären, Walen, Seehunden, und den Göttern ihrer Schöpfungsmythen; sie treten als Naturgeister auf, richten die Welt gemäß den Bedürfnissen der kleinen Menschheit ein und kämpfen gegen Dämonen oder böse Geister, die über die Erde schleichen und auf der Jagd nach Menschen sind, um sie in ihre Gewalt zu bringen.

Kapitel 6

Die Himmelsschlacht und die Höllenprinzen

• 1 •

Nachdem Gott die Engel erschaffen hatte, schuf Er die Menschen und wies die Engel an, sich vor ihnen zu verneigen, sie zu verehren und für sie zu sorgen. Nach einigen Quellen hatte diese Anweisung die Schlacht im Himmel und den Sturz Satans zur Folge, der sich aus Stolz oder Eifersucht weigerte, sie zu befolgen. Nach anderen Berichten war das dämonische Böse schon lange vor der Erschaffung Adams und Evas lebendig.

Diese Geschichte wird im Alten Testament nicht erzählt. Die Bücher des Alten Testaments erwähnen nichts von gefallenen Engeln oder von himmlischen Schlachten, aber die *Apokalypse* des Johannes (der damals auf der Insel Patmos lebte) des Neuen Testaments berichtet von einem Krieg im Himmel, in dem Michael und seine Engel gegen den Drachen kämpften, gegen Satan und seine üble Horde; die Schlange, die die ganze Welt verführt, wurde auf die Erde hinabgestürzt, und Scharen von Engeln fielen vom Himmel (*Offb 12,7–9*).

ALBRECHT DÜRER, *Michaels Kampf mit dem Drachen.* Holzschnitt aus dem Zyklus *Die Apokalypse.* 15. Jahrhundert.

Auch Jesus erwähnt diese Ereignisse: «Ich sah den Satan wie einen Blitz vom Himmel fallen», sagte er *(Lk 10,18)*.

Fünf Jahrhunderte später wurde der Fall Satans unter islamischem Einfluß in eine bittere Liebesgeschichte verwandelt. Nach persischer Vorstellung schuf Gott nämlich die Engel, damit sie Ihn lobten und verehrten. Dann schuf Er die Menschen, Mann und Frau, und wies die Engel an, seiner neuesten Schöpfung zu dienen. Aber von allen Engeln liebte Satan oder Iblis Gott am meisten, und er lehnte es ab, sich vor den Menschen zu verneigen, denn er wollte dies nur nur vor dem Gott tun, der ihn geschaffen hatte.

Gott sagte: «Hinaus mit dir», und sofort wurde der Engel in die Hölle geworfen, denn den Geliebten nicht mehr sehen zu dürfen – von ihm fortgeschickt zu werden –, das ist die Hölle. Und wie hält er den Schmerz der Trennung von seinem Geliebten aus? Durch die Erinnerung an das Echo der Stimme Gottes, als er sagte: «In die Hölle mit dir.»

> Wir müssen begreifen, daß böse und gute Engel nahe beieinander wohnen, und doch die größte Entfernung zwischen ihnen besteht. Denn *der Himmel ist in der Hölle,* und *die Hölle ist im Himmel,* und doch ist das eine nicht im anderen offenkundig; und wenn der Teufel in seinem Wunsch, in den Himmel zu gelangen und ihn zu sehen, auch viele Millionen Meilen ginge, er wäre immer noch in der Hölle und könnte den Himmel nicht sehen.
>
> JAKOB BÖHME, *Mysterium Magnum*

Im 2. Jahrhundert n. Chr. herrschte in der katholischen Kirche die Auffassung vor, jeder Mann und jede Frau (insbesondere aber jedes Kind) habe einen Schutzengel zur Seite. Einige Menschen glaubten, daß jeder von uns einen guten und einen bösen Engel habe, die unsere Taten ausgleichen. Katholische Kinder werden heute noch gelehrt, daß ein guter Engel auf ihrer rechten und ein böser auf ihrer linken Schulter sitzt, und daß sie in jedem Augenblick ihres Lebens die Wahl zwischen beiden haben. Die katholische Kirche hat aber nie offiziell verlauten lassen, auf welche Art Engel gesündigt haben, so daß sie zu Dämonen wurden. Und es gehört auch nicht zu ihren Dogmen, daß jeder Mensch einen Schutzengel hat, nicht einmal, daß die Engel in Ränge gegliedert sind.

• 2 •

Ich meine, daß alle Religionen satanische oder dämonische Gestalten kennen, die lügen und betrügen und die Wahrheit entstellen und die schwachen Menschen mit Eitelkeit, Furcht, Zweifel, Lustbesessenheit und Gier versuchen. Ich bin zwar keine Autorität, aber ich war in drei Fällen Zeuge von dämonischer Besessenheit oder Exorzismus. Diese drei Vorfälle (ich bin froh, daß ich nichts Derartiges mehr erlebt habe) haben mich dazu gebracht, an das Böse zu glauben. Ich meine damit nicht nur die Abwesenheit Gottes, sondern eine selbständige und spürbare Macht. Gewisse Anzeichen deuten auf sie hin. Erstens wissen die Besessenen davon: sie wissen, daß «etwas nicht stimmt», als würde eine fremde Macht nach ihnen greifen. Sie haben keine Kontrolle mehr über sich selbst, und etwas lebt unter ihrer Haut. Zweitens leiden sie. Ihre Qual ist unerträglich, sowohl die körperlichen Schmerzen als auch die schreckliche Einsamkeit, die sie empfinden. Drittens haben sie Furcht, doch diese Furcht geht über die normale Angst hinaus, die jeder von uns zuweilen verspürt. Diese Menschen leben im Würgegriff der entsetzlichsten Furcht – zu der manchmal eine ungeheure Wut kommt –, die ich je erlebt habe. Und deshalb glaube ich, daß der Teufel selbst leben muß, von Zorn und Furcht gequält. Schließlich, und das ist der interessanteste Aspekt, waren diese drei Menschen, die ich sah, alle schön. Sie waren körperlich so attraktiv, daß ich ihre exquisite Schönheit nur bewundern konnte. In einem Fall fiel mir eine strahlende Sanftheit in den Augen auf. Und doch waren sie unglücklich. Ihre Seelen schrien vor Wut und Einsamkeit auf.

Engel verneigen sich vor Adam und Eva. Illustration in einem islamischen Manuskript.

William Blake hielt das Dämonische für einen Aspekt Gottes, den die erleuchtete Seele an seiner erzengelhaft schimmernden Glorie auch als einen Boten Gottes erkennt.

Ich habe keine Theorie über den Unterschied zwischen Besessenheit und Wahnsinn anzubieten. Tatsächlich gilt es in unserer Gesellschaft als verrückt, über das Konzept des Bösen oder Dämonischen auch nur nachzudenken. Ich würde sagen, daß Drogenmißbrauch und die durch ihn hervorgerufenen Schäden dämonisch sind, und ob das die Wahrheit oder lediglich eine Metapher ist, interessiert mich kaum.

Im Mittelalter stritt man sich darüber, wann die Engel erschaffen wurden; der Streit wurde niemals entschieden. War es zu der Zeit, als Gott die Finsternis vom Licht schied? War es, als Er die Ozeane von den Himmeln schied? Nach Ansicht des heiligen Epiphanias wurden die Engel *nach* dem Himmel und der Erde erschaffen, aber der heilige Augustinus glaubte, daß sie gleichzeitig geschaffen wurden.

> Und Gott nannte die Feste Himmel. Es ward Abend und ward Morgen: ein zweiter Tag.
>
> Und Gott sprach: Das Wasser unter dem Himmel sammle sich an einen Ort, daß das Trockene sichtbar werde! Und es geschah also. Und Gott nannte das Trockene Land, und die Ansammlung der Wasser nannte er Meer. Und Gott sah, daß es gut war.
>
> *Gn 1,8–10*

Wann entstand also das Böse? Und wie? Zugleich mit Gott? Kam es von einem anderen Ort? Werden auch die Dämonen erlöst – werden sie sich dereinst der Liebe Gottes erfreuen?

Nach der hinduistischen Philosophie verüben die Dämonen böse Taten, weil sie das Böse nicht vom Guten unterscheiden können. In der Dogmatik des Christentums (der Religion des liebenden Gottes) können die Dämonen von Anfang an zwischen Richtig und Falsch unterscheiden – und sie wählen immer das Falsche.

Gefallener Cherub und schwach zu sein, heißt elend
Handeln oder leiden. Eines aber merket euch:
Gutes zu tun ist niemals uns're Pflicht,
Das Böse sei unser einzig Vergnügen,
Im Widerpart zum hohen Willen dessen,
Dem wir uns widersetzen.

JOHN MILTON, *Das Verlorene Paradies*, I

In der Bibel erscheint der Satan als Widersacher erst unter dem Einfluß des Zoroastrismus, nach der babylonischen Gefangenschaft. Davor ist Satan noch am himmlischen Hof, als Diener Gottes. Tatsächlich wird Satan im *Buch Hiob* als Gottes «Kamerad» beschrieben. Er äußert Zweifel und stellt Gottes Urteil in Frage, um dessen Macht und Güte auf die Probe zu stellen. Erst unter dem Einfluß Babylons rückt Satan in Opposition zu Gott und erhält eine ihm fast ebenbürtige Macht.

Origines, der mitleidsvolle griechische Philosoph und Kirchenvater, sah in den Dämonen an das Rad der Evolution gebundene Wesen, die sich im Verlauf vieler Reinkarnationen aus ihrer trostlosen Verlassenheit und Einsamkeit heraus zu Gott emporkämpfen. Andere sagten, nicht einmal die Engel könnten den Dämonen helfen, Gott zu finden, oder sie von ihrer furchtbaren Pein erlösen.

Aber ich bin romantisch veranlagt. Ich tröste mich mit der islamischen Vorstellung, daß die *shaitans* zwar eine Klasse von für das Böse geschaffenen Wesen sind, daß aber einer der *shaitans* – ein Urenkel des Iblis – vor Mohammed erschienen ist, einige Suren oder Kapitel des Koran gelernt und so den ersten Schritt zu seiner glücklichen Erlösung getan hat.

Die islamischen Engel fielen nach der Erschaffung des Menschen, die christlichen Engel aber davor. Wann genau? «Vor Beginn der Zeit», sagt Dante in der *Göttlichen Komödie* (geschrieben zwischen 1300 und 1320), «vor den Himmeln, über die sie herrschen», und die bösen Engel fielen sofort – «bevor man bis

ALBRECHT DÜRER, *Die Vertreibung aus dem Paradies*. Aus dem Zyklus *Die kleine Holzschnitt-Passion*. 16. Jahrhundert.

zwanzig zählen konnte» –, durch den Stolz Satans zu Fall gebracht. John Milton hingegen – der *Das Verlorene Paradies* etwa 350 Jahre später schrieb und in der naturwissenschaftlich begründeten Renaissance der menschlichen Raum- und Zeitvorstellung befangen war – meinte, zum Sturz sei es nach einer furchtbaren dreitägigen Schlacht im Himmel gekommen. Und selbst dann wurde der Aufruhr nur deshalb niedergeschlagen, weil der Sohn Gottes selbst (auf Geheiß seines Vaters) intervenierte und 10 000 Donner ergriff. Die rebellischen Engel sahen schließlich ein, daß aller Widerstand vergebens war, sie verloren allen Mut, ließen ihre nutzlosen Waffen fallen und wünschten sich nur noch, die Berge würden über sie fallen und sie vor Seinem Zorn schützen. Sie stürzten die kristallenen Wände des Himmels hinab,

> Kopfüber flammend stürzend aus dem Himmelsäther
> In abscheulicher Verwüstung und Verwirrung
> Hernieder in die bodenlose Verderbnis.

Satan zog ein Drittel der unermeßlichen himmlischen Heerscharen mit in seine Rebellion – «zahllos waren diese bösen Engel» – und sie waren die Höchsten der Hohen, «die großen seraphischen Herrschaften und Cherubim».

> Throne und Mächte, entstanden im Himmel
> Ätherische Tugenden; müssen diese Titel wir
> Jetzt ablegen und werden fortan
> Höllenprinzen genannt?
> JOHN MILTON, *Das Verlorene Paradies*, II

Satan lag neun Tage lang darnieder und erholte sich von seinem Fall, bevor er sich aufraffen und an Adam und Eva heranmachen konnte, die soeben im Paradies erschaffen worden waren. Miltons Gedicht handelt eigentlich von ihrer Vertreibung aus dem Paradies.

Miltons Erzfeind liegt in Ketten mitten in einem Feuersee. Er ist riesig. Wenn er umherzieht, bricht er sich einen Baum als Stab, der höher ist als der Mast eines Schiffes. Er verfügt über mächtige Flügel, und er hat die strahlende Erscheinung und die engelhafte Glorie, die er als einstiger Seraph besaß, noch nicht völlig verloren. Aber später in dem Gedicht – als er sich die Fledermausflügel anbindet und sich auf die Suche nach dem Garten Eden macht – erkennen ihn die übrigen Engel an seinem «durch die Leidenschaft verderbten und verdüsterten Aussehen». Als ihn dann unerwartet der Speer des Engels Ithuriel berührt, wendet er sich überrascht um, sein Gesicht verzieht sich zu seiner wahren Grimasse – Haß –, und er wird der «Grimme König».

> Ein grauses Verlies mit gerundeten Seiten,
> Draus Flammen wie aus einem Brennofen schlagen,
> Sie spenden kein Licht, nur ein düsteres Glosen,
> Dem Auge den Anblick des Wehs zu enthüllen
> Die Stätte der Qualen, die Schatten voll Schmerz …
> Der Schwefel brennt ewig, verzehrt sich doch nimmer.
>
> JOHN MILTON, *Das Verlorene Paradies*

Er haust in seinem Palast «Pandämonium», umgeben von Chaos. Wer könnte sagen, wo dieser Ort ist? Er kommt und geht.

Milton nannte diesen Erzfeind Satan; bei Dante heißt er Luzifer oder Dis. Dante versetzt ihn auch nicht in einen feurigen Pfuhl, sondern läßt ihn zu einem Eissee gefrieren – das Eis symbolisiert das eiskalte Herz dessen, der nicht lieben kann. Auch Dantes Luzifer ist riesig und ebenso häßlich, wie er einst schön war. Er hat drei Gesichter. Das vordere ist rot, die beiden anderen sitzen mitten auf den Schultern. Eines von ihnen ist gelblichweiß, das andere schwarz.

> Drei Flügelpaare kamen drunter her,
> Die solchem Vogel sich entsprechend weisen:
> Nie sah ich solche Segel auf dem Meer.

GUSTAVE DORÉ, *Luzifer, König der Hölle.* 19. Jahrhundert.

Sie waren, gleichwie bei den Fledermäusen,
Der Federn bar und flatterten voll Eifer,
So daß drei Winde sich davon entschleusen …
DANTE, *Hölle,* XXXIV

Diese Fledermausflügelwinde ließen den See, in dem Luzifer gefangen ist, gefrieren. Er weint Blut aus sechs Augen. In jedem seiner Mäuler zermalmt er einen Verräter – einer von ihnen ist Judas Ischariot.

Dante beantwortete in seiner *Göttlichen Komödie* all die metaphysischen Fragen, über die das mittelalterliche Denken nachgrübelte – über die Erschaffung der Welt und die Frage, wie solches Leid existieren kann, wenn Gott doch gut ist, über den Ursprung der Engel und die Frage, wieso einige von ihnen fielen, woraus Engel geschaffen sind und ob sie logisch denken können oder lediglich blinde Werkzeuge Gottes sind – Automaten oder Aufziehpuppen ohne eigenen Willen und die Freiheit, sich für oder gegen die Liebe zu entscheiden, wie es dem Menschen möglich ist.

Die gefallenen Engel bildeten in Mil
tons Gedicht eine große Menge, ei
Drittel der Himmlischen Heerscharen
und sie stammen aus allen engelische
Rängen: Fürstentümer, Kräfte, Cheru
bim, Seraphim, Throne. Milton nenn
nur einige von ihnen:

SATAN selbst, der böse Geist.
BEELZEBUB, der rangmäßig gleich nac
Satan kommt; in anderem Zusammen
hang ist er der Herr der Fliegen ode
des Kots und steht für die Götzen, di
wir anbeten.
MOLOCH, ein schrecklicher König, de
mit dem Blut von Menschenopfern be
schmiert ist.
CHEMOSH, der Schrecken der Söhn
Moabs, auch Peor genannt.
BAALIM, ein männlicher Geist.
ASCHTAROTH, ein weiblicher Geist.
ASTORETH von der Mondsichel (auc
als Himmelskönigin Astarte bekannt).
AZAZEL, «ein großer Cherub», ferner
MAMMON, THAMMUZ, DAGON ur
RIMMON sowie BELIAL, der Wollüsti
ste, der zuerst sowohl hübsch als auc
menschlich erscheint, und von desse
Zunge Manna tropft.

)iese bösen Geister hausen zusammen ıit den ägyptischen (heidnischen) Göt-:rn Osiris, Isis und Horus, mit dem ;oldenen Kalb und den griechischen ;öttern in der Hölle.

:chs weitere Engel kämpfen an Satans :ite, werden allerdings nicht unter :njenigen aufgeführt, die in der Hölle ben. Wurden bei dem schrecklichen ampf etwa Engel getötet? Ihre Namen nd:

)RAMELIC und ASMADAI (es sind zwei ırone);
RIEL, ARIOC und RAMIEL;
SROC, ein Fürstentum.

e guten Engel, die sich nicht auf die ite Satans schlugen, sind:

IEL und GABRIEL;
CHAEL und RAPHAEL;
ner UZZIEL, ITHURIEL, ZEPHON und DIEL (der zuerst in Versuchung gera- war, es dann aber ablehnte, sich ans Horde zuzugesellen).

Denken Engel? Engel sehen stets die Gesamtheit der Dinge zugleich, sagt Dante, und benötigen deshalb weder ein Erinnerungsvermögen noch Logik oder Vernunft.

Und doch liebt Gott besonders den Menschen mit seinem Denkvermögen und seinem freien Willen. Dieser Umstand ist die Ursache für Satans Wüten gegen

> … den glücklichen Wohnsitz
> Einer neuen Rasse namens Mensch, die jetzt
> Uns gleich erschaffen werden soll, wenn auch
> Geringer an Macht und Vortrefflichkeit, aber
> Vorgezogen von dem, der oben herrscht …
>
> JOHN MILTON, *Das Verlorene Paradies*, I

Nach der jüdischen Tradition sind die Engel männlich, nach der christlichen androgyn. Als dem Mittelalter die naturwissenschaftlich orientierte Renaissance folgte, bekamen die christlichen Engel eine feinstofflichere und femininere Erscheinungsform. Aber im 17. Jahrhundert, als das Interesse der Menschen (lange nach Dantes Funkeln kreisender Lichter) in noch höherem Maß irdischen Dingen galt, entwarf Milton eine Sinnlichkeit der Engel. Er handelte sich damit Vorwürfe ein, denn seine durchweg männlichen Engel essen und verrichten ihre Notdurft und lieben mit freudiger Hingabe, wenn ihre Leiblichkeit auch so viel feiner ist, daß nur hellsichtige Menschen sie wahrnehmen können. So setzte sich Raphael zum Beispiel mit Adam und Eva zusammen, die so nackt waren wie der Tag warm und so unschuldig wie Säuglinge, und aß mit herzhaftem Appetit, was sie ihm vorsetzten.

Dann teilte er den Menschen mit, wie Engel geschlechtlich verkehren. Denn Geistwesen – schrieb Milton – können nach Belieben eines der beiden Geschlechter oder beide zugleich annehmen, so «unvermischt» ist ihre Natur. Darüber hinaus gibt es «ohne Liebe keine Glückseligkeit», erklärt Raphael, und Liebe

WILLIAM BLAKE, *Der Tanz Albrions.* 18. Jahrhundert.

bedingt, daß man sie miteinander teilt. Die Engel durchdringen einander körperlich, gemäß dem Impuls ihres wechselseitigen Verlangens, und mischen sich wie zwei Weinsorten.

Was immer du rein in deinem Leib genießt,
[sagte Raphael] genießen auch wir in höherem Maß
Und ungehindert durch Geweb', Gelenk und Glieder:
Leichter als Luft mit Luft sich mischt. Wenn Geister
Sich umarmen, ist vollkommen die Verein'gung
Des Reinen mit dem Reinen und frei von jedem Zwang
Wenn Fleisch mit Fleisch und Seele sich mit Seele eint.
JOHN MILTON, *Das Verlorene Paradies*, VIII

Die geschlechtliche Vereinigung der Engel unterscheidet sich stark von der Art, wie sie die Dämonen pflegen, die Milton ebenfalls beschreibt, denn eine der Masken des Bösen ist der Mißbrauch der Sexualität. Satan hatte eines Tages, als er noch einer der Seraphim am Thron Gottes war und sich noch nicht gegen Ihn aufgelehnt hatte, heftige Kopfschmerzen, und ein wunderschöner weiblicher Engel brach aus seinem Kopf hervor. Satan fiel über diese «Engelin» her (obwohl er doch ein reiner Seraph war), und sie klammerten sich in gegenseitiger, ekelhafter Wollust aneinander. Ihr Name war «Sünde», und ihrer inzestuösen Vereinigung entsprang der Tod. «Sünde», deren einstige Schönheit sich in unglaubliche Häßlichkeit verwandelt hatte, und ihr Sohn «Tod» bewachen in Miltons Gedicht die Pforten des Paradieses. «Sünde» hält Satan sofort fest, wenn er aus dem Höllenpfuhl kriechen will, um nach Adam und Eva zu suchen.

Nach einigen alten Rabbinerschriften war Satan selbst der Engel des Todes, denn der Tod wurde als das Böse betrachtet. Aber Tod und Teufel sind nicht länger verbunden. Der Engel des Todes kommt heute als heiliger Bote auf Gottes Geheiß.

• 3 •

Man darf die Dämonen nicht mit Todesengeln verwechseln. Das Treiben der (realen oder metaphorischen) Dämonen erschöpft sich in Lügen und der Einflüsterung, daß jenseits unserer Schmerzen und Zweifel keine Ordnung im Universum existiere. Wenn wir daran auch nur einen Augenblick lang glauben, werden wir in die Hölle der Verzweiflung geworfen. Wir empfinden eine so entsetzliche Leere, daß wir uns in Drogen oder Sex oder Mord oder Krieg oder Habgier flüchten. Jedes Mittel ist uns recht, um den Schmerz zu betäuben. Aber die mächtigen Schwingen des Todesengels sind eine andere Geschichte.

Der Country-Sänger Johnny Cash wurde zweimal von einem Engel besucht, der einen Todesfall ankündigte. Beim ersten Mal war er zwölf Jahre alt. Ein Engel, dessen gewaltige Aura den Raum ausfüllte, erschien und teilte ihm mit, daß sein älterer Bruder Jack bald sterben würde. Viele Jahre später erschien er wieder, mit derselben Ausstrahlung, um ihm den Tod seines besten Freundes Johnny Horton vorauszusagen. Den ersten Engel hatte er nur als «gesichtslos und von einem strahlenden, glühenden Licht umgeben» beschreiben können. «Er hatte keine Flügel und keinen Heiligenschein. Er sagte mit sanfter Stimme: ‹Dein Bruder Jack wird sterben.› Dann verschwand er.» Beide Male fühlte Johnny Cash eine Woge so süßen Friedens, daß er gefaßt war, als der Todesfall tatsächlich eintrat.

Beth Peacock lebt in Washington, D. C. Ihr Vater sah einmal mehrere Todesengel. Es war im Juli 1983 geschehen. Beths Großmutter feierte ihren 91. Geburtstag, und Beth flog nach Wilmington, North Carolina, um sie zu ihrer Familie in Virginia Beach zu holen, denn Beths Mutter, das einzige Kind der Großmutter, lag im Sterben, Leberkrebs. Es war alles sehr überraschend gekommen. Jessiebeth war sechs Monate zuvor ins Krankenhaus gegangen, um eine kleinere Operation ausführen zu lassen, doch die Ärzte entdeckten einen Dickdarmkrebs, der bereits Metastasen in der Leber gebildet hatte.

Es gibt nur einen Frieden: sich mit dem Tod auszusöhnen. Danach ist alles möglich. Ich kann Sie nicht zwingen, an Gott zu glauben. An Gott zu glauben bedeutet, sich mit dem Tod zu versöhnen. Wenn Sie den Tod akzeptiert haben, ist das Problem Gott gelöst – und nicht umgekehrt.

ALBERT CAMUS, aus dem *Journal*

Das ewige Schweigen dieser unendlichen Räume
entsetzt mich.

BLAISE PASCAL, *Pensées,* 206

Und wahrlich, wir erschufen euch; alsdann bildeten wir euch; alsdann sprachen wir zu den Engeln: «Werfet euch nieder vor Adam!» Und nieder warfen sie sich außer Iblîs: nicht gehörte er zu denen, die sich niederwarfen.

Er sprach: «Was hinderte dich, dich niederzuwerfen, als ich es dich hieß?» Er sprach: «Ich bin besser als er. Du hast mich aus Feuer erschaffen, ihn aber erschufst du aus Ton.»

Er sprach: «Hinab mit dir aus ihm [dem Paradies]! Nicht ist dir erlaubt, hoffärtig in ihm zu sein. Drum hinaus mit dir, siehe, du bist einer der Gedemütigten.»

Koran, Sure 7, 10–12

Dämonen sind Lebewesen mit einem rationalen Verstand,
einer untätigen und unsterblichen Seele.

APULEIUS

Der Geist ist ein eigener Ort, und er kann einen Himmel aus der Hölle, eine Hölle aus dem Himmel machen.

JOHN MILTON, *Das Verlorene Paradies,* I

Beths Vater holte seine Tochter und seine Schwiegermutter am Flugplatz ab. Auf der Heimfahrt erzählte er ihnen, was am Vorabend geschehen war. Seine Erzählung war so schlicht und einfach, als spräche er über Getreide- oder Viehpreise, eine normale Konversation eines gesetzten Geschäftsmannes im Ruhestand.

«Als ich ins Bett ging, schlief deine Mutter ganz ruhig. Plötzlich wurde ich wach. Jessiebeth war nicht im Bett, und ich hatte ein sehr ungutes Gefühl. Ich rannte in die Stube. Sie war voller Engel.

Es hört sich an wie ein Traum, aber es war keiner. Jessiebeth ging mit den Engeln fort. Ich war außer mir. Ich rief, sie solle zurückkommen. Ich bat die Engel, sie nicht mitzunehmen. Dann verschwanden sie.

Ich ging ins Wohnzimmer, in der Hoffnung, sie dort zu finden. Nichts. Ich war verzweifelt. Ich ging wieder ins Schlafzimmer zurück, und dort fand ich deine Mutter. Sie schlief wie zuvor. Ich war so erleichtert.»

«Wie sahen die Engel aus?» fragte Beth neugierig.

«Wie Engel. Mit Flügeln und Gewändern. Sie sprachen nicht.»

«Wie groß waren sie?»

«Sehr groß. Zehn bis fünfzehn Meter. Als wäre keine Decke dagewesen.»

Drei Monate vergingen. Es wurde Beth bewußt, wie sie sagte, daß ihre Mutter – obwohl sie inzwischen ein Stadium erreicht hatte, in dem sie den Tod akzeptierte – «um unseretwillen» am Leben blieb. Beth blieb, abgesehen von kurzen Geschäftsreisen, ständig in Virginia Beach. «Es war eine Zeit, an die mich gern erinnere.»

Schließlich, zehn Monate nach der Vision, starb ihre Mutter. «Sie hatte beschlossen, nicht eher zu sterben, als bis wir es akzeptieren konnten», erzählte mir Beth. Sie machte eine nachdenkliche Pause.

«Das letzte Geschenk, das wir von unseren Eltern bekom-

WILLIAM BLAKE, *Die Erinnerungen eines Vaters an seine Tochter.*
18. Jahrhundert.

men», fuhr sie nach einer Weile fort, «ist ihr Sterben. Sie geben uns so viel …»

Engel beschäftigen mein Denken. Sie wandeln durch die Flure meiner Vergangenheit – alterslose Schattengestalten, die erscheinen und sich wieder auflösen. Wer könnte sagen, welche real sind, wenn alle nur Erinnerungen darstellen?

Als ich in New York lebte, stieß eine Frau ihr fünfjähriges Mädchen an der West Fourth Street Station vor einen Zug. Sie wollte, daß ihre Tochter «zu den Engeln» käme. So sehr liebte sie ihr Kind, und so furchtbar fand sie ihre schmutzig-grauen und trüben Tage in den Straßenschluchten New Yorks. Unter dem Abfall im Rinnstein lagen mehr Lebensmittel, als sie sich an einem Tag hätte leisten können – verfaulende Salatköpfe und die Schalen ausgelöffelter Grapefruits. Ich spüle gerade das Geschirr und muß immerzu an diese Frau denken. Ich stelle mir vor, wie sie ihr kleines Mädchen sonntags hübsch angezogen hat, und ich habe das weiße, gestärkte Kleidchen mit einem roten Taillenband vor Augen. Ihre Schuhe aus dem Second-Hand-Laden waren ein wenig zu groß für ihre kleinen Füßchen. Sie hüpfte auf dem Weg zur Untergrundbahn neben ihrer Mutter her und zog sie an der Hand. «Wohin gehen wir, Mama?»

Durch die mit notdürftig ausgebesserten Schlaglöchern übersäten Straßen, dann die Treppe hinab – in den Höllenschlund selbst. Ein kurzer Aufenthalt für die Entwertung der Karte, die dazu berechtigt, den Fluß Styx zu überqueren. Und noch mehr Treppen hinab, denn die Bahnsteige an der West Fourth Street liegen sehr tief unter der Erde. In den Ohren das von den Wänden widerhallende Donnern der Züge, das Kreischen der Bremsen, und gelegentlich eine unheimliche Stille, in der man nur das Scharren der zahllosen Füße auf dem Beton hört, die zu den Ausgängen oder zu den Sitzbänken huschen. Kein Laut außer diesem leisen Geräusch der Gefangenenfüße. Manchmal währt die Stille nur Sekunden … zehn Sekunden … zwölf, bis der nächste Zug aus einem der Tunnels donnert, an den Trommelfellen reißt und den Brustkorb erschüttert.

«Wohin gehen wir, Mama? Ist das unser Zug?»

Beugte sie sich nieder, um ihrem Kind einen Abschiedskuß zu geben? Drückte sie es noch ein letztes Mal an sich, ihr liebes Mädchen, klein genug, um in die Beuge ihrer Arme zu passen, die sie wie Schwingen um es schlug, um es noch einmal schützend zu umfangen? Wartete sie mehrere Züge ab, bevor sie ihren Entschluß faßte? Nicht dieser Zug, noch nicht ... Ihre Finger verkrampfen sich in beklommener Nervosität, der Schmerz in ihrer Brust wächst mit jedem Donnern eines Zuges – der Schmerz der Einsamkeit und Angst, der Mißbrauch des Menschen durch den Menschen.

«Schau nur, was du getan hast. Du hast ja Schmutz im Gesicht!» Sie spuckt auf den Saum ihres eignen Kleides und wischt über die magere Wange des kleinen Mädchens, während das Kind versucht, sich aus ihrem Griff zu winden.

«Halt still. So kannst du nicht herumlaufen. Laß dich saubermachen.»

Und dann kommt wieder ein Zug angerast, dicht nach dem letzten. Der Bahnsteig vibriert unter seiner Wucht. Sie zieht ihr kleines Mädchen an das Ende des Bahnsteigs, dorthin, wo die Züge mit voller Geschwindigkeit aus dem gewölbten Betontunnel auftauchen. Zwei Lichter durchbohren die Dunkelheit, zwei blendend gelbe Lichter kommen auf die beiden zu.

«Komm schon. Beeil dich.»

Das Mädchen watschelt, fest an der Hand gehalten, hinter der Mutter her. Sie hat Mühe, die stolpernde Kleine in den zu großen Schuhen, Schritt zu halten. Und dann schwingen sie diese starken Erwachsenenarme hoch, und das Kind wird vor den Zug gestoßen, direkt zwischen die hellen gelben Augen. Es prallt gegen das Metall wie ein Vogel gegen eine Glasscheibe. Alles geschieht viel zu schnell, als daß der Zugführer noch bremsen könnte. Er weiß nur, daß er einen dumpfen Aufprall spürte, wie einen leichten Klaps vor die Brust, und dann ein kurzes Schlingern des Zuges, als die Räder der einen Seite über ein Hindernis hinwegrollen – vielleicht ein Stock. Schon hat er die Bremse gezogen, und das enge Gewölbe ist von metallischem Kreischen erfüllt, das sich mit dem Schrei aus der Kehle der Frau mischt.

Ihre Tat wurde beobachtet.

Passanten hielten sie fest.

Die Polizei kam.

«Ich habe sie zu den Engeln geschickt», sagte sie leise. «Ich wollte, daß sie bei den Engeln lebt, nicht hier unten.»

Sie wurde zur Beobachtung in eine psychiatrische Klinik gebracht.

• 4 •

Ich glaube nicht an die Hölle. Ich glaube nicht daran, daß wir für alle Ewigkeit im Feuer gequält oder im Eis eingeschlossen werden. Wir erschaffen unsere eigenen Höllen, hier auf der Erde, in unseren Köpfen und in den Verliesen unserer Herzen. Die Engel kommen zu uns, damit wir diesen Höllen und unseren heulenden Dämonen entrinnen, sie zeigen sich, um uns zu sagen, daß wir frei sind, daß wir nicht dazu bestimmt sind, in Schrecken und Haß zu leben.

Einige Menschen kommen durch das Erlebnis der Todesnähe zu dieser Einsicht. Dr. Hugh Hildesby gehört zu ihnen. Er ist Engländer, sehr groß, bewegt sich mit ausladenden Gesten, besitzt ausdrucksvolle Hände und ist Pfarrer der «Kirche zum Himmlischen Frieden» in New York. Zuvor war er in einem internationalen Auktionshaus tätig.

«Aber ich habe keinen Engel gesehen», berichtete er mir. «Es mögen Engel beteiligt gewesen sein, aber der Geist Gottes war so intensiv, daß sie nicht zu sehen waren. Dennoch habe ich sehr stark empfunden, daß Geister sich um uns kümmern, so daß ich nicht an der Gegenwart von Engeln zweifelte.»

Raymond A. Moody hat unter dem Titel *Leben nach dem Tod* ein ganzes Buch über ungewöhnliche Erfahrungen dieser Art geschrieben; allerdings ist nicht ganz klar, was dieser Titel bedeutet, denn schließlich ist keine der in dem Buch erwähnten Personen tatsächlich gestorben. Sie sagen uns jedoch, daß es keinen Tod und auch sonst nichts gibt, vor dem wir uns fürchten müßten, wenn wir in andere Dimensionen versetzt werden. Ich weiß zwar nicht, was dann geschieht, aber ich weiß jetzt, daß wir weiterleben – und zwar nicht nur als statische Elektrizität oder Lichtfunken, sondern mitsamt unserer Persönlichkeit. Einige Leute sagen, daß wir sofort «hinübergehen» und von Freunden und Verwandten empfangen werden, andere sagen, daß es Wochen oder Monate dauert. Alle stimmen aber darin überein, daß das Leben nicht einfach aufhört. Euripides war der Meinung, daß wir tot sind, so lange wir uns hier in diesem irdischen Leben befinden, und erst zum Leben geboren werden, wenn wir «sterben», wie wir es nennen.

Hugh Hildesbys Erfahrung illustriert dies. Er lag auf einem Operationstisch und schoß aus seinem Körper heraus. Er hatte keine Angst: «Ich war in Licht gebadet. Ich spürte kein Gewicht, und ich sah dieses pulsierende, fließende, unglaublich helle Licht. Es war golden und weiß, aber das Weiß war so rein und oszillierend, daß es ganz lebendig wirkte. Es kam in aufeinanderfolgenden Wogen über mich.

Um das Licht waren ‹Engel›, aber sie waren anders, als wir uns Engel vorstellen. Sie waren Geister ohne Gestalt. Ich war mir ihrer Anwesenheit bewußt. Sie waren Menschen, die ich gekannt hatte und die gestorben waren, und die ich nach meinem Tod anzutreffen erwartet hatte.

Das andere war: ich lachte. Die ganze Angelegenheit war lustig – all die Leute dort unten, die meinen Körper anschauten. ‹Ich bin gar nicht dort›, dachte ich. ‹Wieso befassen sie sich mit diesem Ding?› Die ganze Situation kam mir äußerst komisch vor. Ich dachte: ‹Gott sei Dank, daß ich nicht all das Zeug mitschleppen muß.›

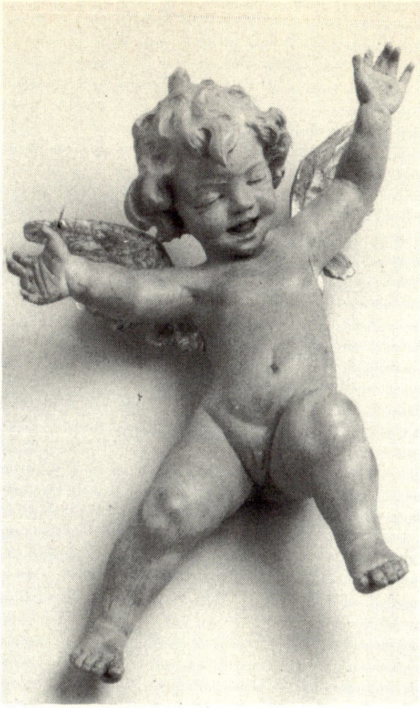

Knabenengel.
Italienische Holzplastik,
18. Jahrhundert.

Ich fühlte mich sehr stark. Es war wunderbar. Gott hielt mich in seinen Armen. Ich war so vollkommen behütet, wie man es auf der Erde niemals sein kann. Es gab keine Angst. Ich war ganz und gar geschützt, und die Engel gehören dazu, zu dieser durch reine Liebe gebildeten Gemeinschaft. Und dann erkennt man», fuhr er fort, «daß man einer der Engel ist. Man hat seine Identität gefunden.»

Kapitel 7

Engel als Heiler

Im Neuen Testament finden wir keine Rache- oder Todesengel, und die Engel vollbringen keine Heldentaten. Sie vernichten keine Städte durch Feuer, töten keine assyrischen oder ägyptischen Kinder und schlagen keine Könige mit Lepra, sondern zeigen sich scheinbar einfach nur bei besonders glorreichen Anlässen. Zwar trösteten Engel Jesus in der Wüste, als er nach der Versuchung durch Satan erschöpft war, aber das Neue Testament berichtet erst nach Jesu Tod von echten Taten der Engel. Danach wird ein Engel erwähnt (im *Evangelium des Johannes* sind es zwei), der einsam im Grab Jesu zur Rechten sitzt. Er hat keine Flügel und hat die Gestalt eines Jünglings. «Sein Aussehen aber war wie der Blitz und sein Kleid weiß wie der Schnee» *(Mt 28,3)*. Die Frauen sind es, die ihn sehen. Maria Magdalena, Maria, die Mutter des Jakobus und – bei Markus – eine Frau namens Salome sind zum Grab gegangen und stellen verwundert fest, daß der Leichnam Jesu verschwunden ist. Der Engel nun teilt ihnen mit, daß er von den Toten auferstanden ist. Sie eilen atemlos zu den Männern, die zum Grab laufen und es leer finden – auch der Engel ist fort. Jeder der Evangelisten erzählt die Geschichte etwas anders, aber das ist das Wesentliche.

In der *Apostelgeschichte* befreit ein Engel den Petrus aus dem Gefängnis. Er tritt plötzlich in die Zelle, zerbricht Petri Ketten und führt den verwunderten Apostel an den schlafenden Wächtern vorbei. Niemand hält sie auf. Ein anderer Engel «in glänzendem Kleide» erscheint dem Hauptmann Cornelius und fordert ihn auf, nach Petrus schicken zu lassen.

Sie sind immer noch männlich, diese Engel, die flügellosen Patriarchen, die die anmutigen, göttlich-weiblichen Gestalten früherer Zeiten verdrängten. Erst ein Jahrtausend später bekommen wir wieder weiblich dargestellte Engel – sogar mit angedeutetem Geschlecht – zu sehen.

Um das Jahr 300 finden wir in den Katakomben Roms einen gemalten Engel, und weitere Darstellungen entstehen unter der Herrschaft Konstantins des Großen (306–337). Konstantin war der Kaiser von Byzanz, der sich nach der Vision eines Kreuzes am Himmel zum Christentum bekehrte. Viele – die wußten, was gut für sie war – taten es ihm nach. (Es blieb jedoch seiner frommen Mutter vorbehalten, als Andenken von ihrer Pilgerreise ins Heilige Land nicht nur einen Splitter vom «wahren Kreuz», sondern sogar die Krippe mitzubringen, in die der neugeborene Jesus gelegt worden war!) Aus der Zeit Konstantins finden wir geschnitzte Engel auf einem Kindersarkophag. Sie sind in griechischen Art ausgeführt, die fliegende Nike diente offenbar als Vorbild.

Inzwischen nahm die Zahl der Anhänger des Christentums sprunghaft zu. Mit jedem Märtyrer, der im Zirkus von Löwen zerissen oder von Gladiatoren getötet wurde, strömten dieser verachteten Sekte mehr Gläubige zu. Gegen Ende des 4. Jahrhunderts wurden Engel dann mit Flügeln, Heiligenscheinen und Lichtkränzen gemalt, wie wir sie heute zu sehen gewohnt sind.

In jener Zeit entbrannten auch theologische Streitgespräche. Während des Ersten Ökumenischen Konzils zu Nicäa im Jahre

325 wurde die Doktrin der «Wesensgleichheit» oder Homousie von Gott-Vater und Gott-Sohn formuliert. Sie trennte scharf zwischen Körper und Seele.

Der körperlichen, physischen, materiellen Welt wurde jeder Wert abgesprochen. Das wahre christliche Leben wurde auf die spirituelle Ebene gehoben, und es war die Pflicht des Menschen, sich um das himmlische, nicht um das irdische Königreich Gottes zu bemühen. Aber leider ließ sich unser Vergnügen am Körperlichen, das wir in unserer schönen Welt finden, doch nicht schmälern.

Preise dem Engel die Welt …
… zeig
ihm das Einfache, das, von Geschlecht zu Geschlechtern gestaltet,
als ein Unsriges lebt, neben der Hand und im Blick.
Sag ihm die Dinge.
RAINER MARIA RILKE, *Duineser Elegien,* IX

Die Kirche tat sich schwer mit den Engeln. Das größte Interesse an ihnen kam bei den Bauern, im Volk auf, und mitunter schien es sogar die Verehrung zu übertreffen, die Jesus Christus entgegengebracht wurde. Natürlich mußte eine Hierarchie errichtet werden, an deren Spitze der Sohn Gottes stand. Dieser Aufgabe widmete sich schon früh der Apostel Paulus mit seinem gewohnten Glaubenseifer. Er schrieb an die Kolosser: «Lasset euch durch niemand um den Kampfpreis bringen, der sich gefällt in Demut und Verehrung der Engel, der sich auf Dinge einläßt, die er gar nicht gesehen hat, ohne Ursache aufgeblasen von dem Sinn seines Fleisches …» Anno 325 erklärte das Erste Konzil von Nicäa den Engelglauben zum Bestandteil des kirchlichen Dogmas. Dies muß zu einer Erneuerung der Engelsverehrung geführt haben, denn 343 – keine zwanzig Jahre später – erklärte ein anderes Konzil sie zur Idiolatrie. 787 endlich formulierte die Siebte Ökumenische Synode ein *eingeschränktes* Dogma über Erzengel, und es nannte ihre Namen und besonderen Pflichten. Diese Vorstel-

DIE HIMMELSRICHTUNGEN:

Michael beherrscht den OSTEN.
Raphael beherrscht den WESTEN.
Gabriel beherrscht den NORDEN.
Uriel beherrscht den SÜDEN.

lung schlug feste Wurzeln in der Ostkirche, wenn in der westlichen Kirche auch immer noch Zweifel aufflackerte.

Im Hochmittelalter glaubte man, daß Engel die vier Elemente Erde, Luft, Wasser und Feuer beherrschten. Sie bewegten die Sterne, sie ließen die Pflanzen gedeihen und schmückten die Schöpfung aller lebenden Wesen, so auch die Geburt der Menschheit. Jeder Wochentag hatte einen Schutzengel, jede Jahreszeit, jedes Tierkreiszeichen, jede Stunde des Tages und der Nacht – in der Tat wurde alles, woran man je dachte oder was man tat oder schrieb oder beobachtete, von einem eigenen Engel regiert.

Mit der Ausbreitung der katholischen Kirche entwickelte sich eine komplette Angelologie. Sie war das ganze Mittelalter hindurch im Schwange, und es fanden hitzige Debatten über allerlei Engel-Fragen statt; auch unsere Beziehung zu ihnen wurde äußerst wichtig genommen. Wir machen uns heute über diese frühen Denker lustig – erwachsene Männer, die sich darum streiten, woraus Engel geschaffen sind und wie viele von ihnen auf einer Nadelspitze Platz haben (es ist sehr zu bezweifeln, ob diese Frage je diskutiert wurde). Man erklärte sich gegenseitig zum Häretiker und verteidigte leidenschaftlich die eigenen Ansichten über Engel. Nun sind solche Ideen allerdings kaum handfest beweisbar, und ein wenig mehr Toleranz und Leidenschaftslosigkeit wäre durchaus angebracht gewesen. Aber es war für diese Menschen eine wissenschaftliche Frage, so wichtig wie die Gesetze der Chemie oder der Schwerkraft für uns: Sie wollten die Beziehung der Engel zur Natur erkunden. Können zwei Gegenstände zur selben Zeit denselben Platz einnehmen? Wie steht es in bezug darauf mit körperlosen Wesen?

Im 13. Jahrhundert wurden die beiden rivalisierenden Schulen durch den schottischen Theologen Johannes Duns Scotus und den italienischen scholastischen Philosophen Thomas von Aquin repräsentiert. Thomas von Aquin war als *Doctor Angelicus* bekannt, nicht nur wegen seiner Güte und Brillanz, sondern auch aufgrund seiner Abhandlungen über Engel.

Die Streitfrage war: Woraus sind Engel geschaffen? Scotus war der Ansicht, sie bestünden aus «spiritueller Materie», so nebelhaft sie auch sein mochte; sie seien körperlos und immateriell, aber dicht und stofflich in Vergleich zu Gott. Früher – um das Jahr 500 – hatte der nordafrikanische Bischof Fulgentius erklärt, daß die Leiber der guten Engel aus Feuer und die der bösen Engel aus Luft bestehen. Diese Idee weist trotz einer gewissen Ähnlichkeit doch einen fundamentalen Unterschied zu der späteren islamischen Vorstellung auf, nach der die Engel aus Licht und die Dämonen oder Dschinne aus Feuer bestehen.

Im Jahr 1259 hielt Thomas von Aquin an der Pariser Universität eine Vorlesungsreihe über Engel. Damals, als die meisten Menschen nicht lesen konnten, war das Denken – der Gebrauch des Verstandes – eine Art Publikumssport, ein öffentliches Spektakel. Große Lehrer wie Peter Abaelard und Thomas von Aquin zogen gewaltige Scharen von Zuhörern an, die miterleben wollten, wie sie einen Gegenstand diskutierten und Argumente und Gegenargumente vorbrachten, die lange, aus dem Gedächtnis zitierte Passagen aus den Werken der klassischen Autoren oder aus der Heiligen Schrift und den intensiven Einsatz von scharfsinniger Logik und Vernunft erforderte. Die Menschen kamen, um ihnen zuzuhören – wie heute die Fans zu einem Fußballspiel oder die «Kibitze» zu einem Schachtournier kommen –, um den Redestil und die Klarheit der Gedanken der Kontrahenten zu bewundern. Solche Streitgespräche dauerten gelegentlich sogar

ENGEL	REGIERTER MONAT	REGIERTES TIERKREISZEICHEN
Gabriel	Januar	Wassermann
Barchiel	Februar	Fische
Machidiel	März	Widder
Asmodel	April	Stier
Ambriel	Mai	Zwillinge
Muriel	Juni	Krebs
Verchiel	Juli	Löwe
Hamaliel	August	Jungfrau
Uriel	September	Waage
Barbiel	Oktober	Skorpion
Adnachiel	November	Schütze
Hanael	Dezember	Steinbock

mehrere Tage. Thomas hielt im Verlauf einer Woche 15 Vorträge über Engel. Er trug alles vor, was man wußte, stellte selbst Fragen und beantwortete zudem Fragen aus dem Publikum. Seine Ausführungen wurden schriftlich festgehalten, und diese Aufzeichnungen bildeten für die folgenden acht Jahrhunderte die Grundlagen unseres Wissens über Engel.

Engel sind «reiner Intellekt», sagte Thomas von Aquin, der selbst einer der intellektuellsten Menschen auf Erden war; damit wirft er die Frage auf, ob unsere Engelswahrnehmungen nicht einfach nur Reflexionen unserer eigenen Stärken und Wünsche darstellen.

«Reiner Intellekt», sagte er, «ohne Materie.» Andererseits glaubte er auch, daß Engel Tiere ohne Körper seien (wie Dämonen), die jedoch nach Belieben einen Körper annehmen und sogar essen können, wie wir bereits wissen, da sie mit Abraham unter der Terebinthe von Mamre speisten. (Alle Argumente Thomas von Aquins entstammen der Logik oder der Interpretation

ENGEL	REGIERTER HIMMELS-KÖRPER	REGIERTER WOCHEN-TAG	BAUM	PFLICHT
Raphael	Sonne	Sonntag	Besenginster	wärmen oder versengen
Gabriel	Mond	Montag	Weide	nähren oder verderben
Sammael	Mars	Dienstag	Kermeseiche	stärken oder schwächen
Michael	Merkur	Mittwoch	Mandel-baum	weise oder dumm machen
Zidkiel (Aniel)	Venus	Donnerstag	Terebinthe	fruchtbar oder unfruchtbar machen
Hanael (Kafziel)	Saturn	Freitag	Quitte	Herzenswünsche erfüllen oder versagen
Kepharel (Zadkiel)	Jupiter	Samstag	Granat-apfelbaum	heilen oder verdammen

der Heiligen Schrift, nicht der persönlichen Erfahrung. Die Mystiker hingegen, die mit Engeln Umgang pflegen, scheinen an solchen eher nebensächlichen Fragen weniger Interesse zu haben als an den Botschaften der Engel – an jener Begegnung mit dem Göttlichen, die allein unendliche, überwältigende und verzehrende Liebe hinterläßt.)

Es erhob sich eine weitere Frage: Sind Engel ewig? («Ja», meinten die Vertreter der Kirche beim Vatikanischen Konzil im Jahre 1870.) Werden sie wie die Sterne geboren, und sterben sie wie Sterne, die – wie wir heute wissen – in einer Explosion enden oder in allmählicher Auskühlung vergehen? Viele Kirchenväter haben über diese Probleme diskutiert, und jede Frage warf weitere auf: Wenn Engel geboren werden und sterben, entwickeln sie sich dann auch, und erreichen sie verschiedene engelische Entwicklungsstufen? Wenn Engel reiner Intellekt sind, denken sie dann, und verfügen sie über logische und vernünftige Fähigkeiten – womit wir beim Problem des freien Willens wären? Dies ist ein wichtiger Punkt. Können sich Engel freiwillig für Gott entscheiden, freiwillig den Weg des Bösen beschreiten, weiter «fallen»?

Der griechische Philosoph Origines (um 185–254) glaubte, daß Engel – wie Menschen – nicht nur geboren werden und sterben, sondern auch den Gesetzen des Karma und der Entwicklung durch mehrere Inkarnationen unterliegen, und daß sie sich nicht nur zu immer höheren Stufen entwickeln, sondern auch noch fallen können, wenn sie sich schon für Gott entschieden haben. Ein Jahrtausend später nahm Thomas von Aquin jedoch an, daß Engel nicht logisch denken. Im Augenblick ihrer Entstehung haben sie für einen Augenblick die Möglichkeit, von ihrem freien Willen Gebrauch zu machen, obwohl ihre Vollkommenheit ihnen die sofortige Lebensentscheidung für Gott diktiert. Das damals gültige Konzept formulierte Dante Alighieri in poetischer Form:

Seit diese Wesen wurden lusterfüllt
Vor Gottes Antlitz, ist nicht abgeglitten
Ihr Blick von Ihm, dem gar nichts bleibt verhüllt;

Drum wird ihr Schauen niemals abgeschnitten
Durch neue Dinge, und man denkt nicht nach,
Wie wenn dem Geist die Anschauung entglitten …

DANTE, *Paradies,* XXIX

Duns Scotus war der Ansicht, daß Engel denken und überlegen und daß sie eine aus Tausenden von Einzelpersönlichkeiten bestehende Spezies bilden – mit anderen Worten, daß sie so etwas wie Menschen sind. Thomas von Aquin versetzte sie in eine höhere Sphäre. Es sagte, sie gehörten zu keiner gemeinsamen Spezies – wie Menschen oder Hunde –, sondern stellen jeder für sich eine Art Spezies dar. Ich weiß nicht, wie er über das Sterben der Engel gedacht hat.

Mich interessieren andere Fragen doch viel mehr: Wohin

gehen die Schutzengel, wenn sie nicht in unserer Nähe sind? Und ist der Schutzengel immer derselbe? Und ist ein Engel für jeweils eine Person verantwortlich, oder betreut er mehrere Menschen – so daß er einfach anderweitig beschäftigt ist, wenn er nicht verhindert, daß jemandem etwas zustößt? Oder anders gefragt: Fordert unser Schutzengel nötigenfalls Verstärkung aus dem «engelischen Bereitschaftsdienst» an, dessen Mitglieder ansonsten untätig herumsitzen? Denn ich habe die Vermutung, ein Engel könnte sich wie ein Quecksilbertropfen vervielfältigen und in hunderttausend Aspekte seiner selbst aufspalten, von denen wieder jeder ein lebendes Hologramm ist – oder die wie die Scherben eines geborstenen Spiegels alles reflektieren, was zuvor der ganze Spiegel gezeigt hatte.

So öffnete Gott dem Diener Elisas die Augen, «und er sah: da war der Berg rings um Elisa her voll feuriger Rosse und Wagen» – eine Engelsarmee, die gegen den syrischen Feind angetreten war. Bei einer anderen Gelegenheit beschloß der syrische König Benhadad, Samaria zu belagern. In der Stadt entstand eine große Teuerung und Hungersnot. Vier aussätzige Männer, die zu den Syrern überlaufen wollten, entdeckten, daß deren Heerlager verlassen war. «Der Herr hatte nämlich das Heer der Syrer Getöse von Wagen und Getöse von Rossen, Getöse einer großen Streitmacht hören lassen ...» *(2 Kg 6,16; 7,6)*. Die Syrer glaubten, der König von Israel hätte die Könige der Hethiter und die Könige Ägyptens gedungen, sie zu überfallen. Also ließen sie ihre Zelte, Waffen und Wagen, ihre Rosse und Esel, ihr Gold und Silber, ihre Vorräte und Kleider zurück; alles gaben sie bei ihrer hastigen Flucht auf. Sie hatten das Getöse einer Engelsarmee nahen gehört. Aber wer waren die Engel, die dort in Scharen herniederfielen? Auf diese Fragen gibt es keine Antwort. Kaum jemand stellt sie auch nur.

Seit Thomas von Aquin ist das Studium der Engel – damals ein brillanter Denksport der Scholastiker – zu einem Zweig der Theologie geworden. Heute findet man Abhandlungen über Engel gewöhnlich in faden – überwiegend katholischen – Traktaten, die ebenso albern wie dogmatisch sind. Sie breiten Informationen aus, die vor tausend Jahren in Frage gestellt und diskutiert wurden, als wären sie nun bewiesen, als wüßten wir tatsächlich etwas über Engel. Damit wird das Thema der Engel auf eine andere Ebene verlagert – in den Bereich des Glaubens. Man mutet dem Leser zu, daß er alles auf Treu und Glauben hinnimmt.

Die Zahl der Engel ist unermeßlich. Man spricht oft von Heerscharen, Legionen oder Chören. Die Schätzungen schwanken von nur 100000 bis zu 49 Millionen in der jüdischen Kabbala. Einer Zählung zufolge sind 496000 Engel in sieben Ränge aufgeteilt. Bei Matthäus ist zu lesen, daß Christus seinen Vater um mehr als zwölf Legionen Engel hätte bitten können, und Daniel berichtete über seinen Traum von einem «Hochbetagten»: «Tausendmal Tausende dienten ihm, zehntausendmal Zehntausende standen vor ihm» *(Dan 7,10)*. Augustinus war der Meinung, daß sich Engel «wie die Fliegen» vermehren.

Kein Wunder, daß sie in eine feudalistisch strikt eingehaltene Hierarchie eingeteilt wurden. Das Problem war nur, daß verschiedene Vorstellungen darüber herrschten, wie diese Hierarchie beschaffen sei, so daß die Rangordnung der Engel diskutiert wurde, bis Thomas von Aquin seine Abhandlungen vorlegte und 70 Jahre später (um 1320) der florentinische Politiker und Dichter Dante Alighieri seine *Göttliche Komödie* mit ihren genauen Rangaufstellungen aller guten und bösen Geschöpfe veröffentlichte. Diese beiden Autoren setzten die Hierarchie der Engel ein für allemal fest, und beide folgten einem Ordnungsentwurf, den um das Jahr 500 Pseudo-Dionysius Areopagita vorschlug.

(Man erinnere sich jedoch daran, daß 1664 – rund 300 Jahre nach diesen beiden Genies des Mittelalters – der englische Dichter John Milton in seinem *Verlorenen Paradies* die Tradition völlig ignorierte. Bei ihm stammen Satans Heerscharen ursprünglich aus den höchsten Rängen der Engel, und Raphael – ein hochgeborener Seraph – überbringt Botschaften wie ein gewöhnlicher Kurier.)

GUSTAVE DORÉ, *Engel bei der Schlacht von Ascalon* (Ausschnitt aus einem Kupferstich). 19. Jahrhundert.

Pseudo-Dionysius Areopagita, ein Syrer, schrieb vier ermüdende Bücher mystischen Inhalts. Eines davon, mit dem Titel *De Hierarchia Celesti (Über die himmlische Hierarchie)*, handelt von der Natur und Beschaffenheit der Engel. In diesem Buch gibt sich der Autor als Dionysius Areopagita aus, als der Grieche, den Paulus in Athen bekehrte *(Apg 17,34)*. Später glaubte man, er sei der erste Bischof von Athen gewesen, noch später wurde er mit Saint Denis von Paris identifiziert. Der italienische Humanist Lauretius Valla bezweifelte um 1450 als erster die Echtheit, 1629 wies der Jesuit Jakob Sirmond nach, daß der Verfasser dieser mystischen Schriften und St. Denis nicht identisch sein konnten. Aus diesem Grund bezeichnet man ihn heute, um Verwechslungen zu vermeiden, als Pseudo-Dionysius Areopagita oder kurz

Pseudo-Dionysius. Sein Einfluß im Mittelalter war groß, und die bekannteste Engelhierarchie geht auf ihn zurück.

Nach Pseudo-Dionysius sind die drei höchsten Ränge der Engel die im Alten Testament genannten Seraphim, Cherubim und Throne. Die beiden folgenden Triaden entstammen den verschiedenen poetischen Aufzählungen, die sich Paulus vor den neuen Christen aus dem Ärmel schüttelte, als er den Mittelmeerraum bereiste und eine junge Kirche ins Leben rief. Und wie jeder Schriftsteller, der sich über einen gelungenen Aufhänger freut, wiederholte er sie in seinen späteren Briefen an die Epheser, die Römer und die Kolosser.

> … denn ihn ihm ist alles, was in den Himmeln und auf Erden ist, erschaffen worden, das Sichtbare und das Unsichtbare, seien es Throne oder Hoheiten oder Gewalten oder Mächte: Alles ist durch ihn und auf ihn hin erschaffen. *(Kol 1,16)*
>
> [Gott setzte Christus] über jede Gewalt und Macht und Kraft und Hoheit und jeden Namen, der genannt wird nicht allein in dieser Welt, sondern auch in der zukünftigen. *(Eph 1,21)*

Ich bin keine Schriftgelehrte, aber ich bin nicht sicher, ob Paulus unbedingt über Engel sprach, als er diesen Text verfaßte.

An die römische Gemeinde schrieb er:

> Wer will uns scheiden von der Liebe Christi? Trübsal oder Angst oder Verfolgung oder Hunger oder Blöße oder Gefahr oder Schwert? … Aber in diesem allem überwinden wir weit durch den, der uns geliebt hat. Denn ich bin dessen gewiß, daß weder Tod noch Leben, weder Engel noch Gewalten, weder Gegenwärtiges noch Zukünftiges, noch Kräfte, weder Hohes noch Tiefes, noch irgendein andres Geschöpf uns zu scheiden vermag von der Liebe Gottes, die in Christus Jesus ist, unsrem Herrn. *(Röm 8,35–38)*

Weshalb aber sollten Engel wünschen, uns von Gott zu trennen? Und weshalb sollten die Kirchenväter annehmen, daß Herrschaften, Gewalten, Mächte und dergleichen Engel sind und nicht einfach nur gute, solide Wörter wie Höhen, Tiefen, Hunger, Gefahr und Zukünftiges?

Wie dem auch sei, Pseudo-Dionysius ordnete die Engel anhand der Liste Pauli in drei Gruppen, die alle späteren Autoren aufgriffen:

1. Seraphim, Cherubim und Throne,
2. Herrschaften, Kräfte und Mächte,
3. Fürstentümer, Erzengel und Engel.

Einige Autoren ersetzten *Gewalten* durch *Kräfte*, und Papst Gregor der Große (590–604) vertauschte die *Fürstentümer* mit den *Kräften* – und bezog unter anderem deswegen kräftig Schelte von Dante. In der *Göttlichen Komödie* muß sich der Papst im Himmel buchstäblich vor dem Dichter entschuldigen und zugeben, wie falsch seine Klassifizierung war!

Pseudo-Dionysius war nicht der einzige, der sich an einem Katalog der Engel versuchte. St. Ambrosius – er war im 4. Jahrhundert Bischof von Mailand – schlug eine andere hierarchische Folge vor: Seraphim, Cherubim, Throne, Fürstentümer, Herrschaften, Mächte, Kräfte, Erzengel und Engel. In diversen jüdischen Büchern und apokryphen Schriften finden sich andere Aufstellungen: vier Ränge in den sogenannten «Sibyllinischen Orakeln», sechs im «Hirten des Hermes», sieben in den Werken des Clemens von Alexandrien, sieben in der Volksfrömmigkeit. All das zeigt nur, daß wir nichts über Engel wissen und auch nicht hoffen dürfen, etwas über sie zu erfahren.

Nach mittelalterlicher Vorstellung tragen Herrschaften, Kräfte und Mächte weiße Chorhemden oder Gewänder, die bis zu den Füßen reichen, von einem goldenen Gürtel zusammengehalten werden und mit einer grünen Stola geschmückt sind. Sie tragen einen goldenen Stab in der rechten und das Siegel Gottes in der linken Hand.

Die Angehörigen des untersten Ranges – Fürstentümer, Erzengel und Engel – sind in Soldatenuniformen mit goldenen

Die SERAPHIM stellen die höchste Ordnung dar. Sie haben sechs Flügel und umgeben Gottes Thron. Sie singen unablässig: «Heilig, heilig, heilig.» Sie sind die Engel der Liebe, des Lichtes und des Feuers.

Die CHERUBIM sind Wächter der Fixsterne und der himmlischen Aufzeichnungen, die Spender von Wissen. Im Talmud werden die Cherubim mit den Rädern oder Ophanim gleichgesetzt. Die wichtigsten unter ihnen sind Ophaniel, Rikbiel, Zophiel und Satanael vor seinem Fall.

Die THRONE bringen uns Gottes Gerechtigkeit. Manchmal werden sie Räder genannt, und in der jüdischen Kabbala heißen sie die WAGEN oder MERKABA. Im *Sohar* stehen die Räder über den Seraphim. Andere Quellen bezeichnen sie selbst als Seraphim; es herrscht eine gewisse Verwirrung darüber. Der oberste dieser Engel ist Oriphiel oder Zabkiel oder Zaphiel.

Die HERRSCHAFTEN regeln die Pflichten der Engel. Durch sie manifestiert sich die Majestät Gottes. Sie halten eine Kugel oder ein Szepter als Zeichen ihrer Autorität. Nach hebräischer Vorstellung heißt der Oberste dieses Ranges Hashmael oder Zadkiel.

Die TUGENDEN wirken Wunder auf der Erde. Sie schenken Anmut und Furchtlosigkeit.

Die MÄCHTE vereiteln die Versuche der Dämonen, die Welt zu besiegen, oder sie sind, nach dem Apostel Paulus, selbst böse. Ertosi, auch Sammael oder Kamael genannt, ist – je nach Quelle – der Oberste der Mächte.

Die FÜRSTENTÜMER sind Beschützer der Religion. Nisroc ist bei John Milton der «Erste der Fürstentümer» *(of principalities the prime)*. Andere heißen nach verschiedenen Quellen Requel, Anael und Cerviel.

ERZENGEL und ENGEL schließlich sind die Hüter der Menschen und Wächter über alle physischen Dinge.

Gürteln gekleidet und tragen Streitäxte und Wurfspieße bei sich. Später stellten sie die mittelalterlichen und Renaissance-Maler mit Lilien in den Händen oder flatternden Bändern dar, auf denen ihre hoffnungsvollen Botschaften geschrieben stehen, oder einfach mit gefalteten, betenden Händen.

Bis zum 5. Jahrhundert hatten viele Engel Namen bekommen, und es kamen immer weitere hinzu – sowohl in der jüdischen als auch in der christlichen Lehre –, bis es buchstäblich Tausende waren. In der römisch-katholischen Tradition war die Namengebung der Erzengel etwas unsicher, und ihre Anzahl schwankte zwischen vier und sieben, bis die Kirche schließlich dekretierte, es seien nur sieben Engel namentlich bekannt.

Aber selbst diese sieben Engel haben, je nach Quelle, unterschiedliche Namen. Tatsächlich stehen nur die Namen der vier Erzengel fest: Raphael, Michael, Gabriel und Uriel. Die anderen drei sind nach jüdischer Auslegungs- und Erzähltradition Simiel, Oriphiel und Zachariel, manchmal werden sie auch Chamuel, Jophiel und Zadkiel genannt. Das Konzil des Jahres 745 erwähnte sie (mißbilligend) unter den Namen Uriel, Samiel und Raguel. Auf diesem Konzil – der Ad-Lateran-Synode – wurde die Praxis, den Engeln Namen zu geben, verdammt, denn es herrschte Einmütigkeit darüber, daß alle Verehrung allein Gott zustehe. Die Engel verehren hieße, sich auf die Fingerspitzen zu konzentrieren statt auf das Licht, auf das sie deuten. (Mein Hund verhielt sich ebenso. Er schaute in ehrfürchtiger Verwirrung auf meine Hand, wenn ich auf seinen Freßnapf zeigte, ohne je eine Verbindung zwischen dieser Geste und dem Fressen herzustellen.)

Dies ist auch heute noch der Standpunkt der Kirche, der deutlich macht, wie weit die Engel im Verlauf der Jahrhunderte nicht nur von den Menschen, sondern auch von Gott abgerückt sind – und von den Zeiten, in denen ein Engel als eine Verkörperung Gottes galt, als körperliche Manifestation des Gotteswortes. Im 1. Jahrhundert n. Chr. schrieb der jüdisch-hellenistische Philosoph Philo von Alexandria (Philo Judaeus, etwa 20 v. Chr. bis 50 n. Chr.), Gott zeige sich den Menschen als Engel. Das war nicht so zu verstehen, daß Gott sich verändert, sondern daß vielmehr jede Seele den Eindruck seiner Gegenwart in einer anderen und engelhaften Form empfängt, ebenso wie das gestaltlose und unpersönliche Brahman der Hindus die Form eines Gottes (Brahma) annimmt, um den Gläubigen zu erscheinen. Ähnlich sagte Augustinus, das Wort *Engel* beziehe Gott mit ein: «Es ist der Name des Innewohnenden, nicht des Tempels.»

Im 17. Jahrhundert spielten Engel bei der Errettung des Menschen keine Hauptrolle mehr. Die Funktion des Vermittlers zwischen Gott und Mensch war auf Christus übergegangen. Den Engeln blieb es lediglich überlassen, uns durch ihren Willen und ihren Intellekt anzuleiten und unsere Handlungen im Verborgenen zu steuern. Das ist nach Ansicht der Kirche ihre Tätigkeit. Und doch erschienen sie immer noch in sichtbarer Form; sie verschwanden nicht einfach.

• DIE KABBALA •

Jahrhundertelang lebte die jüdische Bevölkerung in Europa Seite an Seite mit den Christen, und doch völlig für sich. Ich weiß nicht, welches mystische Wissen zwischen diesen Menschen ausgetauscht werden konnte, als die eine liebende Gruppe die andere ausrottete wie einst der Engel die Bewohner Sodoms und Gomorrhas oder sie mit Kind und Kegel des Landes verwies – die Vertreibung der Juden aus Spanien und England, die Versuche der Ausrottung in Deutschland und Frankreich, die Gesetze gegen jüdischen Landbesitz, die Progrome in Osteuropa, wo einzelne wie auch ganze Dorfgemeinden hingemetzelt wurden. Allein schon der Umstand, daß sie sich ihre Identität als Volk, ihre Sprache und ihre Kultur bewahrten, zwang die Juden im Mittelalter in religiöse Isolation. Deshalb ist es wahrscheinlich, daß die Lehren der Kabbala die großen christlichen Meister nie berührt haben.

GUSTAVE DORÉ, *Dante und Beatrice im Kreise der Engel.* 19. Jahrhundert.

Das Wort *Kabbala* ist von dem hebräischen Wortstamm *kbl* abgeleitet; es bedeutet «empfangen». Der Ausdruck bezeichnet mystische Schriften, die (wie alle echten mystischen Lehren) so geheim sind, daß ihre Auslegung mündlich weitergegeben wird, von einem Meister zum nächsten. Die Kabbala ist so heilig, so komplex, so schwer zu interpretieren, daß niemand sich grämen sollte, weil er sie nicht versteht. In einem der Bücher über die Kabbala, die ich gelesen habe, stand: «Nur drei Menschen in einer Stadt können sie auslegen, und zwei von ihnen gehören zu derselben Familie.»

Die Kabbala ist Jahrhunderte alt. Sie erlebte ihre Blütezeit im Palästina des ersten nachchristlichen Jahrhunderts und entwikkelte sich aus der ekstatischen Meditation über den Thron Gottes oder den «Wagen», den Ezechiel sah. Aber die wichtigeren Texte stammen aus dem 12. und 13. Jahrhundert, hauptsächlich aus Spanien, wo der *Sohar,* das «Buch des Glanzes» erschien. Es gibt eine Reihe anderer Bücher, angeführt von dem «Buch der Schöpfung», dem *Sefer Jezira,* das zwischen dem 3. und 6. Jahrhundert geschrieben wurde und dem im 13. Jahrhundert noch weitere folgten.

Die Kabbala ist der Führer auf dem Weg zu Gott, der durch eine Reihe himmlischer Hallen führt und mit engelischer Hilfestellung beschritten wird. Sie beinhaltet lange Anleitungen für einen sicheren Aufstieg durch einen «Baum der Engel». Man muß geheime Losungsworte kennen, um die auf dem Weg lauernden Dämonen zu überwinden.

Die Mystik des göttlichen Thronwagens – auch als *Merkaba* bekannt – brachte andere kabbalistische Traditionen hervor, in denen Engel eine zentrale Rolle spielen.

Eine deutsche Schule des 12. Jahrhunderts vertrat eine Doktrin von vier «Welten», die von Gott ausgehen, sowie die Lehre, Gott sei so weit jenseits unseres Verständnisvermögens, daß alle unsere Versuche, seine Größe zu begreifen, zum Scheitern verurteilt sind.

Die vier Welten sind:

1. die physische oder materielle Welt, in der wir leben;
2. der Ort der zehn Engelscharen, die namentlich genannt und von dem obersten Engel – Metatron – regiert werden (er allein hat 76 Namen);
3. eine Welt des Lichts, das aus der höchsten Welt Gottes herniederströmt;
4. die Welt, in der Gott mit seinem weiblichen Gegenstück vereint ist, der *Schechinah* (dieses Wort kommt nicht in der Bibel, sondern nur in mystischen Schriften vor und bedeutet soviel wie «Einwohnung» oder «Anwesenheit Gottes in der Welt»).

In der Kabbala wird der Engel Metatron als Engel des Herrn bezeichnet. Er begann seine Reise als Henoch, ein Prophet, der bereits im Alten Testament *(Gen 4; 5)* erwähnt wird und ein so heiliges Leben führte, daß Gott ihn körperlich in den Himmel und gleich in den obersten Rang der Engel versetzte. Er nannte ihn Metatron – *meta ton thronos* –, «der hinter Gottes Thron steht».

Henoch wird auch in zwei okkulten Büchern zweifelhafter Herkunft erwähnt, die den geheimen Weg zu Gott beschreiben, wie er diesem heiligen Patriarchen gewiesen wurde. Das erste *Henoch-Buch* ist eine äthiopische Übertragung einer in Palästina angefertigten griechischen Übersetzung aus dem originalen Hebräisch oder Aramäisch, eine Kompilation aus mehreren Schriften. Die ältesten Teile wurden kurz vor dem Aufstand der Makkabäer gegen die Römer geschrieben (168 v. Chr.). Einige Teile stammen aus dem zweiten nachchristlichen Jahrhundert.

Das zweite Henoch-Buch, das *Slavische Henochbuch* genannt, dürfte etwa aus dem 7. Jahrhundert stammen, stützt sich jedoch auf ein älteres jüdisches Werk, das um das Jahr 70 verfaßt wurde. Es beschreibt visionäre Reisen und persönliche Begegnungen mit himmlischen Wesen auf dem Weg zu Gott und beinhaltet zudem astrologische Berechnungen und eine hoch entwickelte Angelologie.

In der Kabbala werden zehn *Sephiroth* oder Engel beschrieben – die eigentlichen Kanäle der göttlichen Energie. Sie sind die zehn göttlichen Attribute, die das ganze Universum gestalten und beherrschen. Jede *Sephirah* entfaltet ihre Blütenblätter wie eine Rose aus Licht und enthüllt eine geflügelte Figur. Wie im Zoroastrismus sind die Namen der *Sephiroth* Abstraktionen: *Malkuth* (das Königreich), *Jesod* (das Fundament), *Netzach* (der Sieg), *Hod* (die Herrlichkeit), *Tiphareth* (die Schönheit), *Chesed* (die Gnade), *Geburah* (die Macht), *Chokmah* (die Weisheit), *Binah* (die Erkenntnis) und *Kether* (die Krone).

Sie bilden einen Baum, an dessen Fuß der Engel Sandolphon steht; sein Körper erstreckt sich durch das ganze Universum in die Höhe und übertrifft alle «um eine Reise von 500 Jahren». Sandolphon ist ein Wächtergeist. Zu den übrigen Engeln auf dem Weg gehören Samael, der Engel des Bösen (auch als Satanael oder Luzifer bekannt), der vor Juwelen glänzt, Zafkiel, der Engel der Kontemplation, Raphael, der göttliche Arzt, Gabriel, der Herrscher über die spirituelle Weisheit, und Michael, der Regent der himmlischen Heerscharen. Ein weiterer Engel der Kabbala ist Phanuel, das «Göttliche Antlitz».

An der Spitze steht Metatron, von Sturm, Donner und Blitz umgeben. Er hat 72 Schwingen und zahllose feurige Augen. Seine Wimpern sind Blitze, seine Knochen bestehen aus Glut, seine Sehnen und Fleisch sind Feuerfackeln.

Und jenseits des *Sephiroth*-Baumes befindet sich die mystische Kontemplation Gottes, der so erhaben ist, daß niemand sich vorstellen kann, was Er ist. Aber dieser Pfad der Kontemplation führt zu immer höherer Liebesfähigkeit, bis der Meditierende erkennt, daß alles Leben heilig, daß alles Leben Gott und eine Ergebung in die Liebe ist, daß alles, was wir in diesem entrückten Zustand des Gebetes oder der Kontemplation tun, einen Akt der Schöpfung darstellt und daß jeder dieser Akte neue Engel aus Gott hervorgehen läßt.

Das höchste Tun ist *Mizwoth*, das Studium und die Praxis der Thora – Gebet, Liebe und Reue. Jeder Vollzug von *Mizwoth* ist

WILLIAM BLAKE, *Albion's Angel Rose.* 18. Jahrhundert.

nämlich nicht nur ein spiritueller Akt, der an sich schon heilig ist, sondern darüber hinaus ein Schritt zur Transformation der materiellen Welt.

Große palästinensische und europäische Rabbis sind diesem Mysterienpfad gefolgt, heilige Männer, wie sie frommer kaum über die Erde wandelten. Sie beeinflußten im 18. Jahrhundert entscheidend den Chassidismus, eine soziale und religiöse Bewegung, von der kleine Gruppen bis heute bestehen.

Wir erfahren aus der Geschichte nur von großen Propheten und Philosophen – oder von Heiligen und von Mystikern, die berühmt genug sind, um erwähnt zu werden. Wie viele Menschen aber, von denen wir niemals hörten, mögen Engel gesehen oder mit ihnen gesprochen haben?

In einigen Jahrhunderten blühte die Angelologie üppiger als zu anderen Zeiten, im 12. und 13. Jahrhundert hauptsächlich in der Theologie und Literatur, im 14. und 15. in der europäischen Kunst. Aber in der Spätrenaissance flaute das Interesse an Engeln ab. Martin Luther (1483–1564) nannte die «heiligen Engel» seine Führer, aber die Protestanten kümmerten sich im allgemeinen nicht viel um Engel. Jean Calvin (1509–1564) bezeichnete jede Spekulation über sie als fruchtlos und müßig. Die Begeisterung wandte sich von der spirituellen Welt ab und der Neuen Welt und den wissenschaftlichen Entdeckungen zu. Ernsthafte Leute glaubten nicht länger, daß die Sonne oder der Mond Engel seien oder durch engelische Mächte regiert würden. Kopernikus und Galilei stellten das Universum auf den Kopf und wiesen nach (was in früheren Zeiten und bei anderen Völkern schon längst bekannt war), daß unser Planet Erde um die Sonne kreist und daß wir demnach nicht der Mittelpunkt des Universums sind. Und inzwischen gab es in Amerika neue Grenzen, die man zu überschreiten strebte. Plötzlich erschien die «alte Welt» der Religion und der Engel blaß und farblos.

Trotzdem gab es immer noch einige Mystiker und geniale Menschen, die Engel sahen und aufschrieben, was sie erlebten.

Einer von ihnen war Emanuel von Swedenborg (1688–1772), der bedeutende Theologieprofessor im schwedischen Uppsala und Bischof von Skara. Er war auch ein Wissenschaftler, der die Theorie des Magnetismus und die Erfindung des Maschinengewehrs vorausahnte. Er verwendete als erster Quecksilber in Luftpumpen und war der Begründer der Kristallographie. 1714 ernannte ihn Karl XII. zum Assessor am Bergwerkskollegium in Stockholm. 1747 trat er von diesem Amt zurück, um sich einigen Fragen widmen zu können, die seine hellsichtig empfangenen Mitteilungen von Engeln aufgeworfen hatten. Er lernte auch Hebräisch, um seine Studien vertiefen zu können, und schrieb ziemlich sachlich über seine Visionen. Zu seinen Büchern gehören das *Diarium spirituale, De coelo et eius mirabilibus, et de inferno, ex auditis et visis* und *Sapientia angelica de divinio amore et de divina sapientia.* Sie sind auf fast durchsichtiges Papier und in winziger Schrift gedruckt – eine anstrengende Lektüre –, und doch führten sie zur Gründung der Swedenborg-Gesellschaften und beeinflußten unter anderen William Blake und später Johann Wolfgang von Goethe.

Ein Geist oder Engel besteht laut von Swedenborg aus keiner materiellen Substanz, reflektiert daher die Strahlen der Sonne nicht und ist somit unsichtbar. Deshalb sehen wir Engel entweder, weil sie vorübergehend einen physischen Körper annehmen, oder weil das innere oder spirituelle Auge eines Menschen geöffnet wurde. Aber diese Entschleierung der spirituellen Welten hängt von der Empfänglichkeit des Betreffenden ab, und die Fähigkeit, sie zu schauen, hängt wiederum von der Güte und Aufrichtigkeit ab, die in ihm verwurzelt sind.

Die Engel teilten ihm vielerlei mit. Etwa daß die Seele nicht im Körper gefangen ist wie ein Vogel in seinem Käfig, sondern wie Wasser von einem Schwamm aufgesogen wird und jede Pore erfüllt, oder daß das Geschlecht eines Menschen nach seinem Tod erhalten bleibt: ein Mann wird ein Mann-Geist, eine Frau ein Frau-Geist. Und wenn sie einander auf Erden geliebt haben, bleiben Mann und Frau auch nach dem körperlichen Tod verbun-

Wo warst du denn, als ich die Erde gründete? ... Als allzumal die Morgensterne jauchzten und alle Gottessöhne jubelten?
Hiob 38, 4 und 7

Jeder Engel ist schrecklich.
RAINER MARIA RILKE, *Duineser Elegien,* 2

Jedes sichtbare Ding auf der Welt steht unter der Obhut eines Engels.
AUGUSTINUS, *Acht Fragen*

Engel sind Geister, aber sie sind keine Engel, weil sie Geister sind. Sie werden Engel, wenn sie gesandt werden. Denn der Name Engel bezieht sich auf ihr Amt, nicht auf ihr Wesen. Fragt man nach den Namen dieses Wesens, lautet er Geist; fragt man nach dem Amt, lautet er Engel, das bedeutet Bote.
AUGUSTINUS

Da werden die Einsichtigen leuchten wie der Glanz [Zohar] des Firmaments.
Daniel 12, 3

Wenn es dem Herrn gefällt, erscheinen die guten Geister anderen sowie einander, wie helle und lichte Sterne, die entsprechend dem Grad ihrer Barmherzigkeit und ihres Glaubens strahlen; böse Geister aber erscheinen wie Kugeln aus Kohlenfeuer.
EMANUEL VON SWEDENBORG, *Memorabilia,* 7

Islam: «Hingabe [des Menschen] an Gott.»
Muslim: «Der sich Gott Hingebende.»
Brockhaus Konversations-Lexikon von 1908

den. Die Engel berichteten ihm vom Himmel, der eine Emanation grenzenloser Liebe ist. Das Göttliche ist nicht im Raum beheimatet, sondern in der Liebe, und sie sagten ihm: «Es ist jedermann erlaubt, in seinen Freuden zu weilen – ob Geist oder Engel –, selbst den Unreinsten, die sich an Ehebruch, Diebstahl, Blasphemie und Lüge erfreuen – das sind Gelüste unserer Nüstern ... Alle, ob gut oder böse, sind in ihren eigenen Freuden – Freuden ihres Guten, Freuden ihres Bösen ... Und wenn dies [Böse] unser Entzücken ist, werden wir zurückgeworfen und erleiden Qualen!»

Und er beschreibt die Engel recht ausführlich.

Engel, so sagt er, atmen eine für ihre engelischen Lungen geeignete Atmosphäre. Sie sprechen nicht nur, sondern schreiben auch – in diesem Punkt sind wir allerdings nicht auf das Zeugnis von Swedenborgs angewiesen, denn eine der Schwestern im Kloster der Theresa von Avila (1515–1582) sah diese Heilige eines Tages meditierend an ihrem Schreibtisch sitzen, während die Feder sich selbständig in die Tinte tauchte und ihre Memoiren schrieb, ohne daß sie selbst die Hand gerührt hätte.

Jedenfalls ist es merkwürdig, wie sie sprechen, denn sie drücken Gefühle mit Vokalen aus, sagt von Swedenborg, Ideen mit Konsonanten, und ihre gesamte Mitteilung mit Worten. Die menschliche Sprache mit ihren Zweifeln und Ideen, Konflikten und Argumenten können sie nicht sprechen. Der Grund liegt auf der Hand: Engel können nur Äußerungen hervorbringen, die in vollkommener Aufrichtigkeit die Liebe ausdrücken, die in ihnen ist, so daß ihre Botschaft immer die einer allumfassenden und bedingungslosen, überwältigenden Liebe ist. Ist das der Grund, weshalb fehlbare Menschen manchmal als engelische Kanäle fungieren müssen – weil Engel es nicht können?

Engel, so von Swedenborg weiter, haben aus sich selbst heraus keine Macht. Sie sind Beauftragte Gottes, und wenn ein Engel an der Quelle seiner Kraft zweifelte, würde er sogleich so schwach, daß er keinem einzigen bösen Geist widerstehen könnte. (Auch von Swedenborg glaubte also an böse Geister. Er wurde, wie offenbar die meisten heiligen Männer, wiederholt von Teufeln und bösen Geistern attackiert.)

«Aus diesem Grund», schreibt von Swedenborg in dem Werk *De coelo et eius mirabilibus,* «sprechen Engel sich selbst keinerlei Verdienst gleich welcher Art zu, und sie weisen alles Lob und jeden Ruhm für ihre Taten ab und sprechen alles Lob und jeden Ruhm Gott allein zu.»

Von Swedenborgs Engel blieben immer bei ihm und raunten und sangen ihm zu. Er schilderte ihre spirituelle Kommunikation – durch Gedanken, die in seinem Geist aufblitzten. Aus einer dieser Mitteilungen erfuhr er, daß Engel alle Ereignisse in unerschütterlichem Glauben als von Gott ausgehend betrachten, im Gegensatz zu den Menschen oder bösen Geistern, die wünschen, daß alles nach ihrem Willen geschieht, und an Gott zweifeln oder sogar seine Existenz leugnen, wenn es anders kommt. Von Swedenborgs Engel wiederholten unermüdlich, wir armseligen Geschöpfe sollten uns nicht um die Zukunft sorgen, sondern nur auf die göttliche Vorsehung vertrauen, denn die Vorsehung werde uns alles bringen, was wir ersehnen – wenn auch nicht unbedingt wann wir es wünschen. «Doch wenn es zu ihrem [der Menschen] besten ist, erfüllen sich ihre Wünsche hernach, wenn sie nicht mehr daran denken.»

Das erinnert mich an die Botschaften der Jungfrau Maria in Medjugorje. Versuchen alle Geister, uns das Gleiche mitzuteilen?

Von Swedenborgs Werke sind eine mühsame, oft sogar bizarre Lektüre. Er wird heute nicht mehr viel gelesen, aber sein Einfluß reichte schon zu seinen Lebzeiten weit über die Grenzen seines Geburtslandes Schweden hinaus. Seine Schriften haben auch den Philosophen Rudolf Steiner stark beeinflußt.

Steiner wurde am 27. Februar 1861 in Kraljević im deutschsprachigen Kroatien geboren, das damals zu Österreich-Ungarn gehörte. Ihm wurde schon mit acht Jahren klar, daß er hellsichtig Dinge wahrnahm – so auch andere Welten und Wesen –, die andere Menschen nicht sahen. Er erzählte niemandem von seinen Unterhaltungen mit diesen körperlosen Wesenheiten, bis er etwa 40 Jahre alt war. Von da an bis zu seinem Tod im Jahre 1925 lehrte und schrieb er ausführlich über das, was er gesehen und begriffen hatte.

Steiner – brillant und charismatisch wie von Swedenborg – war vielseitig beschlagen. Er befaßte sich mit Naturgeschichte, Mathematik, Philosophie, den Künsten, Architektur, Medizin, Pädagogik und Landwirtschaft. Er schrieb seine Dissertation über die «Erkenntnistheorie der Goetheschen Weltanschauung», edierte und kommentierte die naturwissenschaftlichen Schriften Goethes, und im Alter von etwa 30 Jahren begann er an der Schule der Waldorf-Astoria-Zigarettenfabrik in Stuttgart zu lehren. In dieser Zeit entwickelte er aus seiner Praxis heraus die ungewöhnlich differenzierte Erziehungsmethode, die heute weltweit an den Waldorfschulen angewandt wird. Er arbeitete im äußeren Rahmen der Theosophischen Gesellschaft (Theosophie: «Weisheit Gottes»), brach jedoch mit ihr, als die Leiterin Annie Besant verkündete, der junge Inder Jiddu Krishnamurti sei der wiederverkörperte Erlöser, und gründete daraufhin seine eigene philosophische Schule, die er als *Anthroposophie* («Weisheit vom Menschen») bezeichnete. Er war bei allem brillant, was er anpackte – und in den Augen vieler war er verrückt.

Er war kein Mystiker im herkömmlichen Sinn, der sich in Kontemplation und Meditation zurückzieht, um die grundlegende Einheit aller Dinge zu begreifen. Steiners Anliegen war die differenzierende Analyse. Wie die mittelalterlichen Alchemisten versuchte er, ein durchdachtes, in sich stimmiges und kritisches Modell einer spirituellen Welt zu entwerfen, indem er die Welt der physischen Substanzen erforschte. Er sah seine Arbeit als die eines Wissenschaftlers, und er glaubte, daß wir am Beginn eines neuen Zeitalters stehen, in dem die Mysterien nicht mehr nur von Hierophanten, Priestern und Geheimgesellschaften verwaltet, sondern jedermann zugänglich gemacht werden sollten.

Steiner entwarf seine eigene Hierarchie der Engel, die sich von der des Pseudo-Dionysius Areopagita und der des Thomas von Aquin unterschied und auf klassische griechische sowie

Denn es hat dem Herrn gefallen, sich mir zu offenbaren. Er hat das Innerste meines Geistes erschlossen, damit ich in der spirituellen Welt mit den Engeln und zugleich in der natürlichen Welt mit den Menschen sein konnte, und dies ist schon seit 27 Jahren so.

EMANUEL VON SWEDENBORG, *Delitiae sapientiae de amore coniugali*

Wenn die Sonne und der Mond zweifelten, würden sie
sogleich erlöschen.

WILLIAM BLAKE, *Songs and Ballads*

Weil Sein Wesen Liebe ist, das heißt, Göttliche Liebe, erscheint [Gott] vor Seinen Engeln im Himmel als eine Sonne, und von dieser Sonne strahlen Hitze und Licht aus ... [die Hitze] ist ihrem Wesen nach Liebe, und das Licht ... Weisheit; und da die Engel Empfänger dieser spirituellen Hitze und dieses spiritellen Lichts sind, sind sie Liebe und Weisheit; nicht Liebe und Weisheit aus sich selbst heraus, sondern von Gott.

EMANUEL VON SWEDENBORG, *Sapientia angelica de divinio amore et de divina sapientia*

... und das lehr' uns,
Daß eine Gottheit unsre Zwecke formt,
Wie wir sie auch entwerfen.

WILLIAM SHAKESPEARE, *Hamlet*, V, 2.

Man kann auf keinen Fall sagen, daß der Himmel außerhalb eines Menschen ist; er ist in uns ... und ein Mensch ist, sofern er Himmel aufnimmt, zudem ein Empfänger, ein Himmel und ein Engel.

EMANUEL VON SWEDENBORG, *Arcana coelestia, quae in Genesi et Exodo sunt, detecta* jüdische Quellen zurückgriff. Und um die Sache noch komplizierter zu machen, sind seine Engel mit früheren kosmischen Welten verbunden.

In Steiners System bilden Seraphim, Cherubim und Throne, in dieser *absteigenden* Rangfolge, die erste Stufe der Hierarchie. Die Seraphim empfangen von der Trinität die Ideen und Zielsetzungen des kosmischen Systems. Die Cherubim setzen diese Ideen in für Menschen realisierbare Pläne um. Die Throne arbeiten – «bildlich gesprochen», setzt Steiner hinzu – mit den Menschen zusammen, um die Gedanken in die Praxis umzusetzen, die sie über die Seraphim und Cherubim von Gott empfangen hatten.

Danach kommen die Herrschaften, Mächte und Gewalten, gefolgt von den Archai (Urkräften), den Erzengeln und schließlich den Engeln auf der untersten Stufe. Jede menschliche Individualität, so Steiner, hat einen Engel, der ihn von Inkarnation zu Inkarnation geleitet. (Steiner glaubte an mehr als nur ein Leben des Menschen, entweder auf diesem oder anderen Planeten.) Wenn man einen bestimmten Entwicklungsstand erreicht hat, kann man seinen Engel um Aufklärung über die früheren Inkarnationen bitten.

Engel – auf der Rangleiter die niedrigsten Himmelswesen – stehen hinter jedem Menschen und legen eine führende Hand auf seine Schulter. Ihr Einfluß ist in der Kindheit am stärksten. Wenn der Mensch älter wird – wenn zwischen dem 25. und dem 40. Lebensjahr die Gründung einer Familie und die berufliche Karriere im Vordergrund des Denkens stehen –, tritt der Engel zurück, um nicht die Entwicklung persönlicher Freiheit und Individualität zu behindern. Später, in mittleren Jahren, führt das Engelwesen den Betreffenden wieder zur Ganzheit, indem er ihm hilft, die spirituellen Aspekte des Lebens zu verstehen.

Die Engel werden auch als «Söhne des Zwielichts» bezeichnet. Ihr Herrschaftsgebiet ist eine gleichsam «wäßrige»Sphäre, die von der Erde bis zum Mond reicht.

Die Erzengel nennt Steiner auch «Söhne des Feuers». Sie

Zwei Engel. Italien, 14. Jahrhundert.

kümmern sich nicht um einzelne Menschen, sondern sind für die Entwicklung von Rassen- oder Volksseelen zuständig. Sie regeln die Beziehungen zwischen Individuen und der Gesamtheit eines Volkes oder einer Rasse. Ihre Herrschaftssphäre reicht von der Erde bis zum Merkur.

Wenn wir in dieser letzten Triade höhersteigen, finden wir die Urkräfte oder «Geister der Persönlichkeit», deren Aufgabenbereich die Beziehungen der ganzen Menschheit zur Erde sind. Diese Engel leben in den Wogen der Zeit. Sie verändern ihre spirituellen Körper von einem Zeitalter zum anderen und sind eigentlich das, was man «Zeitgeist» nennt. Sie herrschen bis zur Venus.

Von ihnen stammen jene großen Wesenheiten, die auf die Erde herabsteigen, um uns zu führen. Sie sind die Bodhisattvas, Yogis, Propheten und Heiligen, die Menschen zu sein *scheinen,* aber es nicht sind; denn die Erscheinungen sind *maya,* Illusion,

wie alles, was auf der Erde existiert, einschließlich der Materie selbst Illusion ist.

Das Werk Steiners ist (wie die Kabbala) zu reichhaltig und komplex, als daß ich auf irgendwelche Einzelheiten eingehen könnte. Ich will hier nur betonen, daß er seine Erkenntnislehre auf das *Denken* gründete. Diese Methodik hat nichts gemeinsam mit jenen Erfahrungsberichten von Begegnungen – die Risse im Vorhang –, von denen die mystischen Schriften voll sind. Steiner verkehrte mit Naturgeistern und war von Engeln umgeben, aber sein strenger und zielstrebiger teutonischer Konstruktivismus unterscheidet sich ganz beträchtlich von den Botschaften der Heiligen wie von den läppischen und rührseligen Abbildungen von Feen, Elfen und Engeln in der heutigen Folklore. Er hatte ein wissenschaftliches Konzept anzubieten.

Aber ich kehre dankbar und erleichtert zu den «klassischen» Mystikern zurück, zu den hohen und klugen Visionären, denen die Gnade zuteil wurde, Gott zu schauen, und die sich nicht für Engelschöre oder die himmlischen Hierarchien interessierten, sondern denen allein an der Reinheit ihrer Seelen liegt.

Gott, gib mir in Deiner Güte Dich selbst, denn Du bist mir genug, und ich kann um nichts Geringeres bitten, das Dir die ganze Verehrung zollen könnte, die Dir gebührt. Und wenn ich um ein Wenigeres bitte, leide ich immer Mangel; nur in Dir habe ich alles.

JULIAN VON NORWICH, *Revelations of Divine Love*

Teil III

Bilder und Träume

Kapitel 8

Flügel des Schweigens

• 1 •

Als die Götter noch jung waren, erschufen sie Menschen, um mit ihnen zu spielen, nur weigerten sich die Menschen, mitzuspielen. Sie erinnerten sich an ihre Herkunft und strebten allein danach, in die göttliche Glückseligkeit zurückkehren. Also vernichteten die Götter dieses Geschlecht.

Dann setzten sich die Götter zusammen und berieten darüber, wo sie sich verbergen könnten, damit die Menschen sie nicht fänden und das Spiel verdürben. Sie überlegten hin und her, doch wollte ihnen kein geeignetes Versteck einfallen. Wenn sie sich auf den Mond zurückzögen, würden die Menschen bald Raketen bauen und ihnen folgen. Versteckten sie sich auf dem Grund der Ozeane, würden ihre Geschöpfe mit irgendwelchen Unterseebooten nach ihnen tauchen. Der Gipfel des Mount Everest, das Innerste der Erde – kein Platz wäre vor den Menschen sicher.

Da ergriff die Göttin der Weisheit das Wort. «Verstecken wir uns in den Herzen der Menschen», sprach sie. «Sie werden niemals darauf kommen, uns dort zu suchen.»

Also schufen die Götter ein neues Menschengeschlecht und verbargen sich in den Herzen eines jeden Mannes und einer jeden Frau, und sie spielen wie Kinder mit ihren Puppen, die – weil sie die Götter niemals finden können – das Spiel nicht verderben.

Hugh Hildesby, der Pfarrer der «Kirche zum Himmlischen Frieden», sagt, eines seiner Pfarrkinder sei ein Engel. Es handelt sich um einen Mann namens Phil, der «auf der Straße» lebt; er ist, was man früher einen Landstreicher nannte. Hugh sagt, daß er ein Bote ist – ein schizophrener Obdachloser, der sich weigert, unter einem festen Dach zu bleiben. Er schläft in Hauseingängen und durchstreift auf gewissenhaften Routinegängen sein Revier. Tagsüber oder bei kaltem Wetter sitzt er in der Kirche. Er ist schmutzig. Er ist in Lumpen gekleidet. Er wäscht sich nie. Er stinkt. Er führt Selbstgespräche, murmelt vor sich hin, während er seiner Wege geht, und gelegentlich flucht er laut los oder beschimpft die Passanten. Er ist beleidigend und kann einen einschüchtern, aber er ermahnt uns zur Ehrlichkeit.

Einmal, bei der Totenfeier für einen Rechtsanwalt, saß Phil in einer Bank hinten in der Kirche, schmutzig, stinkend, kein erfreulicher Anblick. Der Partner des verstorbenen Anwalts trat zu Hugh und sagte mit distinguierter Verachtung: «Können Sie ihn hier hinausschaffen?»

Hugh erwiderte: «Ich verstehe Sie vollkommen. Ja, ich kann ihn hinausschaffen. Aber Sie sollen wissen: Wenn er geht, gehe ich mit ihm. Er gehört hierher. Er ist seit zehn Jahren ein Mitglied dieser Gemeinde.»

Der Jurist, erst verdutzt, warf ihm einen nachdenklichen Blick zu. «Ich glaube, ich begreife Sie. Tut mir leid, daß ich gefragt habe.»

Auf diese Art erinnert Phil die Menschen daran, wie sie sich verhalten sollten.

Vor einigen Jahren veranstaltete die Kirche eines Abends in der Weihnachtswoche nach der Andacht eine Feier. Die Pfarrkinder waren in einem Nebenraum mit Kaffee und Kuchen beschäftigt, als aus der Kirche eine großartige Stimme erklang. Sie sang das Lied «Stille Nacht, heilige Nacht». Es war eine professionell geschulte und wundervolle Stimme, und alle lauschten ehrfürchtig, mit angehaltenem Atem. Dann eilten sie in die Kirche, um zu sehen, wer es war.

«Es waren Phil und Gott», sagte Hugh.

Es mutet seltsam an, daß Theologen des Mittelalters – und sogar der moderne Rudolf Steiner – so viel Zeit und Mühe darauf verwendeten, die Ränge und Aufenthaltsorte der Engel auszuarbeiten. Engel leben ebensowenig wie Gott an einem bestimmten Ort. Sie leben im Raum der Ewigkeit, mitten in unseren Herzen, und manchmal denke ich, daß wir alle Gott als Kanäle und als Engel dienen – berührt von den Schwingen des Schweigens, zu engelhaften Handlungen gedrängt. Ich sprach schon von Fremden, die in unser Leben treten und uns Mitteilungen machen, derer wir bedürfen. Aber wir wissen auch, wann wir bewegt werden. Es ist mit einem Gefühl der Beunruhigung verbunden, mit einem bohrenden Impuls, den wir nicht ignorieren können.

Einmal, als wir in New York lebten, planten wir einen Strandausflug, und ich war dabei, ein Picknick für die Kinder vorzubereiten, als mich plötzlich große Angst überfiel: Ich hatte das Gefühl, daß es *falsch* war, an den Strand zu gehen. Ich *mußte* meinen Verleger zum Essen treffen. In unglaublicher Rücksichtslosigkeit vier Personen gegenüber – ganz abgesehen von meinen armen Kleinen – sagte ich alle Verabredungen für den Strandausflug ab und raste nach Manhattan. Ich konnte mir diesen drängenden Impuls nicht erklären und machte mir Vorwürfe, weil ich die Erwartungen der anderen enttäuscht hatte.

Am Nebentisch im Restaurant saß ein Mann, den ich seit zehn Jahren nicht mehr gesehen hatte. Unser Kontakt war abgebrochen, aber es war dringend notwendig, daß wir uns trafen – wenn auch nur kurz – und die Angelegenheiten von früher bereinigten, die wir unerledigt gelassen hatten. Hätte ich meinen Verleger nicht zum Essen getroffen, wären wir niemals wieder in derselben Stadt zusammengekommen.

Meine Tochter Molly hatte vor nicht allzu langer Zeit ein ähnliches Erlebnis; sie hatte vor, mit einer Freundin einen Abend in Manhattan zu verbringen. Plötzlich überkam sie eine große Ängstlichkeit, und sie hatte das Gefühl, nach Brooklyn zurückkehren zu *müssen*. Es war ein Uhr morgens, aber sie kam gerade rechtzeitig zur Untergrundbahn, um einer alten Dame zu begegnen, die Mühe hatte, nach Hause zu kommen.

Elizabeth Paige ist eine Schriftstellerin. 1984 reiste sie allein durch Griechenland und besuchte die Insel Páros: Sie wollte nur zwei Tage dort bleiben und dann weiter nach Kreta fahren. Aber am Tag ihrer Abreise kamen Wogen starker Zweifel über sie. Etwas drängte sie zu bleiben, obwohl keinerlei Veranlassung dafür bestand. Sie ärgerte sich über sich selbst – sie hatte die Insel ja schon gesehen! Sie meldete sich in ihrem Hotel ab, kaufte ein Fährenbillet und war eben im Begriff, das Schiff zu besteigen, als ihre Angst so groß wurde, daß sie plötzlich von der Fähre stürzte und sich den Weg durch die Menge zurück ans Dock bahnte. Sofort verspürte sie Erleichterung. Verwundert kehrte sie ins Hotel zurück.

Jetzt mußte sie weitere zwei Tage auf der Insel bleiben.

Am nächsten Morgen suchte sie – entschlossen, die Sonne zu meiden – mit einem Zeichenblock eine schattige Straße des Dorfes auf. Sie verbrachte mehrere Stunden mit ihren Skizzen und dachte an nichts weiter. Zur Essenszeit ging sie achtlos an allen Restaurants vorüber und weiter, aus dem Dorf hinaus und die Straße über den Klippen entlang. Ihre Füße bewegten sich wie von selbst.

Es war heiß. Elizabeth war allein. Es war gerade Mittag, und

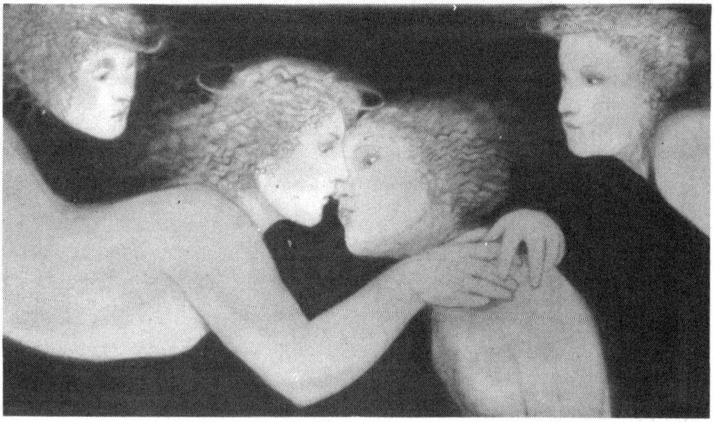

EDITH VONNEGUT, *Engel*. 20. Jahrhundert.

die Sonne brannte senkrecht auf sie herab – genau das hatte sie vermeiden wollen. Aber sie setzte ihren Weg fort. Rechts von ihr war das Meer, links trockenes Gestrüpp. Bald wurde sie durstig. Nicht einmal ein Baum linderte die sengende Sonnenglut, und ihre Füße trugen sie immer weiter.

Nach ein paar Kilometern sah sie zu ihrer Rechten ein kleines Haus, vor dem eine Pinie stand. Die Fensterläden waren zu, die Tür verschlossen. Auf einem Schild standen ein paar Worte und eine Telefonnummer. Sie starrte das Schild einen Moment lang an und fragte sich, ob die griechischen Wörter wohl «zu vermieten» bedeuten mochten.

Weil Elizabeth erhitzt und durstig war, ging sie die fünf oder sechs Steinstufen hinab, die von der Straße zu dem Haus führten, und legte sich dankbar in den Schatten der Pinie.

Sie hatte sich kaum fünf Minuten lang dort ausgeruht, als ein Motorroller auf der oberhalb vorbeiführenden Straße anhielt. Die beiden Frauen, die darauf saßen, starrten Elizabeth neugierig an. Dann stieg die ältere ab, und die jüngere fuhr weiter.

Plötzlich kam es Elizabeth in den Sinn, daß die Frau vielleicht die Besitzerin des Hauses war. Sie stand auf, verlegen, weil sie das Grundstück unbefugt betreten hatte. Sie fragte sich, in welcher der drei Sprachen, die sie mehr oder weniger gut beherrschte, sie die Frau anreden sollte, und entschied sich aus irgendeinem Grund für ihr Schulfranzösisch:

«*Pardon, Madame.* Ich sah den Schatten Ihres Baumes ...»

Die Frau musterte sie scharf. Es stellte sich heraus, daß sie Französin war und kein Englisch sprach. Sie lud Elizabeth nachdrücklich ein, mit ins Haus zu kommen. Ob sie Wasser trinken wolle? Da Elizabeth durstig und auch ein wenig neugierig war zu sehen, wie ein griechisches Haus eingerichtet war, und weil sie die Frau sympathisch fand, nahm sie das Angebot an.

Die Frau hieß Nicole. Sie war auf Páros, um ihre Tochter zu besuchen. Sie erzählte Elizabeth, weshalb sie so erstaunt gewesen war, sie unter der Pinie liegen zu sehen. «Wir haben Sie gestern mit Ihrem Skizzenblock am Strand gesehen, und ich sagte zu meiner Tochter: ‹Diese Frau ist allein, wie ich, aber sie wirkt so heiter und zufrieden. Ich würde sie gern kennenlernen.› Und jetzt tauchen Sie auf einmal hier bei meinem Haus auf. Es ist ein Wunder.»

Sie war während des Krieges in der Résistance gewesen. Sie hatte einen protestantischen Pfarrer geheiratet und ihre Kinder großgezogen. Nach 30 Ehejahren hatte ihr Mann sie wegen einer jüngeren Frau verlassen. Seitdem nagte ständiger Groll an ihr. Sie konnte weder ihrem Mann vergeben noch vergessen, daß die andere Frau ihre Freundin gewesen war.

Sie unterhielten sich. Elizabeth war erstaunt festzustellen, wie mühelos sie Französisch sprach. Sie hatte gar nicht gewußt, daß sie diese Sprache so gut beherrschte.

An einem Punkt der Unterhaltung sagte die Frau: «Sagen Sie mir – Sie wissen es –, was Gott ist.»

Elizabeth war aus irgendeinem Grund kaum überrascht.

«Ich kann Ihnen nicht sagen, wer oder was Gott ist», erwiderte sie, «aber ich kann Ihnen sagen, wie man ihn findet.»

Den Rest des Nachmittags verbrachten sie mit eifrigen Gesprächen über Meditation und den spirituellen Pfad, über Vergebung und Gebet, Leiden und Liebe, über den Schriftsteller Nikos Kazantzakis, über Buddha und Jesus. Elizabeth sagt, sie habe mit einer für sie ungewöhnlichen Leidenschaft gesprochen. Sie sagte Dinge auf Französisch, die sie sonst kaum auf Englisch auszudrücken vermochte, und als sie über Gott sprach, hörte sie verwundert zu, wie die Worte fast wie von selbst aus ihrem Mund kamen.

Bevor sie ging, knieten die beiden gemeinsam nieder und beteten. Es war merkwürdig einfach – zwei Frauen mittleren Alters, die auf dem Steinfußboden knieten und um Befreiung von Schmerzen und um die Fähigkeit beteten, wieder zu lieben und zu vertrauen. Sie beteten um Wissen von Gott. Und dann ging Elizabeth in ihr Hotel zurück und wunderte sich über diese Begegnung. War dies wohl der Grund dafür gewesen, daß sie gestern nicht hatte abfahren können? Sie empfand demütige Dankbarkeit für die Güte Gottes, der ihr die richtigen französischen Worte eingegeben hatte, der ihr die Gnade gewährt hatte, als Kanal für seine Worte zu dienen. Denn sie wußte, daß nicht sie selbst – Elizabeth – an diesem Nachmittag so beredt gesprochen hatte.

Am folgenden Tag reiste sie nach Kreta ab.

Ein Jahr später erhielt sie einen Brief von Nicole. Er war auf Englisch geschrieben, aus dem Krankenbett diktiert. Nicole teilte ihr mit, daß sie bald an Krebs sterben würde, und sie wollte Elizabeth wissen lassen, wie ihrer beider Treffen an jenem Nachmittag in Griechenland ihr Leben verändert hatte. Sie betrachtete es als Wunder, denn von diesem Augenblick an war sie von ihrem Groll befreit gewesen und hatte begonnen, ihren Frieden mit Gott zu machen. Sie wollte, daß Elizabeth dies erfuhr, bevor sie starb.

Mir zeigte sich einst ein Engel als Schwan. Vielleicht war auch der Schwan ein Engel. Oder wir interpretieren einfach etwas in zufällige Begebenheiten hinein, das gar nicht darin ist: *post hoc, propter hoc*. Das bedeutet, daß wir glauben, weil ein Ereignis vor einem anderen stattfinde, sei es dessen Ursache. Es ist eine weitere Seefahrtgeschichte, wenn auch eher belanglos, weil keine Menschenleben in Gefahr waren.

Es war eine schon recht kalte Herbstnacht im Long Island-Sund, die Nacht vom 30. September auf den 1. Oktober. Am Himmel kämpfte sich ein Dreiviertelmond durch das Gebräu der Sturmwolken.

David und ich hatten eine Neun-Meter-Schaluppe gechartert. Wir ließen die Kinder bei Davids Eltern und brachen zu einem zweitägigen Urlaub auf – nur wir beide. Wer den Long Island-Sund kennt, kann unsere Segelfahrt nachvollziehen.

Wir starteten bei kräftigem Wind, der uns von Connecticut über den Sund nach Long Island trieb. Wir landeten genau nach Plan in Port Jefferson. Inzwischen war es später Nachmittag. Wir überlegten, daß wir über Nacht am Dock festmachen, in einem Restaurant essen, vielleicht einen Film anschauen und am nächsten Morgen wieder nach Hause segeln könnten. Aber als wir in Port Jefferson anlegten, stellten wir fest, daß eine Warnung für kleinere Schiffe ausgegeben worden war. Man sagte uns, daß wir nicht am Dock festmachen konnten, weil der Wind direkt in die Hafenmündung blies. Unsere Schaluppe würde gegen die Kaimauer gedrückt. Außerdem hatte man ohnehin keinen Platz für uns. Wir mußten anderswo ankern.

Wir gingen an Land, kauften uns ein Hühnchen und eine Flasche Wein fürs Abendessen und fuhren mit Motorkraft weiter, auf der Suche nach einem sicheren Anlegeplatz für die Nacht.

Vor der westlichen Einfahrt des Haupthafens liegt ein Kanal, der die Form eines abgewinkelten Ellbogens hat und in einen Tiefwassertümpel oder Gezeitensumpf führt. Mitten darin liegt eine Insel aus Schlamm, mit Sumpfgras bewachsen. An der Westseite des Tümpels stehen auf hohen Felsen imposante Häuser, ein hübscher Platz zum Wohnen.

Wir tuckerten gemächlich diesen Kanal entlang, studierten sorgfältig die Karte und warfen schließlich für die Nacht Anker.

Aber schon nach kurzer Zeit kam ein Mann das Ufer entlang und wedelte mit den Armen.

«Sie können hier nicht ankern», rief er. «Die Strömung ist zu stark. Sie werden an Land getrieben.»

«Wo können wir denn ankern?» fragten wir.

Er deutete auf eine Stelle etwa 100 Meter weiter und sagte, dort wäre es sicher. Also holten wir den Anker ein – inzwischen waren wir erschöpft und auch verärgert –, legten die Strecke mit Motorkraft zurück, warfen den Anker erneut und warteten ab, um sicher zu sein, daß er hielt. Mittlerweile versank die Sonne in glühenden Farben hinter den hochgelegenen Häusern. Das Licht schwand, es wurde dämmrig und schließlich dunkel. Der Mann war schon längst in ein Haus gegangen, und von den Hügeln her schauten uns die Fenster der Häuser wie gelben Augen an. Eine Weile standen wir an Deck, zitterten in der Kälte und wünschten, das Boot wäre mit einem zweiten Anker am Heck ausgestattet. Die zusätzliche Sicherheit eines zweiten Ankers in diesem Sumpf wäre uns sehr willkommen gewesen. Aber der Anker saß tief, und wir glaubten, es sei sicher genug.

Wir gingen unter Deck, bereiteten uns ein köstliches Mahl aus Hühnchen mit Reis und Salat und aßen es im warmen Schein einer Kerosinlampe. Nach dem Essen fielen wir wie Steine in unsere Kojen, so erschöpft wie jemand, der Schwerarbeit geleistet hat.

Gegen Mitternacht wurden wir beide wach. Der Bug des Bootes schwang herum, als wäre es am Heck festgezurrt. Wir zogen unsere Hosen, Segeltuchschuhe und Pullover an und eilten an Deck. Es war eine geisterhafte Nacht. Der Mond raste durch zerrissene Wolken, der steife Wind pfiff durch die Wanten, und die Falleinen peitschten gegen den Mast.

Dann sahen wir, was geschehen war. Unser Boot hatte sich gedreht – von einer Strömung erfaßt, wie wir vermuteten –, bis sich das Ankertau um die Motorschraube gewickelt hatte. Es hatte sich unter dem Heck verfangen, und das Boot zerrte daran wie ein Hund, der sich in der eigenen Leine verheddert hat. Schlimmer noch, es hatte bereits den Anker aus dem Schlamm gezogen. Wir trieben aufs Ufer zu.

Wir standen hilflos da. Es war uns unmöglich, den Motor anzuwerfen, um vom Ufer wegzusteuern, weil das Ankertau wahrscheinlich die Schaufeln der Schraube abgerissen hätte.

Wir konnten auch nicht tauchen und das Tau von der Schraube lösen, denn das Wasser war pechschwarz. Wir hatten keinerlei Ausrüstung dabei – weder Taucheranzug noch Unterwasserlampe. Außerdem war das Wasser eiskalt. Wir konnten an Unterkühlung sterben, bevor wir es schafften, unter das Boot zu tauchen und das Tau zu entwirren.

Wir konnten das Ankertau auch nicht vom Deck aus kappen, in der Hoffnung, daß es sich unter Wasser von selbst von der Schraube lösen würde, denn selbst wenn es uns diesen Gefallen getan hätte, wären wir kaum weitergekommen. Natürlich hätten wir dann den Motor anlassen und vom Ufer wegsteuern können, aber wir hatten keinen zweiten Anker. Wir hätten uns auf das Meer hinaus bewegen müssen – und wie hätten wir hoffen können, in der Finsternis den Weg durch den engen, winkligen Kanal zu finden, während der Wind gegen den Bug drückte? Wir waren für eine solche Unternehmung einfach nicht ausgerüstet.

Inzwischen wurde das Boot auf Grund getrieben. Vielleicht war es weicher Grund. Das Boot würde nicht beschädigt, so lange es nicht gegen einen Fels stieß.

Mehr aus dem Bedürfnis heraus, irgend etwas zu tun, als aufgrund eines vernünftigen Plans begannen wir zu arbeiten. Wir holten das Ankertau sowohl am Bug als auch am Heck ein, Zentimeter um Zentimeter, und zurrten es an beiden Enden so fest wie möglich. Jetzt lief das Seil von der Bugklampe, gespannt wie eine Violinsaite, ganz unter dem Boot her, war einmal (oder mehrmals) um die Schraube gewunden und an der Heckklampe festgezurrt.

Wir waren nun sicher, daß die Leine straff genug gespannt war, um jedem Versuch der Strömung zu widerstehen, das rückgängig zu machen, was sie mit dem Boot angestellt hatte.

Wir standen auf Deck und sahen zu, wie uns das schwarze Wasser gegen das Ufer trieb.

Mit einem Mal entdeckte ich neben dem Boot einen wunderschönen weißen Schwan. Ich hatte ihn vorher nicht bemerkt. Er schwamm seitlich an das Boot heran und beäugte mich im Profil mit seinem einen klaren, schwarzen Perlauge. Ich ging unter Deck, schnitt ein Stück von dem Brot ab, das ich für den Ausflug gebacken hatte, nahm es mit nach oben zum Schwan und warf es ins Wasser. (Weshalb auch nicht? Hatte ich denn etwas Besseres zu tun?)

Die Strömung war so stark, daß der Vogel zurückschwimmen mußte, so schnell er konnte, um an das Brotstück zu gelangen. Ich habe die kräftigen Paddelbewegungen seiner mit Schwimmhäuten versehenen Füße und den eleganten Schwung seines langen Halses, als er nach dem Brot schnappte, noch vor Augen. Dann näherte er sich wieder dem Boot.

«O Schwan», sagte ich. «Ich wünschte, du könntest tauchen und das Ankertau losmachen.»

Er starrte mich unentwegt mit seinem Auge an.

Plötzlich rief David: «Es ist frei! Es ist frei!»

Sofort lief ich hinab, schnitt mehr Brot ab und dachte mir zwei weitere Wünsche an den Schwan aus. Sie waren viel wichtiger als der erste, und einer davon war in der Tat so bedeutsam, daß ich sogar eine Probe machte. Ich hielt das letzte Stück Brot fest und dachte: «Wenn der Schwan es mir aus der Hand nimmt, erfüllt sich der Wunsch.» Ich wußte, daß Schwäne tückisch sein können, und erwartete halb und halb, daß dieser mir mit dem Schnabel die Hand verletzen würde. Aber er nahm das Brot so sanft und vorsichtig wie eine Katze entgegen. Die ganze Aktion nahm weniger als eine Minute in Anspruch. Danach rannte ich zu David und half ihm, die Leine einzuholen und den Motor anzuwerfen. Sein Aufbrummen klang uns wie Musik in den Ohren. Wir drehten den Bug gerade noch rechtzeitig ab, um vom Ufer freizukommen. Wir warfen erneut Anker, legten den Rückwärtsgang ein, um den Anker in den Grund zu graben, und

Dort erschienen mir sehr schöne Regenbogen, wie schon bei früheren Gelegenheiten, nur noch schöner, in einem Licht von reinstem Weiß, in dessen Mitte ein dunkles irdisches Gebilde war; aber diese höchst klare schneeweiße Erscheinung wurde auf anmutige Weise durch eine andere Klarheit ergänzt, die auch durch kleine gelbliche Punkte wie winzige Sterne und andere wundervolle Muster von der ersten unterschieden und, wenn ich mich recht erinnere, von verschiedenfarbigen Blumen umgeben war, und sie ging in den klarsten Teil über. Dies wurde mir vor dem linken Auge gezeigt. Vor dem rechten waren außerordentlich schöne Gebilde, unterschieden durch Blau und seine vielen verwandten Farben, denn das rechte Auge stellt Gefühle dar, und sie beziehen Farbe nicht von einer weißen Klarheit, sondern von der, die glühend ist.

EMANUEL VON SWEDENBORG, *Diarium,* 21. Oktober 1748

Sobald wir uns selbst vertrauen, wissen wir, wie man lebt.

JOHANN WOLFGANG VON GOETHE

Wieso heißt es, wenn wir zu Gott sprechen, daß wir beten – und wenn Gott zu uns spricht, daß wir schizophren sind?

LILY TOMLIN

Glaube mir nicht einfach, weil ich Himmel und Hölle gesehen habe, mit Engeln gesprochen habe ... Glaube mir, weil ich dir sage, was dein Bewußtsein und deine Intuitionen dir sagen werden, wenn du wahrhaft ihrer Stimme lauschst.

EMANUEL VON SWEDENBORG, *Sapientia angelica de divinio amore et de divina sapientia*

Glaube mir: In allem, was wir eine Versuchung, ein Leid oder eine Pflicht nennen, ist die Hand eines Engels im Spiel.

FRA GIOVANNI

ließen das Boot schlingern, um uns des festen Halts zu versichern. All dies brauchte seine Zeit.

Dann stellten wir den Motor ab (die Stille wirkte betäubend), und ich schaute mich um. Der Schwan war verschwunden. Ich konnte ihn nirgends sehen.

Der Mond hinter den jagenden Wolken schien hell auf das Wasser und beleuchtete Land und Marsch. Kein schimmernder weißer Fleck weit und breit. Wir gingen unter Deck und fragten uns, was eigentlich geschehen war. Wie hatte sich das straff gespannte Ankertau von der Motorschraube lösen können? Der Schwan hatte natürlich nichts damit zu tun; daß ich ihn gefüttert und mir Wünsche ausgedacht hatte, war nur ein spielerischer Zeitvertreib gewesen.

Am nächsten Morgen hielt ich nach einer Schwanenfamilie Ausschau. Es gab keine Schwäne in der Marsch.

• 2 •

Einmal träumte ich den Traum meines Mannes. Ich träumte, daß ein Mann über eine Treppe zu mir emporstieg. Ich konnte sein Gesicht sehen, eine schauderhafte Fratze, die Zähne gebleckt, blutige Narben, verzerrt, entstellt. Ich wurde mit wild klopfendem Herzen wach und wußte, daß ich die Verkörperung der Angst gesehen hatte! – Und mein Mann lag wach neben mir im Bett, die Fäuste geballt, im Bann eines Angstanfalls. Ich hatte im Schlaf seine Gefühle aufgefangen.

Wissenschaftler haben nachgewiesen, daß man kaum davon sprechen könne, es existiere so etwas wie «Materie». Ein Tisch, ein Baum oder ein Lastwagen, die sich doch ziemlich solide anfühlen, wenn wir damit zusammenstoßen, sind – so sagen die Physiker – in Wirklichkeit aus Atomen zusammengesetzt, die wie winzige Steinchen umherwirbeln, im Verhältnis so weit voneinander entfernt wie die Sterne im Weltall. Die Protonen und Neutronen im Atomkern werden durch eine unbekannte Kraft zusammengehalten. Die Wissenschaftler versichern weiter, daß sich die Grundstruktur des Universums auflösen würde, wenn sich diese Kraft auch nur im geringsten – um einen minimalen Prozentsatz – verringerte. Es ist aber auch der entgegengesetzte Effekt denkbar: Wäre die atomare Anziehungskraft um nur ein wenig stärker, würde das All in sich selbst kollabieren und die Protonen würden zu einer festen Masse zusammenstürzen. In diesem Fall wäre das Universum auch der freien Protonen beraubt, aus denen die Atomkerne der Wasserstoffmoleküle zusammengesetzt sind. Ohne Wasserstoff gäbe es keine Sonnen und keine stabilen Sterne. Die Atome befinden sich jedoch in einem perfekten Gleichgewicht, zusammengehalten durch ihre Sehnsüchte und voneinander getrennt durch ihre Abneigungen und das Wirken der Schwerkraft.

Physiker und Mystiker stimmen darin überein, daß auch wir aus Elektronen, Neutronen, Protonen zusammengesetzt sind, die in gleicher Dichte herumschwirren. Gelegentlich erlebt jeder von uns ein Durchlässigwerden der Grenzen. Wir begreifen blitzartig Dinge, die zu erfahren wir kein Recht haben. Wir lesen die Gedanken anderer Menschen, empfangen Einsichten, tauchen in den Akasha-Strom des Wissens ein und holen Perlen heraus, und wir sind dabei nicht einmal sicher, ob das, was wir sehen und denken, aus uns selbst kommt oder «in der Luft liegt» wie ein Duft, den alle Menschen zugleich einatmen.

Der literarische Leiter eines Theaters in Seattle vertraute mir einmal an, daß Stücke meist in Zyklen angeboten werden – ein Phänomen, das er nicht ignorieren kann. Sechs Wochen lang liest er nur Stücke über Hitler. In den nächsten sechs Wochen werden ihm nur Stücke über Großmütter oder Vater mit Herzanfällen, vergewaltigte Frauen, Soldaten im Krieg oder Gefängnisdramen vorgelegt. Es ist, als würden wir einander alle über die Schultern schauen und einer die Gedanken des anderen abschreiben.

Als Charles Darwin sein Werk *Über den Ursprung der Arten* schrieb, arbeitete ein Australier an exakt derselben Idee, demselben Thema. Darwin veröffentlichte zuerst. Der Australier klagte ihn des Plagiats an, aber viele Menschen spürten, daß es sich nur um eine Koinzidenz handelte.

Was immer das bedeuten mag.

Der Psychoanalytiker Carl Gustav Jung bezeichnete ein derartiges Zusammentreffen von Ereignissen als «Synchronizität».

Aber einige Menschen sind der Meinung, daß Gedanken an sich eine mächtige Energie darstellen. Sie sagen, daß negative Gedanken unweigerlich negative Ereignisse auf ihren Urheber herabbeschwören, so wie positives Denken nur Gutes anzieht, für den Denker wie für seine Umwelt.

Physiker befassen sich jetzt mit Präkognition und Psychokinese. Sie beobachten, wie medial begabte Menschen Zigaretten über einen Tisch rollen lassen oder durch gedankliche Konzentration Nägel verbiegen. Sie arrangieren Experimente, um die Exaktheit von Prophezeiungen zu untersuchen. Die Frage ist, ob wir nur in die Zeit eintauchen und wieder aus ihr hervorkommen, oder ob wir die Dinge durch unsere Gedanken geschehen lassen.

Eines Tages kam unsere Freundin Joan zu uns, um mit uns Kaffee zu trinken. Wir – mein Mann, Joan und ich – saßen in der Küche. Ich war unruhig. Ich mochte Joan, aber sie und mein Mann redeten nur über Belangloses. Ich hatte es eilig, an meine Arbeit zu gehen, wollte aber nicht unhöflich erscheinen. David zeigte Joan die Küchendecke; sie war aus großen, durchsichtigen Kunststoffplatten zusammengesetzt, über denen Lämpchen angebracht waren. David kletterte gerade auf die Küchentheke, um eine der Platten herauszunehmen, als mir der Gedanke kam, daß ihm die Platte aus der Hand fallen und Joan treffen würde. Ich trat zwei Schritte zurück, um der Platte aus dem Weg zu gehen, als sie auch schon quer durch den Raum flog und Joan an der Stirn traf, daß sie blutete. Joan ging sofort nach Hause.

Ich fühlte mich schrecklich. Hatte ich den Unfall willentlich herbeigeführt? Oder ihn nur vorausgeahnt? Sicherlich letzteres, denn ich hätte Joan niemals verletzen wollen.

Auch die Suche nach Erklärungen für Zufälle beschäftigt die Physiker. Schon 1935 wurde entdeckt, daß zwei subatomare Partikel, die einmal miteinander interagiert hatten, noch Lichtjahre voneinander entfernt wechselseitig auf die Bewegungen des anderen reagieren. Dieses Phänomen wurde paramagnetische Elektronenresonanz (EPR) genannt. Einstein grübelte sein Leben lang darüber nach, da es seiner Theorie widerspricht, nach der sich nichts schneller als mit Lichtgeschwindigkeit bewegen kann. Nach seinen Worten stellt dieses Phänomen die Wissenschaft vor zwei «völlig inakzeptable» Alternativen – entweder ist die objektive Realität eine Illusion, oder die Messung eines EPR-Partikels verletzt bekannte Gesetze, indem sie das andere Partikel «telepathisch» beeinflußt.

Ich wurde einmal von einem Blitz getroffen. Ich war während eines Gewitters mit dem Auto auf der Reno Road in Washington unterwegs. Mit mir im Wagen saß die Schauspielerin Barbara Callendar. Mit einem Mal dachte ich: «Ich werde gleich vom Blitz getroffen.» Es war eine unsinnige Idee, da die Straße von Bäumen gesäumt war. Aber bei der Gewalt des Unwetters – die Donnerschläge hallten lange nach, und es blitzte unablässig – war es durchaus möglich, daß ein Blitz einen Baum traf und der Baum auf den Wagen fiel. Also fuhr ich so bald wie möglich aus dem bewaldeten Tal den Hügel hinauf zur Wisconsin Avenue, in der Nähe der Kirche. Dort wurde der Wagen vom Blitz getroffen.

Der Blitz muß fast senkrecht aus dem Himmel in den Wagen (einen weißen Volvo) eingeschlagen haben. Er hatte die Wohnblocks zu beiden Seiten und auch die Kirchtürme verschont. Wir waren von blendend hellem Licht und elektrischer Energie umhüllt. Einige Sekunden lang nahm ich außer der ehrfurchteinflößenden Macht des Universums nichts wahr. Dann war der Blitz vorbei. Barbara und ich zitterten, und wir hatten weiche Knie, aber wir waren am Leben.

Zum Glück ist man in einem Auto ziemlich sicher, da es durch die Gummireifen isoliert ist, aber trotzdem kam ich mir danach wie eine Märchenfigur vor, der die böse Schwiegermutter voraussagt, daß sie sich im Alter von 15 Jahren mit ihrer Spindel in den Finger stechen und tot umfallen wird. Und das Bemühen, diesem Fatum zu entgehen, führt dazu, daß genau das auch geschieht. Heißt das, daß wir unserem Geschick nicht entfliehen können? Weshalb werden uns dann derart nutzlose Hinweise überhaupt gegeben? Vielleicht nur, um uns zu zeigen, daß es eine Bestimmung gibt?

Das konventionelle Denken leugnet die Möglichkeit, daß wir die Zukunft durch unsere Gedanken beeinflussen. Die meisten Psychiater halten Menschen, die an Gedankenkontrolle glauben, für Zwangsneurotiker. Ein Merkmal dieser Störung ist eine fanatische Ordnungssucht, verbunden mit dem Verlangen, alles zu kontrollieren, ferner eine Neigung zu dem, was diese Psychiater als «magisches Denken» bezeichnen. Der Glaube, daß Gedanken Ereignisse herbeiführen, gehört dazu.

1979 fuhr David für zehn Tage an die Westküste. Ich verbrachte eine ganze Woche in Einsamkeit und Schweigen. Ich meditierte. Meine schon fast erwachsenen Kinder waren in der Schule. Die Jüngste war zwölf Jahre alt. Ich hatte also Zeit für mich selbst – und ich brauchte sie auch. Mir ging vieles durch den Kopf. Unsere Ehe war nicht in Ordnung. David war deprimiert, und ich war verwirrt.

Am Tag vor seiner Rückkehr unternahm ich einen langen Spaziergang mit dem Hund; ich ging in den Rock Creek Park, tief in den Wald hinein. Ich erinnere mich, so glücklich gewesen zu sein, daß ich glaubte, zerspringen zu müssen. An anderen Tagen war ich so unglücklich gewesen, daß mir alles wehtat, aber manchmal – selten und immer nur nach langer, stiller Meditation – erlebte ich ein so starkes Glück, daß meine Knochen schmerzten. Dieses Gefühl hatte ich jetzt.

Als ich so dahinging, hatte ich eine Vision. Ich sah ein kleines Flugzeug. David saß darin. Plötzlich senkte sich die rechte Tragfläche des Flugzeugs. Sie war im Begriff, gegen den Hügel zu prallen. Für einen Augenblick schoß mir der Gedanke durch den

Kopf: «Nun, das würde alle Probleme lösen.» Und gleichzeitig hielt ich in meiner Vision schützend die Hände unter das Flugzeug. «Laß ihn leben», dachte ich, oder: «Gib ihm Leben.» Ich kann die rasche Klarheit reinen Denkens nicht wiedergeben, noch kann ich sagen, welch ungeheure Bedeutung dieses Wort *leben* besaß. Sogleich war die Vision vorbei.

Ich pfiff dem Hund und machte mich auf den Heimweg. Unterwegs grübelte ich darüber nach, was das zu bedeuten haben mochte.

Am nächsten Tag holte ich David vom Dulles Airport ab. Er sagte: «Weißt du, gestern ist mir etwas sehr Merkwürdiges passiert. Ich kam von Richland mit einem Privatflugzeug in Seattle an. Wir waren beim Landeanflug, als plötzlich eine Tragfläche nach unten kippte. Sie war nur noch ein paar Zentimeter über dem Zement. Hätte sie die Rollbahn berührt, hätten wir uns überschlagen. Ich saß direkt hinter dem Piloten. Er rief: ‹Verdammte Scheiße!› und riß am Steuerknüppel, aber die Maschine reagierte nicht. Plötzlich richtete sie sich ohne ersichtlichen Grund wieder auf, und wir landeten. Ich sprach hinterher mit dem Piloten. Er sagte, wir seien in den Sog eines Düsenflugzeugs geraten, als der Steuerknüppel blockierte. Er dachte, wir wären so gut wie tot.»

Mir schwindelte: «Wann genau ist das passiert?»

Meine Vision hatte (nach Abzug der Zeitdifferenz) mehrere Stunden *vor* dem tatsächlichen Ereignis stattgefunden. Aber was genau war geschehen? Hatte ich es vorhergesehen? Hatte ich den Zwischenfall tatsächlich beeinflußt? Oder noch deutlicher ausgedrückt: Wäre das Flugzeug zerschellt, wenn ich in meiner Vision nicht eingegriffen hätte?

Träume und Bilder. Ein schwieriges Kapitel, denn wir haben jetzt die Geister, Engel, Dämonen und Heiligen hinter uns gelassen und sind bei der Wahrnehmung als solcher angelangt. Oder ist möglicherweise auch das Phänomen «Wahrnehmung» in Wirklichkeit ein Engel? Der heilige Gregor sagte: «In dieser sichtbaren

WILLIAM BLAKE, *Familientreffen im Himmel.* 18. Jahrhundert.

Welt werden alle Pläne durch unsichtbare Wesen ausgeführt.» Werden unsere Sinne durch Gedanken der Engel gelenkt? Es ist wichtig, hier anzumerken, daß all diese Träume und Bilder Möglichkeiten sind, Informationen aufzunehmen, die jenseits der Routine-Ebenen liegen, denen wir zu trauen gelehrt wurden: Vernunft, Analyse und Logik. Diese Mittel zum Empfang von Informationen stehen uns nicht immer zur Verfügung, und manche Menschen haben eher Zugang dazu als andere; entweder aufgrund von Übung oder auch zufällig werden sie zu einer Art «Leitung», durch die solche Informationen fließen können. Ich bin davon überzeugt, daß diese Informationen durch eine elektrische Energie übermittelt werden und daß diese Energie etwas mit Liebe zu tun hat – und auch mit einer Aufhebung des Zweifels, und sei sie auch nur vorübergehend.

Ich glaube, sie ist wie ein Fluß, ein Fließen, das wir gelegentlich anzapfen, um jenseitiges Wissen zu empfangen. Wir wissen nicht, woher es kommt, aber wir wissen, wie es kommt – umgeben von Licht bricht es über uns herein und überzeugt uns vollständig. Wir wissen, daß es sich von unserem egoistischen Denken unterscheidet, von bloßen Wünschen oder Befürchtungen. Es muß immer anhand der Realität überprüft werden, aber wenn es die Prüfung bestanden hat, müssen wir immer danach handeln, selbst dann, wenn andere uns sagen, daß es nicht wahr sein kann.

Im Westen wurde Engeln und Dämonen im vorigen Jahrhundert eine neue Bedeutung zugeschrieben, und eine neue mythische Trinität von Über-Ich, Ich und Es wurde geschaffen. Aber ich habe von menschlichen Händen und anderen Stellen der Haut Licht ausströmen sehen. Das mag seltsam scheinen, wenn man bedenkt, was ich über die Finsternis der menschlichen Seele geschrieben habe. Einmal wurde ich operiert. Ich lag zwei Wochen lang im Massachusetts General Hospital in Boston, und während meiner Rekonvaleszenz hatte ich eine Erscheinung. Ich habe mich oft gefragt, ob sie durch Medikamente hervorgerufen war, aber würde dann nicht jeder im Krankenhaus derartige

Erlebnisse haben? Ich sah mit außerordentlicher Klarheit – ein Handtuchständer etwa oder die Falten eines Bettuchs erschienen mir wie Wunder. Ich war erstaunt und dachte: «Das ist wohl die Art, wie Künstler sehen.» Ein Baum draußen vor dem Fenster oder die auf dem Rasen Fußball spielenden Kinder rührten mich zu Tränen. Damals las ich gerade Dostojewskis Roman *Die Brüder Karamasow.* Ich konnte immer nur einige Abschnitte aufnehmen, dann mußte ich das Buch beiseite legen, weil es mich zu sehr aufwühlte. Als ich eines Tages am Fenster stand und den Himmel und die Wolken anschaute, erschütterte mich die Ordnung des Universums zutiefst. Ich konnte das Singen der Planeten und das leise, tiefe Grollen der Steine und Felsen hören. Ich begriff ... alles. – Heute fehlen mir sogar die Worte, um auch nur zu jenem Erlebnis Fragen zu formulieren; die Schönheit dieser kosmischen Ordnung war so überwältigend, daß mir die Tränen über die Wangen liefen. Und was noch ungewöhnlicher war: Als ich aus dem Fenster schaute, glühten die Blätter, die Bäume und das Gras von innerem Licht. Ich sah tatsächlich Licht durch die Haut der Menschen schimmern: Es strömte aus Gesichtern und Händen der Schwestern und Patienten hervor (mit einer Ausnahme: ein Patient, der im Krankenhauskorridor auf und ab ging, um sich Bewegung zu verschaffen, war in eine dichte schwarze Wolke gehüllt – abgestoßen schreckte ich zurück). Aber alle andern Menschen waren von lichtem Schein umgeben.

Als ich wieder in Washington war, in meinem Garten, beugte ich mich andächtig über dieses Strahlen, das von Laub und Gras und allen lebenden Dingen ausging. «Schau nur. Schau, das Licht», sagte ich oft. Und dann begriff ich, daß die anderen die Reben nicht so «verklärt» leuchten und flammen sahen wie ich. Zwei Wochen lang konnte ich die Erde in diesem lebendigen Licht erglänzen sehen, dann begann es zu verblassen. Ich spürte, wie ich die Fähigkeit zu sehen verlor. Ich dachte: «Ich würde meine Seele dafür geben, wenn ich weiterhin so sehen könnte.» Und dann begriff ich, daß sie mir gerade gegeben worden war. Das war, bevor mir der Geist meiner Mutter erschien.

Seither habe ich nur selten auf diese Weise Licht von der Haut der Menschen ausgehen sehen. Einmal war ich in Costa Rica. Ich wartete auf dem schäbigen Flughafen von San José – wartete, wie alle Reisenden auf Flughäfen warten –, und diesmal waren keine Medikamente im Spiel (wie im Krankenhaus), und ich kann mein Erlebnis auch nicht auf Alkoholeinfluß oder Müdigkeit zurückführen. Ich setzte mich hin, und plötzlich sah ich ganz gewöhnliche Menschen von innen heraus erstrahlen – Indianerfrauen mit ihren Babys, Studenten, Touristen, amerikanische Geschäftsleute, Soldaten und Diplomaten. Licht ging von ihren Gesichtern, Schultern und Händen aus – wo immer nackte Haut sichtbar war. Ich saß auf diesem miesen, schmuddeligen südamerikanischen Plastikflughafen herum und erzitterte bei dem Anblick, der sich mir bot, und Tränen der Demut und Dankbarkeit liefen mir übers Gesicht. Ich setzte meine Sonnenbrille auf, damit es niemand sah. Ich war von der *Gutheit* der Menschen erschüttert, von der Schönheit dieser schimmernden Lichtwesen.

Einmal mußte David ins Georgetown Hospital. Mr. Johnson, sein Bettnachbar, hatte Krebs und lag im Sterben. Bald nach seiner Rückkehr nach Hause las David einmal im Bett. Er sah von seinem Buch auf.

«Ich denke, heute werde ich Mr. Johnson besuchen», sagte er. In diesem Augenblick durchlief ihn eine Lichtwelle und strömte von seiner Haut.

Wer war es, der sagte: «Schönheit ist die Wirklichkeit, gesehen mit den Augen der Liebe.»

Seitdem habe ich dieses Phänomen nur noch einmal erlebt, obwohl ich es auf verschleierte und schattenhafte Weise gelegentlich noch sah – ein vorübergehendes, flüchtiges, fließendes Licht, das bei einem anderen Menschen aufflackert und dann wieder verlöscht. Es ist das Licht der Liebe.

Wir sprechen zuweilen von religiösen Dingen, aber immer nur zu einem oder höchstens zwei oder drei anderen, und auch dann

Persische Peri. Illuminiertes Manuskript.

nur, wenn wir einander kennen und unter uns und vor Mithörern sicher sind. Mir wurden einige Dinge offenbart, die ich hier nicht mitteilen kann, so wie alle Menschen Erlebnisse gehabt haben, die zu kostbar sind, um über sie zu sprechen. Und wozu sollte das auch gut sein?

Wenn Sie ein solches Erlebnis haben, ist es etwa so, als stünden Sie während eines nächtlichen Gewitters auf einem Hügel. Die ganze Umgebung liegt im Dunklen, und der Himmel ist von schwarzen Wolken überzogen. Plötzlich reißt ein Blitzstrahl den Himmel auf, und das ganze Tal liegt vor Ihnen ausgebreitet da – Bäume, Wiesen, Wälder, Flüsse, Hügel. Der Blitz ist vorbei. Sie sind wieder in die Finsternis zurückgeworfen. Aber jetzt wissen Sie, was da ist, und kein Mensch auf der Welt kann Ihnen einreden, daß Sie sich eingebildet haben, was Sie sahen. Angenommen, ein Freund steht neben Ihnen in der dunklen Sturmnacht auf dem Hügel – aber er hat den Rücken zur Szenerie gewendet, wenn der Blitz aufflammt. «O Mann», sagen Sie, «schau dir das an!» Aber wenn er sich umdreht, ist das Licht weg. Hat er etwa unrecht, wenn er sagt, dort sei nichts? Für ihn ist die Nacht schwarz. Sie beide gehen von Ihrer persönlichen Wahrnehmung der Wirklichkeit aus, denn jeder kann nur seiner eigenen Erfahrung vertrauen.

Welche Kräfte sind am Werk? Wenn ich zurückschaue und das Muster erkenne, wird mir klar, daß dies die Frage in allen Augenblicken meines Lebens war – wenn auch zu verschiedenen Zeiten unterschiedlich formuliert und beantwortet. Sie wird ständig neu formuliert und differenziert.

Meine derzeitige Antwort lautet, daß es zwei Welten gibt, die sichtbare und die unsichtbare. Sie vermischen sich auf immer deutlicher wahrnehmbare Weise … wenn wir nur den Mut haben zu sehen. Wie ich allmählich zu glauben anfange, ist diese Vermischung, Verschmelzung, Durchdringung möglicherweise so vollständig, daß wir die Butter nicht vom Teig, das Materielle nicht vom Spirituellen trennen können. Es ist alles derselbe Faden, die wilde, verrückte, wunderschöne und sich ständig verändernde Schöpfung der Träume Brahmas, der auf seiner Lotusblüte sitzt. Nur ist es so, daß auch wir diesen Traum träumen können – Traum und Traumgeschöpf und Träumer sind ein und dasselbe.

Wir können unsere Wahrnehmung der Verbindung zwischen diesen Welten, wie es scheint, durch Denken oder spirituelle Übungen verstärken. Und manchmal überrascht sie uns einfach, wie der Wind.

> Ich ließ mich finden von denen, die mich nicht suchten, und ich wurde denen offenbar, die nicht nach mir fragten.
> *Röm 10,20*

Ich weiß nicht, ob man die Wahrnehmung dieser Verbindung wieder verlieren kann, aber wenn sie sich einstellt, bringt sie oft gesteigerte Energie und Kraft mit sich, als flösse eine unsichtbare Kraft durch uns. Nach meiner Erfahrung gibt es drei Regeln, die wir beachten müssen, um diese Wahrnehmung in uns zu wecken. Es sind dieselben Regeln, die auch für das Gebet gelten. Wir müssen

bitten – wahrnehmen – antworten –

und dann wieder loslassen.

Die Kräfte des Universums haben wunderliche Methoden, uns zur Raison zu bringen. Letztlich wird jeder und jede auf die Knie und zu vollständiger Unterwerfung gezwungen. Gezwungen zu bitten. Jemand kann mit seinem Einkommen, seiner Karriere, seiner Ehe, seinen Kindern und seinem steten, geruhsamen Leben rundum zufrieden sein – so sicher, wie die Sonne am Morgen aufgeht, passiert etwas, geschieht ein Schaden, im Handumdrehen; irgendwann liegt dieser Jemand zusammengeschlagen auf der Straße, und wenn er dann weiß, was gut für ihn ist, bittet er. Und wenn er es nicht tut, wird er – so sicher wie das Amen in der Kirche – so lange vom Leben gebeutelt, bis er es doch tut.

Dann muß er in demütiger Unterwerfung niederknien, denn solange er sich nicht vor der Macht des Universums beugt, solange ihn Schmerz und die Verzweiflung noch nicht auf die Knie gezwungen haben, solange hält er sich zurück, und seine Gebete haben kaum Wirkung.

Und deshalb können wir nach einer Weile nicht einmal mehr entscheiden, was gut und was schlecht ist. Was wir für einen Segen hielten, ist so dornenvoll, daß wir es kaum noch in Händen halten können, und was wir für entsetzlich hielten, erweist sich als das Beste, das uns widerfahren konnte.

Alle Engel Gottes kommen verkleidet zu uns;
Kummer und Krankheit, Armut und Tod,
Einer nach dem anderen lüften sie die finsteren Masken,
Und wir erblicken das seraphische Antlitz darunter,
Strahlend in der Glorie und Ruhe dessen,
Der Gott geschaut hat.
JAMES RUSSELL LOWELL

So voller Liebe ist das Universum, so voller Freude, so entschlossen, uns alles zu geben, was wir brauchen, uns zu lieben und uns den Weg des Lebens zu zeigen, daß wir zu Boden geworfen und von Gottes Wogen ergriffen werden, wenn wir in der Brandung spielen. Mit uns wird gespielt, es schlägt uns nieder, damit uns diese liebende Macht aufheben und in ihre Arme nehmen kann, damit sie uns an den Strand und in die Sicherheit trägt und in warme Badetücher wickelt und uns in ihrer höchst mütterlichen Umarmung ruhen läßt. Goethe hat es gewußt.

Alles geben die Götter, die Unendlichen, ihren Lieblingen ganz: alle Freuden, die unendlichen, alle Schmerzen, die unendlichen, ganz.

Viele Menschen glauben nicht ans Beten, aber Beten ist nichts weiter als Denken. Es ist ein Ausdruck der Sehnsucht des Herzens. Es ist ein konzentrierter Gedanke, in uns gesammelt und von uns ausgesandt. Und wenn wir unsere Welt durch Gedanken erschaffen, dann schaffen wir sie gewiß auch durch die konzentrierten Gedanken des Gebets. Das Problem ist, daß uns niemand beibringt, wie man ein Gebet so spricht, daß es gehört werden kann; daß uns geantwortet werden kann, wenn wir bitten. Deshalb denken wir, wenn wir keine Antwort erhalten – oder keine Antwort auf die erwartete Art oder innerhalb des erwarteten Zeitraums –, daß das Gebet nicht gehört wurde, daß Gebete unwirksam seien oder nur ein kosmischer Witz.

Das Gebet ist jedoch ein Gesetz des Universums, wie die Schwerkraft. Sie müssen nicht einmal an Gott glauben, um zu beten oder zu bitten, aber Sie müssen die Regeln befolgen. Stellen Sie sich eine riesige Radiostation im All vor, jenseits der Sterne, eine Empfangsstation. Sie müssen nichts weiter tun, als Ihre Gedanken, Ihre Sehnsüchte auf diese Station abzustrahlen, und *wenn Ihre Sendung klar empfangen wird,* ohne Störgeräusche, strömt die Antwort zu Ihnen zurück – sofort, und mit einem Überfluß an Freude, denn es ist die Freude des Universums, uns zu geben, was wir brauchen.

Die Frage ist, wie senden wir unsere Gedanken so ab, daß sie empfangen werden können?

• WIE MAN BETET •

Bitten

1. Sie müssen die Gegenwartsform verwenden. Das Universum versteht nicht, was mit Vergangenheit und Zukunft gemeint ist, denn es hat kein Konzept von der Zeit. Sobald wir die Grenzen unserer kleinen Welt hinter uns lassen, geschehen alle Dinge gleichzeitig. Das Universum kennt nur das JETZT.

2. Sie müssen Ihr Gebet positiv, bejahend formulieren. Das Universum versteht keine Verneinung. Es gibt kein Nicht-Sein und

Vom Herzen gehn die Dinge aus,
Sind herzgeboren, herzgefügt:
Wer bösgewillten Herzens spricht,
Wer bösgewillten Herzens wirkt,
Dem folgt notwendig Leiden nach,
Gleichwie das Rad dem Hufe folgt.

Vom Herzen gehn die Dinge aus,
Sind herzgeboren, herzgefügt:
Wer wohlgewillten Herzens spricht,
Wer wohlgewillten Herzens wirkt,
Dem folgt notwendig Freude nach,
Dem untrennbaren Schatten gleich.

GOTAMO BUDDHO,
Der Wahrheitspfad (Dhammapadam),
übersetzt v. Karl Eugen Neumann

«Wahrlich, ich sage euch: Wenn ihr Glauben habt und nicht zweifelt … [und] wenn ihr zu diesem Berg da sagt: Hebe dich weg und stürze dich ins Meer! so wird es geschehen. Und alles, was ihr voll Glauben im Gebet erbittet, werdet ihr empfangen.»

Matthäus 21,21–22

«Fürchte dich nicht, glaube nur!»

Markus 5,36

Versuchet es ... mit mir, spricht Jahwe Zebaoth, ob ich euch nicht die Schleusen des Himmels öffne und über euch Segen im Überfluß ausgieße.

Maleachi 3,10

keine Negation im Universum, deshalb löscht das All alles außer positiven Worten und aktiven Aussagen aus.

Viele Menschen wissen das nicht. Eine Mutter kann also demütig auf den Knien liegen und mit aller Inbrunst ihres Herzens beten: «Laß mein Baby nicht sterben.» Aber ihr Gebet beinhaltet zwei negative Begriffe: «nicht» und «sterben». Sie tut besser daran, in Worte zu kleiden, wonach ihr Herz verlangt: «Laß mein Baby leben!» Noch besser kleidet sie ihren Wunsch in ein Dankgebet, weil das All keinen Zeitbegriff hat: «Ich danke dir, daß mein Baby lebt!» Es ist von unabdingbarer Wichtigkeit, auf die Formulierungen zu achten, in die wir unsere Gedanken kleiden, denn wenn wir sagen: «Laß mein Baby nicht sterben», stellen wir uns, ohne es eigentlich zu wollen, unseren Verlust vor, wir klagen und wir betrauern das Kind bereits, so daß sein Tod wahrscheinlicher wird – aufgrund unserer Gedanken und Befürchtungen. Das hat Jesus gemeint, als er sagte: «Fürchte dich nicht, glaube nur!»

Doch auch wenn sie betet: «Laß mein Baby nicht sterben», sagt das Herz der Mutter in seiner eigenen, stummen Sprache: «Das Kind soll leben.» In der Radio-Empfangsstation an den Grenzen des Raums werden daher vielleicht nur Störgeräusche empfangen: die Dissonanz, die aus dem Widerspruch zwischen Wunsch und Furcht entsteht. Wenn nur unverständliches Knistern und Knacken ankommt, kann das Universum nicht antworten. Oder es empfängt das von Herzen kommende Gebet der Mutter, weil ihr Wunsch den Zweifel übertönt.

3. Manche Menschen beten richtig, demütig, auf den Knien, mit den richtigen Worten, und sie achten sorgsam darauf, ihren (bereits erfüllten) Herzenswunsch richtig zu formulieren (als Dank) – und werden dann von Zweifeln überwältigt. «Was tue ich eigentlich da?» fragen sie, sich selbst unterbrechend. «Ich glaube nicht einmal an Gott. Gebete werden nicht erhört. Gott sei Dank kann mich niemand hier auf den Knien liegen sehen. Das ist ja absurd.»

Wiederum empfängt die Station Störgeräusche – das innige Gebet, das gleich darauf negiert wird: «Ich glaube nicht. Gebete werden ja doch nicht erfüllt.» Auf welchen Gedanken soll die Station antworten? Sind Negation und Zweifel lauter als der konzentrierte Gedanke, wird das Universum darauf reagieren und erfüllen, was der Betreffende wünschte, so voller Liebe ist diese Gottheit – so sehr bereit, uns zu geben, was immer wir uns wünschen –, sogar Schmerz und Zweifel und Einsamkeit und Entfremdung und Furcht, wenn es das ist, was wir wollen ...

4. Nachdem Sie sich wenigstens für einige Sekunden auf die *Vorstellung* konzentriert haben, daß Ihr Gebet vollendet und beantwortet ist, geben Sie sich wiederum demütig dem Universum hin: «Dein Wille geschehe.» Denn die Vorsehung weiß besser als wir selbst, was gut für uns ist. Deshalb wird uns empfohlen, sorgfältig abzuwägen, um was wir beten und bitten – weil wir es bekommen. Ein arabisches Sprichwort lautet: «‹Nimm, was du möchtest›, sagte Gott, ‹und bezahle dafür.›»

Wahrnehmen

Das zweite Erfordernis beim Beten ist, die Antwort wahrzunehmen, wenn sie kommt. Wieder ist es so, daß viele Menschen zwar beten und die Antwort auf ihr Gebet empfangen, aber sie überhören sie – oder leugnen sie, weil sie nicht ihrer Erwartung entspricht. Wir sind wie Kinder, wenn der Eismann mit seinem Karren die Straße entlangkommt. Wir laufen ins Haus und rufen: «Mama, Mama, kann ich ein Eis haben?»

Sie erwidert: «Nicht jetzt, es ist gleich Essenszeit. Du kannst nach dem Essen ein Eis haben.»

«Nein!» ruft das Kind. «Ich will jetzt eins!»

Oder die Mutter sagt: «Ja, aber dieses Eis ist zu teuer. Ich habe noch eine Packung im Kühlschrank. Nimm dir etwas davon.»

«Nein!» sagt das Kind. «Ich will das Eis vom Eismann!»

Oder sie sagt: «Ja, hier hast du Geld.»

In allen diesen Fällen hat die Mutter ein Eis bewilligt, aber in den Augen des Kindes hat sie es nur einmal getan.

So ist es auch mit dem Beten. Oft weigern wir uns, die Antwort zu sehen. Ich glaube, dieser Schritt – die Wahrnehmung – ist es, der den extremen Rationalisten entgeht, denen, die nicht zugeben, daß etwas jenseits der materiellen Welt existiert. Vor diesem Schritt fürchten sie sich vielleicht auch, denn er ist eine Herausforderung für die Stimme, die in uns allen spricht: die Stimme des Skeptizismus, des Spotts, der Auflehnung, der Angst – der Seite in uns, die sich an das Treibgut einer physischen Welt klammert, in dem verzweifelten Bemühen, die Kontrolle zu behalten. Schließlich ist die Alternative recht beängstigend: Was ist, wenn wir gar nichts unter Kontrolle haben? Die meisten von uns kommen jedoch, wenn sie älter werden, ziemlich bald zu der Erkenntnis, daß es «dort draußen» mehr gibt, als wir uns auf einfache Weise erklären können. Und bis heute habe ich noch keinen Atheisten getroffen, der nicht in einem Augenblick der Gefahr – gegen seinen Willen – um Hilfe gerufen hätte.

Antworten

Wenn wir erst bemerkt und zur Kenntnis genommen haben, daß uns eine Antwort gegeben wurde, folgt der dritte Schritt von selbst. Wir können die Gaben nur ehrfürchtig und staunend entgegennehmen. Dann haben wir nur noch «Danke» zu sagen und uns zu bemühen, die Gabe weiterzureichen.

Kapitel 9

Mein schwarzer Engel und andere freundliche Seelengeister

• 1 •

Der Engel kam zuerst. Es geschah lange bevor mir der Geist in Brooklyn erschien, und lange bevor ich anfing, ernsthafte Fragen über die Realität Gottes zu stellen. Mein Kontakt mit Engeln bestand in nichts Realerem als der Stimme meiner Mutter, die meine Schwester aufforderte: «Sei ein Engel und trag den Abfall hinaus.» Oder im Anhören seltsamer biblischer Geschichten, die wir in der Kirche hörten. In diesen Geschichten erscheinen Engel als etwas völlig Gewöhnliches, ebenso die Erzengel und Seraphim und Cherubim und die anderen spirituellen Soldaten des Herrn. Sie blasen Trompeten oder halten Lilien in den Händen, und oft erscheinen sie Frauen (Elisabeth, Maria), um ihnen Neuigkeiten der Art zu verkünden, wie sie alle übrigen Frauen durch morgendliche Übelkeit oder angespannte Brüste oder das Ausbleiben der Periode erfahren.

Wir lauschten den Erzählungen. Wir sprachen nie über sie. Ein Engel erschien Abraham und hinderte ihn daran, seinen Sohn zu töten. Ein anderer Engel kennzeichnete die Häuser der

Juden in Ägypten, um ihre erstgeborenen Söhne zu retten. Engel rangen mit Jakob und kamen zu Elia. Zu Weihnachten hörten wir wie betäubte Ochsen und mit glasigen Augen zu, während uns der Pfarrer wieder einmal die Geschichte der Geburt Jesu nach Lukas erzählte. Mir gefiel sie. Sie war tröstlich, und ich hielt sie nicht eine Sekunde lang für einen erfundenen Mythos. Das heißt, der Teil von mir, der gern eine gute Geschichte hört, ist stets bereit, für eine Weile den Unglauben beiseite zu schieben und zu zittern, wenn die böse Schwiegermutter Schneewittchen den vergifteten Apfel reicht, oder wenn Paris Schiffbrüche, Kriege und Zerstörungen heraufbeschwört, als er Aphrodite den goldenen Apfel für die Liebesgunst überreicht.

In der Weihnachtsgeschichte suchen drei Weise nach einem neugeborenen Kind in einem Stall, um ihm ihre Verehrung zu bezeugen. Sie hätten aber ebenso gut auch zu Hause bei ihren eigenen Frauen und Kindern bleiben, sich um sie kümmern und ihnen etwas von jener Dankbarkeit und Anerkennung zukommen lassen können, sollte man meinen. Vielleicht waren sie nach ihrer langen Reise auch nur müde, so daß sie schließlich in einem Wirtshaus übereinkamen, ihre Wanderungen aufzugeben, und, als sie von der Geburt des Kindes hörten, beschlossen: «Genug damit! Wir wollen ihm etwas schenken und nach Hause gehen!»

In der gleichen Erzählung verlassen Hirten ihre Herden und gehen nach Bethlehem, geführt von Engeln, die nur deshalb erscheinen, um ihnen zu sagen, daß sie sich nicht fürchten sollen. Und als die Hirten nach Bethlehem kommen, wo sich die Menschen drängen und wo kein Gasthof mehr Zimmer frei hat, sind sie in keiner Weise enttäuscht, nichts Interessanteres als einen neugeborenen Knaben vorzufinden. Auch sie knien nieder und verehren das Kind, als hätten sie nicht alle zu Hause eigene Kinder und Brüder und kleine Schwestern und Neffen und Nichten.

Jede Weihnacht wandten wir dem Pfarrer unsere weißen Mondgesichter zu und lauschten dieser Geschichte ohne eine Spur der Geringschätzung – kein einziges Kichern in der Kirche,

ALBRECHT DÜRER, *Die Verkündung an Joachim* (Holzschnitt). 16. Jahrhundert.

keinerlei Geste der Verwunderung, wohl nicht einmal ein ungläubiger Gedanke. Die Kommunikanten warteten geduldig auf den Schluck Wein, um die papierdünne Oblate vom Gaumen zu spülen, und wir Kinder bemühten uns, nicht auf dem Sitz herumzurutschen oder gegen die Holzbank zu treten, um den strafenden Blick der Mutter zu vermeiden. Das beanspruchte unsere ganze Aufmerksamkeit.

Aber niemand fragte je in meiner Gegenwart, weshalb Ihm damals an jenem Tag ein solches Übermaß an Geschenken und Verehrung zuteil wurde, im Gegensatz zu der abgrundtiefen Vernachlässigung, als Er wenige Jahrzehnte später erbärmlich am Kreuz starb. Bei dieser Gelegenheit war kein einziger Engel in Sicht, um seinen Tod zur Kenntnis zu nehmen. Und soviel ich weiß, hat sich niemand in meiner Familie oder Bekanntschaft je vernehmlich über das merkwürdige Ausbleiben der Engel und himmlischen Heerscharen in unserer heutigen Zeit gewundert, obwohl sie alle unnötig viel Aufhebens wegen einer Geburt machen konnten.

Wo bleiben also die Engel? Meiden sie das Unerfreuliche, wo sie doch Gelegenheit hätten, Gutes zu tun?

Wir brauchen die Engel jetzt.

Als ich den Engel sah, ging ich nicht in die Kirche. Ich kann mich auch nicht daran erinnern, besonders viel gebetet zu haben. Ich war 28 Jahre alt. Mein Mann schrieb für die *CBS Evening News with Walter Cronkite,* und wir wohnten in Greenwich Village in einem Mietshaus ohne Aufzug im fünften Stock. Wir mußten um unser Überleben kämpfen. Ich hatte eine mögliche Karriere an den Nagel gehängt, um David nach New York zu folgen. Unser erstes Baby war soeben angekommen, und plötzlich sah ich mich in einer Wohnung gefangen, mit einem Kleinkind, das in jeder Hinsicht von mir abhängig war; es konnte nicht sprechen und war mir weder eine seelische noch eine körperliche Hilfe. Wie habe ich diese Zeit nur überstanden? Es gab

Tage, an denen ich mir leicht vorstellen konnte, das Baby an den Fersen zu packen und seinen Kopf gegen die kahle Ziegelmauer zu schmettern ... Ich weinte viel. Ich wagte nicht, das Mädchen tagsüber allein zu lassen. Die Straßen galten am Abend als gefährlich, also wagte ich es auch nicht, allein auszugehen, wenn David nach Hause gekommen war. Ich war eine Gefangene.

Ich fand eine Teilzeitbeschäftigung. Ich schrieb. Das Baby wurde größer. Ich wurde stärker. Meine Aufmerksamkeit war daher kaum auf Mysteriöses gerichtet, denn ich hatte mit praktischen Realitäten zu kämpfen – Zweifel, Verwirrung, Leiden.

Eines Tages rief ein Freund an. Er hatte vor, mit seinen Freunden für eine Woche nach Val d'Isère in Frankreich zu fliegen, um skizufahren, und fragte, ob David und ich Lust hätten, uns anzuschließen. Wir sagten zu. Wir ließen das inzwischen acht Monate alte Baby bei meiner Mutter und fanden einen Charterflug nach Frankreich.

Wir waren beide gute Skifahrer. Wir hatten Zeit, Disziplin und Konzentration darauf verwendet – wie wir es mit den meisten Dingen hielten –, es zu lernen. Außerdem war das Skifahren für mich ein so reines und ungetrübtes Vergnügen, daß es mich über mich selbst erhob. Ich ließ mich im Sessellift emportragen, im Schweigen des Windes wiegen, blinzelte mit zusammengekniffenen Augen auf die eisverkrusteten Bäume – die Spektralfarben glitzerten vor dem stahlblauen Himmel. Ich fühlte mich körperlich stark und fit. Ich glaubte, daß nichts dem Reiz dieser Empfindungen gleichkommen könne. Schnell und furchtlos schoß ich bergab, fiel, stand wieder auf, und sauste weiter in der kalten weißen Luft.

Nur einmal hatte ich beim Skifahren etwas anderes gesehen.

Als wir frisch verheiratet waren, unternahmen wir eine Reise nach Österreich. Wir absolvierten einen Skikurs und quälten uns, mühsam traversierend, einen schwierigen Hang hinauf. Ich schaute nach oben und sah den Himmel in flammenden Farben.

«Schau! Schau zum Himmel!» Ich deutete nach oben, ganz überwältigt von dem leuchtenden Rosa und Grün – Farben, die

GUSTAVE MOREAU, *Reisender Engel.* 19. Jahrhundert.

ich nie zuvor am Himmel gesehen hatte. Unser Skilehrer und David und alle übrigen sahen kurz auf und wendeten den Blick gleich wieder ab, als wäre am Himmel nichts Besonderes zu sehen. Sahen sie es nicht? War ich schneeblind oder vielleicht überanstrengt und bildete mir die Erscheinung nur ein?

«Ja, es gibt in den Bergen oft interessante Phänomene zu sehen», sagte der Lehrer und setzte den Unterricht fort. Er machte einfach weiter! Ich war fasziniert von diesem strahlend farbigen Himmel.

Ich dachte nicht mehr an diesen Himmel, bis ich ihn zum zweiten Mal sah – in Val d'Isère.

In Val d'Isère fühlt man sich wie auf dem Dach der Welt. Hoch über der Baumgrenze liegen weiße Schneefelder. Manchmal bewegt man sich in den Wolken. Manchmal ist die Luft so rein wie die Stratosphäre. Die Pisten sind durch rote Flaggen markiert, die in gewissen Abständen im Schnee stecken. Aber am leichtesten erkennt man seinen Weg anhand der anderen Skispuren. Man tut aus zwei Gründen gut daran, die präparierten Pisten nicht zu verlassen, denn erstens kann man über eine Felskante stürzen, und zweitens kann man eine Lawine auslösen. In Val d'Isère gibt es keine Pistenkontrolle, die am Abend die Hänge nach verletzten Skiläufern absucht, wie es anderswo üblich ist. Zumindest gab es sie damals nicht.

Eines Tages fuhr unsere Gruppe nach Tignes ab. Das ist eine Tagestour. Per Seilbahn geht es auf einen hohen Gipfel, dann eine lange Abfahrt hinab, die den größten Teil des Vormittags in Anspruch nimmt und in einem nahegelegenen Dorf endet. Am Nachmittag geht man in Tignes auf die Pisten und dann per Bus zurück nach Hause.

Es hatte seit Wochen nicht geschneit. Die Piste war beinhart wie eine Rodelbahn. Ich kam ziemlich schnell um eine Kurve, stürzte dicht am Rand der Piste und schlitterte auf dem Rücken mit dem Kopf voran bergab. Wenn man beim Skifahren stürzt, sollte man die Skier quer zum Abhang und talwärts drehen, die Kanten in den Schnee graben und so bremsen. Aber so sehr ich

«Fürchte dich nicht, du kleine Herde! Denn es hat eurem Vater gefallen, euch das Reich zu geben.»

Lukas 12,32

«Und um was ihr in meinem Namen bitten werdet, das werde ich tun ... Wenn ihr mich um irgend etwas in meinem Namen bittet, werde ich es tun.»

Johannes 14,13–14

So lange man sich nicht entschließt, herrscht immer Zögern, die Möglichkeit eines Rückschlags, immer Erfolglosigkeit. Betrachtet man alle Akte der Initiative (und Schöpfung), entdeckt man eine fundamentale Wahrheit, deren Unkenntnis schon zahllose Ideen und großartige Pläne zunichte gemacht hat: Daß die Vorsehung in dem Moment einsetzt, in dem man sich endgültig entschlossen hat. Alles Mögliche geschieht, um einem zu helfen, was ansonsten nie geschehen wäre. Ein ganzer Strom von Ereignissen ist die Folge des Entschlusses und gebiert alle möglichen hilfreichen, unvorhergesehenen Ereignisse und Zusammentreffen und materielle Hilfen, von denen man niemals auch nur zu träumen gewagt hätte.

W. H. MURRAY, *The Scottish Himalayan Expedition*

Um nichts macht euch Sorgen, laßt vielmehr in jeder Lage eure Anliegen durch Bitten und Flehen mit Danksagung vor Gott kund werden.

PAULUS, *Brief an die Philipper*, 4,6

Der Sekundenbruchteil, in dem das Vertraute plötzlich in die verwirrende Aura des zutiefst Neuen verwandelt wird, gehört zu den erfüllendsten Augenblicken des Lebens.

EDWARD B. LINDANA, *Thinking in the Future Tense*

mich auch bemühte, ich konnte mich nicht umdrehen. Der Grund war hart und irgendwie kieselig; er wirkte wie ein Kugellager mit einer Million Kugeln, auf denen ich dahinglitt. Ich erinnere mich daran gedacht zu haben, daß es albern war, auf dem Rücken bergab zu rutschen, mit dem Kopf voraus, und über kleine Steine zu holpern. Ich hatte keine Angst, obwohl ich wußte, daß ich von der Piste abgekommen war. Nach zwei oder drei Versuchen, die Skier talwärts zu drehen, sagte ich mir, daß es ohnehin egal war, weil ich bald gegen einen Baum – nein, ich meinte einen Fels – prallen und angehalten würde.

Meine Aufmerksamkeit galt ganz dem Himmel. Dieser Himmel! Er war nicht einfach blau. Er strahlte blau, grün, gelb, rosa, und mein Herz wollte vor Verzückung aus dem Körper springen, als habe es etwas wiedererkannt – *die Heimat!* Ich sauste mit 50 oder 60 Stundenkilometern bergab, holperte über Steine, und empfand dennoch Freude. Ich sah die Vollkommenheit aller Dinge, einschließlich dieser verrückten Kopfüber-Talfahrt. «Was spielt es denn schon für eine Rolle, wenn ich jetzt sterben sollte?» dachte ich irrational. Auch das war mir recht. Seltsam.

Plötzlich bemerkte ich einen verschwommenen schwarzen Schatten – und rammte die Beine eines anderen Skiläufers.

David hatte vom oberen Ende des Abhangs aus beobachtet, was geschah, als er dastand und rätselte, was er tun konnte. Er erzählte mir später, ein Mann sei mit irrwitziger Geschwindigkeit an ihm vorbeigeschossen – «aus dem Nichts», wie er sagte. Der Mann war den Abhang hinab und wie eine Rakete an mir vorbeigerast, dann hatte er angehalten und seine Skier eingegraben. Ich rutschte gegen seine Beine. Es tat nicht weh. Er fiel weder unter dem Anprall, noch schwankte er merklich, um das Gleichgewicht zu halten, obwohl er immerhin über 50 Kilo aufzufangen hatte, die mit hoher Geschwindigkeit gegen ihn stießen.

Ich stand auf. Er war ganz in Schwarz gekleidet: schwarze Mütze, schwarzer Anorak, schwarze Hose und schwarze Skier. Das war merkwürdig, denn niemand kleidete sich damals auf den Skipisten schwarz. Man trug helles Gelb, Rot und Blau.

«Merci beaucoup», sagte ich. Dann sah ich in seine Augen. Sie waren ebenfalls schwarz, aber so voller Licht, daß ich mich nicht rühren konnte.

«Merci», sagte ich noch einmal. Ich erinnere mich nicht, ob oder was er antwortete. Ich erinnere mich an überhaupt keine Stimme. Er drehte sich um und begann, im Grätschschritt den Hügel emporzusteigen – aber mit welcher Geschwindigkeit! Er mußte über enorme Kräfte verfügen. Für jeden seiner Schritte brauchte ich zwei oder drei, obwohl ich es bisher mit jedem hatte aufnehmen können. Ich stieg hinter ihm her, beeilte mich, trieb mich an. Ich wollte noch einmal in seine Augen schauen. Ich wollte ihn fragen, wer er war, und seine Stimme hören. Das waren jedoch keine zu Ende gedachten Gedanken, sondern eher unbewußte Antriebe. Oben angekommen, fuhr er sofort wieder los. Er ignorierte David, der die Hand ausgestreckt hatte, um ihm zu danken, und zischte davon. Eine Minute später kam auch ich oben an. David stützte mich. «Bist du in Ordnung?» Aber ich machte mich los. «Ja, ja», rief ich eilig und sauste hinter dem Mann in Schwarz her den Hang hinab. Er war bereits in einer Kurve hinter dem Hügel verschwunden.

Die Piste war dort breit und steil, führte schnell bergab, schwang sich nach links um eine Felsnase und öffnete sich dann zu einem Ausblick über das ganze weite Tal in der Tiefe. Niemand war in Sicht. Ich kam an den Felsen vorbei, suchte rechts und links und hielt nach einer Mulde Ausschau, in der er verschwunden sein konnte. Die einzigen Menschen in Sichtweite waren winzige schwarze Punkte weit unten im Tal. Es war undenkbar, daß der Mann in Schwarz dermaßen schnell den Hang hinuntergeschossen sein konnte. Aber er war verschwunden.

Ich fuhr weiter. Auf halbem Weg nach unten blieb mir fast das Herz stehen. Zu meiner Linken erhob sich eine Felsnase: dort oben war ich entlanggeschlittert. Hätte mich der Mann in Schwarz nicht aufgehalten, wäre ich von jenem Fels auf eine Geröllhalde gestürzt. Nur dieser Skifahrer hatte mich vor dem sicheren Tod bewahrt.

David und ich fuhren zu Tal. Wir kauften uns Erfrischungen und unternahmen ein paar kleine Fahrten mit den Schleppliften, bis es an der Zeit war, den Bus zurück nach Val d'Isère zu nehmen. Ich hielt überall, wohin wir kamen, nach diesem Mann Ausschau, der in seiner schwarzen Kleidung leicht zu erkennen sein mußte. Ich redete mir ein, ihm nur gebührend danken zu wollen, aber auf der Busfahrt zurück nach Val d'Isère starrte ich aus dem schwarzen Fenster in die dämmernde Landschaft, verloren in der Erinnerung an diese Augen.

Ich hielt die ganze folgende Woche nach ihm Ausschau. Aber ich sah ihn nicht wieder.

Anfangs gestattete ich mir nicht, darüber nachzudenken – über den Mann in Schwarz und diesen unvergeßlichen Himmel. Jahre sind seitdem vergangen, und ich habe nie wieder einen solchen Himmel gesehen, aber ich bin sicher, daß Tiepolo seine größte Mühe darauf verwandte, eben diesen Himmel zu malen. Und ich konnte nicht aufhören, darüber nachzudenken, was er bedeuten mochte. Ich stand unter dem Bann der schrecklichen Erkenntnis, daß das Leben mehr Bedeutung hatte, als ich zu akzeptieren bereit war. Mein Leben war gerettet worden, und ich wußte nicht, ob der Retter ein Mensch oder ein Wunder gewesen war. Aber warum? Ich hatte nichts getan, um es zu verdienen. Mein Leben war – ist immer noch – im Gesamtplan der Dinge ganz nutzlos. Die Verantwortung, die diese Rettung implizierte, machte mir Angst. Ich ersann zwei Ausflüchte. Einerseits dachte ich, mein Leben sei vielleicht der Kinder wegen, von denen eines noch nicht einmal geboren war, gerettet worden. Ich schob die Verantwortung also auf die Kinder ab. Aber dann verbannte ich solche Gedanken sofort wieder. Wahnsinn! Als ob unser Leben vorherbestimmt wäre! Das glaubte ich nicht. Ich wies diese Vorstellung mit leidenschaftlichem Trotz von mir. Ich glaubte nicht an eine äußere Macht, an einen Gott, der sich in die alltäglichen Angelegenheiten der Menschen einmischt. Mein Retter war einfach ein Mensch gewesen.

Allerdings konnte ich diesen farbenprächtigen Himmel und meine freudige Erregung nicht vergessen. Wenn ein Engel erscheinen konnte, um mich zu retten, weshalb kamen dann keine Engelscharen, um unsere Welt zu retten? Wieso flogen keine spirituellen Wesen über uns umher, um die Mütter in Vietnam oder Palästina vor Bomben und Napalm oder Kleinkinder vor dem Tod durch Infektionen oder Hunger zu retten? Weshalb fangen Engel keine im Krieg abgeschossenen Flugzeuge auf und setzen sie mit ihren Flügelhänden sanft auf den Boden, wie eine Mutter ihr Kind in die Wiege legt? Statt dessen werden Flugzeuge abgeschossen, Männer auf Schlachtfeldern verbrannt und verstümmelt, Frauen eingekerkert, Babies unter Wagenräder geworfen. Wenn Engel zugegen sind, wieso greifen sie dann nicht ein, um in wichtigen Fällen Schlimmes zu verhüten, statt eine einzige unwichtige Frau auf einer leichtsinnigen Skitour in Frankreich zu retten?

Blut spritzt auf unsere Erde.

Blut macht sie fruchtbar.

Blut von Menschen, vergossen von Menschen. Ist das der Grund, weshalb Engel nicht eingreifen können? Sie haben die Kreuzigung nicht verhindert. Sind Engel machtlos gegen das Wüten der Menschen?

Nichts änderte sich. Ich ging weg und grübelte über die Bedeutung des Skifahrers in Schwarz nach. Aber nichts wurde mir klar. Es war verlockend, sich das Ende aller Fragen, aller Zweifel, allen Zorns, aller Depression, Verzweiflung, Einsamkeit, Unsicherheit und Furcht auszumalen. Aber all diese Dinge existieren weiter, wie der körperliche Schmerz. Sie haben so eine Art, sich auf einen zu stürzen, oft von hinten. Die Hand dessen, der uns überfällt, umklammert die Kehle so fest, daß man sich nicht losreißen kann. Der Überraschungseffekt macht einen verwundbar, schmerzempfänglich.

Wozu sind Engel gut, wenn sie nicht einmal die Gespenster der Vergangenheit oder die Geister des inneren Vorwurfs abweh-

GUSTAVE DORÉ, Die Verkündigung. 19. Jahrhundert.

ren können? Welchen Sinn hat denn ein flüchtiger Blick auf das Göttliche, wenn uns der eigene zweifelnde Verstand einredet, daß es sich um nichts weiter als eine chemische Fehlfunktion oder eine elektrische Störung handelt, um den Ausfall einer Sicherung, der zu einer vorübergehenden Vision führen kann, bis der Schaltkreis repariert ist?

Nachdem ich vor zehn Tagen diesen Bericht über meine Reise nach Val d'Isère geschrieben hatte, steigerte ich mich sofort in eine Depression hinein. Ich habe länger als eine Woche geweint. Alles tut mir weh, und meine Seele heult in der Dunkelheit, ein blinder Wurm, der am verlassenen Rand der Hölle entlangkriecht.

Verlust und Leere. Eine Woche lang habe ich mich über Verluste und Trennungen von Menschen gegrämt, die mir nahe standen – ich trauerte über meine Scheidung, den Tod meines Vaters, berufliche Fehlschläge und die Trennung von einem Mann, den ich liebe. Diese Wolken türmen sich am Himmel meines Lebens zu schwindelerregender Höhe auf, bis sie die einzige wahre Leere erreichen. Dieser Himmel. Diese Augen. Über Val d'Isère zu schreiben hat mich daran erinnert, wie ich den Vorfall verdrängt habe. Ein Gefühl von Finsternis erfüllt mich. Versagen. Immer wieder wurden mir Geschenke gemacht – ein wahrer Gabentisch wurde mir bereitet –, und ich habe nicht nur nichts getan, um sie zu verdienen, ich habe sie auch nicht sinnvoll und angemessen genutzt. Andere Menschen, die Dinge sehen durften, wie ich sie sah, haben religiöse oder Samariterorden gegründet, haben Krankenhäuser und Kirchen und Unterkünfte für die Verwahrlosten und Armen gebaut.

Ich bin krank vor Schuld.

Besser gebe ich dem Gedanken an Engel gar nicht erst Raum, als mich der Qual einer solchen Verantwortung zu unterziehen. Es war nur ein Mann, sonst nichts, der aus der Reihe fiel, weil er Schwarz trug. Vermutlich war er eben erst in Val d'Isère angekommen und wußte nicht, daß Schwarz seit zehn Jahren aus der Mode war. Vielleicht war er auf seinen Skiern geradewegs nach

Tignes hinuntergefahren, in ein Skigeschäft gegangen und hatte sich ordentliche Kleidung gekauft – das würde auch erklären, weshalb ich ihn in dieser Woche nicht wiedersah. Oder es war die letzte Abfahrt in seinem Urlaub gewesen und er hatte sich beeilt, um seinen Zug zu erreichen, als er innegehalten hatte, um mich vor dem Absturz über die Klippe zu bewahren. Er hatte nicht einaml mehr die Zeit gehabt, stehenzubleiben und ein wenig Konversation zu machen, sondern war in die Stadt hinuntergefahren, hatte seine Skier abgeschnallt und den Bus nach Paris oder Lyon genommen, zu seinem Kassenschalter.

• 2 •

Meine letzte Geschichte unterscheidet sich insofern von den übrigen, als sie nicht von einem physischen Geschehen handelt und somit keine greifbaren Beweise dafür vorliegen. Es geht um eine Art Traum.

Ein Freund hatte mir angeboten, mich in ein früheres Leben zurückzuführen. Ich glaubte nicht an Reinkarnation, und ich sah keinen Grund, solchen visionären Erlebnissen zu trauen, die viel wahrscheinlicher aus dem Abfall der Erfahrungswerte eines Lebens als aus Erinnerungen zusammengesetzt sind, die vor der Geburt in den Zellen gespeichert wurden. Aber es versprach, unterhaltsam zu werden. Ich mißtraute auch meiner Fähigkeit, in der Vorstellung meinen Körper zu verlassen – wie es die Anleitung vorschreibt –, mich 150 Meter über das Haus zu erheben und dann davonzuschweben, um nach stecknadelkopfgroßen Lichtern Ausschau zu halten. Aber ich kann bei Spielen schlecht «nein» sagen.

Ich legte mich auf eine Couch. Mark, mein Freund, setzte sich auf einen Stuhl neben mich. Wir verbrachten viel Zeit damit, den Kassettenrecorder für die Sitzung aufnahmebereit zu machen. Dann sprach Mark zu mir, bis ich in einen ruhigen, meditativen Zustand kam. Während dieser zweistündigen mentalen Reise leitete er mich an, stellte Fragen und führte Regie. Zuerst sagte er, ich solle mir vorstellen, senkrecht durch das Hausdach in die Höhe zu steigen. «Was siehst du?» fragte er, und ich beschrieb die Straßen und das «Luftbild» von Georgetown, aber mit einer Spur Spott, weil ich wußte, daß jeder meine Beschreibung hätte liefern können, der genug Vorstellungskraft besaß, um im Geist die Vogelperspektive einzunehmen. Die Tatsache, daß ich eine solche Beschreibung liefern konnte, überzeugte mich keineswegs davon, daß dies real war. Dann wies er mich an, eine bestimmte Richtung einzuschlagen. Ich entschied mich für den Fluß und flog zufrieden auf ihn zu. «Wenn du einen Stecknadelkopf aus Licht siehst», sagte Mark, «halte darauf zu.»

Noch während er sprach, erschien das Licht. «Sag mir, wenn du dort bist.»

«O nein», erwiderte ich. «Du willst mir doch nicht sagen, daß ich in dieses Loch eintauchen soll, oder?» Denn das Licht hatte sich in einen Tunneleingang verwandelt. Er lachte und schickte mich in das Loch hinab.

Die Seiten waren glatt. Ich fiel rasch. «Sag mir Bescheid, wenn du auf dem Grund ankommst», sagte er, aber er hätte gar nicht fragen müssen, denn ich schlug so hart auf, daß meine Beine auf dem Sofa zuckten. (Soviel zum Thema «außerkörperliche Sinneswahrnehmungen», wie man es wohl nennt129.)

Ich richtete mich auf und wurde angewiesen, auf meine Füße hinabzuschauen und zu beschreiben, was ich sah, und dann den Blick über die Beine streifen zu lassen und meine Kleidung zu betrachten. Sobald man sein neues Selbstgefühl gefestigt hat, schaut man sich um. Eine Szenerie ensteht, von anderen Menschen bevölkert, und man wandert durch die Straßen dieses Traumbildes. Man hat vielleicht ein anderes Geschlecht, einen anderen sozialen Status, und ist eine völlig andere Person als in diesem Leben. Dinge geschehen, Zeit vergeht. Es ist ganz faszinierend.

Es ist nicht meine Absicht, hier zu erklären, wie man eine Reise in ein früheres Leben unternimmt. Nachdem Mark mich durch eine Anzahl «früherer Leben» geführt hatte, fragte er: «Willst du sehen, wie es beim nächsten Mal sein wird?»

«Du meinst, in einem zukünftigen Leben?» Ich lachte amüsiert. «Sicher, weshalb nicht!»

Wieder segelte ich durch die Finsternis und hielt nach einem Lichtpunkt Ausschau. Wieder sah ich ein Licht-Loch und glitt hinein ... Träume und Bilder. Ich behaupte ebenso wenig, daß das, was geschah, Wirklichkeit war, wie ich behaupten würde, es gäbe faktische Beweise für Zukunftsinkarnationen. Ich lag auf der Couch, und der Traum spielte sich ab. Da es der Traum einer zukünftigen Person war, benutze ich nun die dritte Person.

«Sag mir Bescheid, wenn du landest», sagte Mark wie zuvor. Aber sie landete nicht.

«Bist du gelandet?»

«Tja, ich bin hier», erwiderte sie, feststellend, daß sie nirgendwo war, von dunstig-braunen Wolken umgeben.

«Schau auf deine Füße. Sag mir, was du siehst.»

«O, Füße. Du meinst *Füße?*» Sie kicherte los. Ausgerechnet Füße! Schon die Vorstellung war absurd, aber wenn er Füße wollte, sollte er sie bekommen. Die Füße erschienen, braun und nackt. Sie befolgte die nächste Anweisung und hob den Blick zu den Knöchel und Waden. Er wollte Kleidung? Kleider erschienen, irgendein grobes braunes Gewand, das ihr bis zu den Knien reichte. Es war absurd. Sie konnte nicht aufhören zu kichern. Was für ein Zustand das immer sein mochte, es war lustig. Sie fühlte sich wunderbar. Im nächsten Augenblick bewegte sie sich horizontal durch die Luft, wie ein Korkenzieher, mit den Füßen voran. Brrrrrmm, einfach spielerisch. Sie konnte anhalten und weiterfliegen, langsamer und schneller werden. Die wirbelnde Schraubbewegung durch die Atmosphäre war phantastisch. Sie konnte auch eine Rolle vorwärts machen. Sie lachte und spürte es in der Kehle. Sie konnte nicht aufhören zu kichern.

«Was tust du?» fragte Mark verwirrt.

Schau heimwärts, Engel, nun und zerfließe vor Erbarmen.
JOHN MILTON, *Lycidas*

Denn ein guter Engel reist mit ihm, seine Fahrt wird glücklich verlaufen, und er wird gesund heimkehren.
Tobias 5,22

Die Engel zeigen sich in schweren Krisen, bei unerträglichem Leid und bei Absichten, die Mitgefühl zeigen.
RALPH WALDO EMERSON

So viele Flügel kommen her
tropfend von Honig
und sprechen hier
in deinem Haus
O Gott.
Aztekisches Gedicht

Mein Gott hat seinen Engel gesandt, und der hat den Löwen den Rachen verschlossen, so daß sie mir kein Leid antaten.
Daniel 6,22

O höchster Engel,
Mächtig geflügelter Fremdling über einer vergeßlichen Erde,
Steh mir bei, steh mir bei.
Hilf mir, daß ich der Gefahr nicht achte,
Und nicht bedaure
Und nicht vergesse meine unschuldige Geburt.
EDNA ST. VINCENT MILLAY

Sie gab sich alle Mühe, es zu erklären, aber es war fast aussichtslos, da er sich weder auf diese Art bewegen noch sich vorstellen konnte, wie man es machte.

«Bist du ein Wesen von einem anderen Planeten?» erkundigte er sich.

«Nein. Ich bin hier.» Dessen war sie sicher. «Ich lerne gerade fliegen.» Sie meinte damit, daß sie noch unbeholfen war. Es war noch neu für sie. Die anderen wußten, was sie tun konnten.

«Hast du Flügel?»

«Nein.» Flügel? Sie hatte sie nicht für erforderlich gehalten, aber wenn er Flügel wollte, konnte er sie haben. Flügel sprossen ihr aus den Schultern. Sie waren groß und fedrig und reichlich plump, und da sie die Fähigkeit hatte, sich fließend durch dieses Medium des zeitlosen Raumes zu bewegen, außerdem völlig nutzlos. Aber «fließend» ist nicht das richtige Wort, da es etwas Substantielles impliziert, und sie konnte Substanz haben oder auch nicht, ganz nach Belieben.

«Dann hör auf, dich wie ein Korkenzieher durch die Luft zu bewegen», sagte er streng, «und gehe auf dem Boden. Sag mir, was du siehst.»

Ihre erste Reaktion war Panik. «Aber ich zerdrücke sie, wenn ich dort hinuntergehe.» Sie war nämlich riesengroß, erstreckte sich über den ganzen Himmel. Und sie wußte im Moment auch nicht, wie man sich kleiner machte. Aber sobald ihr die Frage bewußt wurde, ergab sich die Antwort von selbst.

«O, ich weiß schon», sagte sie, denn sie begriff augenblicklich, wie man jede gewünschte Größe annehmen konnte. Im nächsten Moment hatte sie sich der Anweisung entsprechend verwandelt und stand auf dem Boden inmitten all der anderen kleinen Wesen, die sie nicht sehen konnten, sondern umher- und durch sie hindurchgingen, als wäre sie gar nicht vorhanden. Die ganze Zeit über perlte dieses Kichern aus ihrer Kehle hervor (das Tonband ist voll von dem Gekicher); sie war schon ganz schwach davon. Sie hörte die Verwirrung in seiner Stimme, als er das nächste Mal sprach.

WILLIAM BLAKE, *«Welch freudiger Schimmer!»* Illustration zu *Night Thoughts on Life, Death, and Immortality* von William Wordsworth. 18. Jahrhundert.

«Was geschieht jetzt?»

«Ich gehe auf der Unterseite meiner Füße», erwiderte sie lachend. «Du kannst es dir nicht vorstellen. Sie gehen auf ihren Fußsohlen!» Sie brach ab, von Lachen geschüttelt. Sie spürte den Boden unter ihren Füßen, und als sie übte, die Sohlen ihrer Füße zu benutzen, um sich vorwärts zu bewegen, fühlte sie, wie ihre Fersen, die Ballen und die Zehen den Boden berührten. Es war schwierig, ihren leichten Körper unten zu halten, denn er hatte die natürliche Tendenz, in der Luft zu schweben. Aber sie bemühte sich entschlossen, mit den Füßen an der Erde haften zu bleiben. Nach einer Weile schoß sie in die Luft empor und schwebte oben.

Nun hatte sie Gelegenheit, die Wesen und ihre Lebensweise zu beobachten. Über das, was sie sah, mußte sie noch unbändiger lachen – diesmal aber darüber, wie lieb diese Wesen waren. Sie eilten überall umher, in Scharen, hasteten durch die Straßen zwischen ihren Bauten. Ebenso lustig war, daß sie im dunklen Inneren dieser Bauwerke lebten. Sie hatten kleine Löcher hineingemacht, durch die sie ein- und ausgingen. Andere, höher angebrachte Löcher dienten dazu, Luft und Licht einzulassen – die Dinge also, denen jene Wesen eigentlich zu entgehen versuchten. Das erschien ihr absurd. Aber alles an diesen Geschöpfen war liebenswert: auch ihre Beschäftigung mit Problemen, die gar keine waren. So verbrachten sie ihre Zeit, sie schwärmten umher, erhitzten sich über unwichtige Kleinigkeiten, wurden ärgerlich miteinander oder ungeduldig oder eifersüchtig, verletzten sich gegenseitig oder sorgten eine Weile füreinander, bis ihre kurze Aufmerksamkeitspanne durch die nächste Sorge oder Gemütsbewegung in Anspruch genommen wurde. Sie spürte eine Aufwallung von Liebe für diese Wesen: wie lieb sie doch waren, wie süß in ihrer Unfähigkeit zu erkennen, was real war! Sie waren ganz Begierde und gute Absichten – die Ausführung der letzteren wurde durch den Umstand vereitelt, daß diese Wesen nichts lange im Sinn behalten konnten. Vielmehr schätzten sie das Gefühl – sie genossen es tatsächlich! –, von Furcht oder einem Verlust getroffen zu werden.

Wie sehr sie diese Wesen liebte!

Es war schwierig, alle diese Dinge dem Mann zu schildern, dessen Stimme zu ihr durchdrang. Bei vielem versuchte sie es gar nicht erst, denn es gab so vieles zu sehen und zu verstehen. Sie wußte, daß sie ein junges Wesen war. Sobald sie ihre Kräfte vollständig kontrollieren konnte, würde es ihre Aufgabe sein, diesen kleinen Wesen zu helfen, für die sie keinen Namen hatte. Sie hätte den Auftrag, präsent zu sein und abzuwarten, um dann zu helfen, doch würde sie nichts tun können, bis um Hilfe gebeten wurde. Sie würde zum Beispiel nicht eingreifen können, wenn zwei dieser Wesen einen Krieg oder einen Kampf anfingen, denn das war es, was sie wollten. In solchen Fällen konnte sie nur präsent sein, voller Freude, und warten und die vergeblichen Gesten der Wesen beobachten.

«Sind andere wie du dort?» fragte die Stimme des Mannes.

Sie antwortete: «Ja. Die Großen sind dort drüben.» Mit «dort drüben» meinte sie eine mittlere Entfernung von den Wohnungen dieser kleinen Wesen. Die Großen (sie selbst war noch nicht groß, würde es mit der Zeit aber schon werden) flößten ihr mit ihrer Überlegenheit ein wenig Furcht ein. Sie wußte nichts über die Aufgaben der Großen.

«Geh zu ihnen», sagte die Stimme.

Um dieser Aufforderung Folge leisten zu können, mußte sie selbst eine Große werden, denn ansonsten hatte sie dort nichts verloren. Als sie sich zu dem Ort bewegte (wenn dieses Wort für einen «Ort» verwendet werden darf, der mit Raum oder Zeit nichts zu tun hat), an dem die Großen waren, bemerkte sie, daß sie ihre Heiterkeit verlor, ihr Lachen und ihr kindliches Kichern. Sie hatte kein Interesse mehr zu spielen, sondern spürte, wie sich Stille und Ruhe über sie senkten. Die Großen hatten umfassendere Aufgaben zu erledigen.

Aber bevor sie sich an ihre neu entdeckte Ernsthaftigkeit («heitere Gelassenheit» traf wohl eher zu) gewöhnte, meldete sich die Stimme erneut und forderte sie auf, in den letzten Zustand überzugehen. Sie steuerte an den Erwachsenen vorbei und setzte ihren Weg fort. Er wollte etwas über die Weisen wissen. Während ihrer Reise fühlte sie die Stille, die Tiefe in sich zunehmen. Es war eine tönende Stille. Sie veränderte ihre Gestalt. Sie hatte keine Gestalt mehr. Sie war allein. Die Stimme stellte Fragen. Es war schwierig, die Antworten zu formulieren, und sie ließ sich lange Zeit, bevor sie zu antworten versuchte. Sie suchte nach einer Möglichkeit, die Dinge, die sie begriff, in einer Sprache auszudrücken, die er verstehen konnte. Einige ihrer möglichen Antworten hatten keine Entsprechungen in seiner Sprache – selbst das Konzept des «Seins» war anders, ganz zu schweigen davon, daß es keine Unterscheidung oder Differenzierung zwischen Geschlechtern oder «Selbsten» gab.

Sie war allein, obwohl auch andere auf dieser Ebene existierten – getrennt von ihr, und doch die gleichen. Sie versuchte, ihre Arbeit zu tun, und antwortete bedächtig, mit langen, gewichtigen Pausen, denn Zeit hatte hier keine Bedeutung. Die Arbeit dieser Mitfühlenden bestand darin, in etwas zu verharren, das

MELOZZO DA FORLI, *Musizierender Engel.* 16. Jahrhundert.

weder Dunkelheit noch Licht war, reines Sein, und einen lautlosen Ton auszustrahlen. Sie sandte eine Schwingung durch alle Dinge – das harmonische Summen reinen Seins. Es gab keine Zeit. Es gab keinen Raum. Für die Erleuchteten, Weisen gab es auch keine Unterscheidung zwischen geringen oder bedeutenden Wesen – obwohl gewisse Leute «draußen» sich für wichtig hielten. Für die Weisen war das alles ohne Belang. Diese Art des «Nicht-Wertens» war unbeschreiblich, exquisit. Sie, die Weise, ging vollständig in der Harmonie auf, in den Tönen reiner Liebe, ungefiltert, ungetrübt; und sie sandte diese Schwingung, aus der das Universum besteht, sogar noch aus, während sie sich bemühte, die Fragen der männlichen Stimme zu beantworten, Fragen, die von Unwissenheit zeugten, irrelevante Fragen, die am Ziel vorbeigingen. Ihr Mitgefühl galt jedoch auch diesem Mann; also versuchte die Weise zu antworten, obwohl es ihr

Mühe bereitete. Es war schwierig, eine Stimme zu finden, wenn man schon seit Äonen nicht mehr gesprochen hatte. Es war schwierig, die Belanglosigkeit der Fragen in die Wirklichkeitsbegriffe der Weisen umzusetzen und die immense Größe dessen, was sie wußte, in jener strangulierten Sprache auszudrücken, der die Worte fehlten, die unwandelbare Wahrheit zu fassen.

Es war vor allem auch deshalb schwierig, weil es nicht wichtig war, ob die Weise antwortete oder nicht: Es war die Liebe, die zählte, der lautlose Ton, der von ihr ausging.

«Bist du Gott?» fragte der Mann. Diese Frage war nach den Begriffen der Weisen sinnlos. Sie pausierte so lange, bis der Mann seine Frage schließlich wiederholte: «Bist du Gott?»

Dann kam die mit tiefer, leiser Stimme gesprochene Antwort: «Nein.»

Das stimmte nicht ganz. Einen Augenblick später schon war die Weise in der Lage fortzufahren und zu erklären, daß sie die Frage ebenso gut mit «ja» hätte beantworten können. Die Antwort war «nein», weil sie die Frage so aufgenommen hatte, wie sie gestellt worden war. Sie antwortete auf der Ebene, auf der diese Stimme Gott interpretierte. So gesehen war sie, die Weise, sicherlich nicht Gott, denn Gott existierte nicht als die Entität, für die dieser Mann sie hielt, sondern war weit komplexer als ein einzelner Gott. Aber sie hätte auch «ja» sagen können, weil alle Dinge von Gott geschaffen sind. Gottheit ist in allen Dingen. Es gibt das Ganze, ein Zentrum – und «ja» auch deshalb, weil Gott in der Quelle ist, die all das hervorgebracht hat. Sie hätte es erklären können, wenn der Mann geduldig gewesen wäre … denn es hat keinen Anfang und wird nie enden.

«Nein», antwortete sie, weil es etwas Größeres gab, das sie «die Quelle» nennen würde. Aber sie hätte auch «ja» antworten können, denn Gott war überall – auch in ihr, deren Aufgabe es war, den lautlosen Ton, das Mitgefühl, das Gott ist, in die Sphären Gottes zu entsenden, damit er als Gott auf alles andere traf, was Gott ist, und es in Gott verwandelte. «Nein, ich bin nicht Gott», begann die Weise und hielt inne, um Harmonie für

GUSTAVE DORÉ, *Saturn.* 19. Jahrhundert.

eine Ewigkeit auszuatmen. Aber die Stimme des Mannes konnte nicht warten.

«Was geschieht nach diesem Leben? Wirst du sterben?»

Seit Äonen war die Weise schon dort, und sie würde noch weitere Äonen bleiben, bevor sie weitertrieb und Raum für andere schaffte, die ihre Arbeit übernehmen würden. In ihrem Wissen sah sie, wie sie am Ende von allem selbst über den Rand in totale Schwärze stürzen würde. Aber selbst dies war in seinem Nichtsein vollkommen.

Sie ergriff wieder das Wort: «Nach diesem Leben ist nichts.» Und sie begann darüber nachzudenken, wie sie diesen Sturz der Formlosigkeit in die Leere beschreiben könnte, und wie richtig es war, wie unwichtig, kein Grund jedenfalls für Glückwünsche oder Bedauern, sondern einfach so, ohne Ende …

Inzwischen war das harmonische Summen alles, was sie kannte.

«Du mußt zurückkommen», sagte die Stimme des Mannes. «Es ist Zeit zurückzukommen. Bewege dich vorwärts, bis du ein Loch siehst.»

Langsam, von allen Welten beschwert, erwog die Weise diesen Rat. «Um zurückzugehen, muß ich durch alle früheren Formen hindurch. Ich kann jetzt nicht vorwärts in diese Sphäre gehen.»

«Dann kehre durch alle früheren Formen zurück», wies der Mann sie an.

Und allmählich, voller Bedauern, löste sich die Weise aus dem Zustand liebender Stille. Sie bewegte sich zurück zu den Großen, wurde schneller, und Äonen blitzten vorbei.

Dann trieb sie kichernd und purzelbaumschlagend durch den Raum, erneut von Heiterkeitsanfällen geschüttelt, und sie schrie angesichts des Lichts, der Strahlung und der Menschen, um die sie sich kümmerte und die sie in ihrer Unwissenheit so bezaubernd fand, vor Wonne auf.

«Sie sind so reizend!» rief sie, von Liebe und Zuneigung zum Geschlecht der Menschen überwältigt; sie eilten in ihre Löcher hinein und wieder heraus. Und dann wurde sie rückwärts durch den Tunnel hinaufgesogen – der rasende Wirbel beraubte sie ihrer Orientierung. Und sie landete auf der Couch.

Sie brauchte ein paar Augenblicke, um sich zu erholen und die Augen zu öffnen. Benommen kam sie wieder zu sich.

Das ist alles, was ich über Engel weiß. Ich gebe nicht vor, etwas davon zu begreifen. Andere Menschen haben ihre eigenen Erfahrungen, die in manchen Fällen in Widerspruch oder Gegensatz zu den meinen stehen mögen. Aber ich denke an die Worte des französischen Philosophen und Priesters Teilhard de Chardin:

> Eines Tages, wenn wir die Winde, die Wogen, die Gezeiten und die Schwerkraft gemeistert haben, werden wir für Gott die Energien der Liebe nutzbar machen, und dann wird der Mensch – zum zweitenmal in der Geschichte der Welt – FEUER entdeckt haben!

Dann wieder macht mich alles, was ich hier niedergeschrieben habe, etwas verlegen. Wenn man mich nun auslacht? Doch ich halte mich an Yeats:

> Ich habe meine Träume unter deine Füße gebreitet;
> Tritt sanft auf, denn du trittst auf meine Träume.

Teil IV

Briefe über Engel

Während meiner Recherchen für dieses Buch schrieben mir viele Menschen von ihren Begegnungen mit Engeln oder dem Göttlichen. Einige dieser Engel kamen als Stimmen, als Träume oder Einflüsterungen, andere als Energie- oder Lichtkugeln. Einige wenige Engel erschienen sozusagen in Fleisch und Blut, um Botschaften zu überbringen oder Leben zu retten. Ich gebe hier einige dieser Geschichten wieder, in der Hoffnung, daß sie Sie inspirieren, wie sie mich inspiriert haben.

•

Als mein erster Sohn in Minnesota zur Welt kam, entdeckten die Ärzte ein Loch in seinem Herzen. Es war die Folge einer Überdosis von einem Medikament, das seine Mutter erhalten hatte, und bei der Geburt war er ganz blau, mit defektem Herzen. Damals wußten weder wir noch der Arzt, was dieses Loch verursacht hatte. Aus seinem Herzen trat Blut aus, und wir dachten, mein Sohn würde sterben.

In derselben Nacht wachte mein Vater in Buffalo, New York, auf, weil die Jalousie leicht gegen das Fenster schlug, und hörte eine Stimme sagen: «Mach dir keine Sorgen. John wird gesund.» Er wußte nicht, was das bedeuten sollte. Der einzige John, den er kannte, war sein – damals schon verstorbener – Bruder. Mein Vater blieb wach und grübelte über die Sache nach.

Ich kann diese Geschichte nie erzählen, ohne daß mir die Tränen kommen …

Er war immer noch wach, als ich anrief. «John ist geboren», berichtete ich, «aber er hat ein Loch im Herzen. Er wurde an ein Sauerstoffgerät angeschlossen.»

«Hab keine Angst», erwiderte mein Vater. «Er wird gesund.» Er sprach mit erstickter Stimme und sagte, er könne im Augenblick nicht erklären, woher er das wissee. Gleich nach meinem Anruf telefonierte er mit einem Arzt, der den ersten Herzspezialisten an der University of Minnesota veranlaßte, gleich am Morgen, noch in Golfschuhen, in die Klinik zu kommen. Er untersuchte John, sah die medizinischen Berichte durch und entdeckte, daß mir in der Klinik die doppelte Dosis eines Sedativums verabreicht worden war. Der Arzt sagte: «Machen Sie sich keine Sorgen. Mit Ihrem Sohn wird alles in Ordnung kommen.» Man hat – um das Baby am Leben zu halten – in seinem Herzen ein kleines Spezialventil angebracht, das nach sechs Wochen wieder verschwindet. Das Ventil sorgte dafür, daß das Blut sein Herz und sein Gehirn durchströmte, wenn auch der restliche Körper ein wenig zu kurz kam.

Und dem Baby ging es gut.

MARSH WARD, Washington, D. C.

•

Die folgende Begebenheit passierte meinem Urgroßonkel Calvin Jones, und sie trug wesentlich dazu bei, daß ich mich für das Priesteramt entschied. Wir haben uns immer nahe gestanden, und ich glaube, ich bin der einzige, dem er seine Geschichte erzählt hat.

Calvin wird dieses Jahr (1989) 96 Jahre alt. Er hat immer in Boswell im Izard County, Arkansas, in den nördlichen Ozark Mountains gelebt. Das ist der abgelegenste Winkel der Vereinigten Staaten. Nicht einmal eine Straße führt zu seiner Farm. Er hat einen Landesteg am Fluß, aber keinen Straßenanschluß. Also lebt er dort in Einsamkeit und Beständigkeit, ohne Radio und Fernseher, unbelastet von den Vorgängen in diesem Land, und folglich vertraut er auf das, was er sieht und hört. Seine Erfahrung ist auf selbst Erlebtes beschränkt. Vor zehn Jahren starb

Engel als Wetterfahne. Amerikanisch, 19. Jahrhundert.

seine Frau, und seitdem lebt er allein. Die beiden wurden 1912 getraut. Das isolierte Leben wirkt sich auf alles aus. Er war immer ein gläubiger Christ. Die Bergbewohner halten jedoch nie Gemeinschaftsgottesdienste ab, ihre Religion ist nichts Kollektives.

Die Stimmen traten erstmals zwischen dem Spätherbst 1984 und Anfang Frühjahr 1985 auf – vom ersten Frost bis zum ersten Tauwetter –, in der beschäftigungslosen Zeit. Und ich hörte im Sommer 1985 davon. Calvin begann, Lieder und Musik zu hören. Er vernahm die Stimmen von Frauen, Männern und Kindern. Sie sangen kirchliche wie auch weltliche Lieder. Calvin konnte sich anfänglich nur an wenige Lieder erinnern. Eines davon war «The Little Rosewood Casket», ein anderes «After the Ball», beides Salonsongs, und dann Kirchenlieder wie «Whispering Hope». Die Gesänge wiederholten sich täglich in der Morgendämmerung, und die Sänger waren immer dieselben, so daß er bald ihre Stimmen unterscheiden konnte. «Einer der Männer», sagte er, «hatte die heiserste Stimme, die ich je hörte.»

Er hat nie etwas gesehen, aber er hörte es: eine Prozession mit Gesang, am Himmel, etwa 35 Grad über dem Horizont, die sich von Süden nach Westen bewegte. Die Stimmen bewegten sich jedoch nicht, sondern dehnten sich aus – wie das Quecksilber in einem Thermometer –, bis sie den gesamten südwestlichen Horizont ausfüllten.

Calvins Farm liegt in einem Tal, rings von Bergen umgeben. Die Prozession folgte der Bergkette. Sie begann an der Vorderseite des Hauses, ging von Fenster zu Fenster und folgte dann dem Lauf des White River.

Calvin war sich der Engel nie bewußt. Er interpretierte das Phänomen nie als Engel. Er sagte nie: «O Mann, ich höre Engel singen!» Stattdessen suchte er nach natürlichen Erklärungen. Er erzählte nie, was er gehört hatte, und stellte den Leuten Fragen: «Es ist schrecklich kalt. Sind Camper mit Radios in der Nähe?» War es Wasser, was er hörte? Aber er fragte nie: «War es übernatürlich?»

Eines Tages besuchte ihn einmal ein Universitätsprofessor, der, mit einem Kassettenrecorder ausgerüstet, mündlich überlieferte historische Berichte sammelte. Calvin dachte: «Das ist meine Chance», denn er hatte großen Respekt vor Leuten mit einer Universitätsbildung. Die Stimmen begannen zu singen. Calvin fragte: «Können Sie sie hören?»

«Nein», erwiderte der Historiker.

«Dann schalten Sie doch einfach mal das Tonbandgerät an», sagte Calvin.

«Singen Sie mit ihnen», sagte der Professor. Und Calvin sang «After the Ball».

Als der Gesang verklungen war, spulten sie das Tonband zurück und hörten es ab. Zu seiner Verwunderung hörte Calvin nur sich selbst darauf singen. Er war verwirrt. Für seine Ohren hatte die ganze Schöpfung gesungen, und auf dem Tonband war nur ein einziger alter Mann zu hören.

Er stellte fest, daß er gern mit ihnen sang.

Niemals hielt er nach diesen Sängern Ausschau oder sprach

sie an. Er hielt auch sich selbst nicht für verrückt. Menschen, an denen das 20. Jahrhundert vorbeigeht, denken nie, daß sie verrückt sind. Und für meinen Urgroßonkel Calvin ist die Natur an sich schon so wunderbar, daß es für ihn kein Wunder ist, wenn sie singt.

Eines Tages war es so warm, daß er noch vor der Morgendämmerung ein Fenster öffnete. Es war noch dunkel, und Calvin benutzte zum ersten Mal seine Stimme.

«Wer seid ihr?» fragte er. Es war ihm nie zuvor in den Sinn gekommen zu fragen.

Der Mann mit der heiseren Stimme antwortete in Calvins eigenem Ozark-Dialekt: «Vom Himmel. Nicht jeder kann uns hören.»

Das genügte Calvin. Die Stimmen sangen immer noch ab und zu, aber nicht mehr so häufig wie zuvor. Und jetzt, da sie befriedigend erklärt sind, nimmt Calvin sie als gegeben hin. Er denkt nicht weiter darüber nach.

Aber es veränderte mein Leben.

«Es gibt sieben Länder im Himmel», erzählte mir Calvin. «Wir kennen alle möglichen Arten von Geschichte. Wir kennen die Geschichte Amerikas, wir kennen die Geschichte von Arkansas. Und diese Engel erzählen dir die Geschichte des Himmels.» Dann verabschiedete er sich mit den Worten: «Wenn ich dich in dieser Welt nicht mehr sehe, will ich versuchen, dich in der nächsten zu treffen.»

MARK LEWIS, Washington, D. C.

•

Eines Tages – ich hielt mich damals in Holland auf – sollte ich meinen Bruder um 18.30 Uhr treffen. Ich ging zu Fuß. Ich hatte keine Uhr bei mir. Da es auch in der Nähe keine Uhren gab, fragte ich mich, wie spät es wohl sein mochte. Als ich unversehens aufblickte, sah ich eine große Uhr am Himmel, die 18.20 Uhr anzeigte. –

Es war an einem Abend während des Krieges, in Holland. Es war schon dunkel. Ich war mit meinem Fahrrad unterwegs, und ich fuhr sehr schnell. Plötzlich hörte ich eine sehr laute Stimme vom Himmel: «HALT.» Ich hielt sofort an. Wäre ich auch nur einen Meter weitergefahren, hätte ich den sicheren Tod gefunden, denn dort war eine Brücke, von der ich nicht wußte, daß die Deutschen sie gesprengt hatten. Unter der Brücke war in mindestens neun Metern Tiefe ein Zementboden.

MRS. S. VAN DER ELST, Nelspruit, Südafrika

•

Eines Freitags ziemlich gegen Ende meines ersten Jahres an der Indiana University in Bloomington (es war die zweite Aprilhälfte des Jahres 1981) brachten meine Freundin und ich von meinem persönlichen Besitz soviel wie möglich in meinem Dodge Charger, Baujahr 1972, unter und fuhren 80 Kilometer weit zum Haus meiner Mutter in Indianapolis.

Es war später Nachmittag – fast Abend –, als wir das Haus erreichten. Wir holten alles aus dem Wageninneren und wollten den Kofferraum später ausladen.

Wir aßen zu Abend, dann brachte ich meine Freundin nach Hause. Am Montagmorgen brachte ich meine Mutter zur Arbeit. Eine Stunde später ging ich zu meinem Wagen, aber nicht – wie üblich – über eine Rasenfläche zur Fahrertür, sondern an der Beifahrerseite entlang und um das Heck des Wagens. Hinten angelangt, stutzte ich, denn ich sah, wie sich der Kofferraumdeckel langsam hob – nur ein paar Fingerbreit. Ich stand einfach da und starrte. Dann öffnete ich den Kofferraum vorsichtig. Alles, was ich am Freitagnachmittag hatte hineinquetschen können, war heute – am Montagmorgen – noch darin.

Ich hatte überhaupt nicht mehr daran gedacht, die Sachen auszuladen und wäre den ganzen Weg zur Universität mit vollgestopftem Kofferraum zurückgefahren, wäre nicht eine freund-

Balinesische Engel-Meerjungfrau. Holzplastik, zeitgenössisch.

liche Seele gewesen, die aufgepaßt und mich von einer Seite des Wagens zur anderen geschickt hätte, um mir meine Vergeßlichkeit vor Augen zu führen … Es hat immer schon eine leise Stimme gegeben, die sagte: «Schau, die Tür ist offen für dich. Geh jetzt!» Aber nie zuvor habe ich mit eigenen Augen gesehen, wie sich tatsächlich eine Tür öffnete – bis zu diesem Montagmorgen.

Ich glaube, daß wir alle Engel haben, gute Geister, Lehrer und Führer, die über uns wachen. Und wenn wir auf die rechte Art leben, wenn wir Stimmen hören, seltsame Gefühle haben und Warnsignale empfangen – wenn wir innehalten und darüber nachdenken, was die Botschaft bedeutet –, können wir für uns selbst entscheiden, ob es sich um gute Hilfe aus einer guten Quelle handelt, und wir können diese Hilfe verwenden, um uns unser Leben ein wenig einfacher zu machen.

BETSY KENNEDY, Indianapolis, Indiana

•

Ich bin jetzt 32 Jahre alt. Als ich noch ein kleines Mädchen war, nahmen Vater und Mutter meine drei Brüder und mich mit nach Sacramento, um die Schwester meiner Mutter zu besuchen, Tante Marie. Marie und ihr Mann, Onkel Johnny, hatten eine große Familie, und sie waren sehr arm. Als wir Kinder waren, begriffen wir die Umstände nicht, in denen sie lebten. Meine Brüder und ich taten uns immer mit Johns und Maries Kindern zusammen. Wir liefen durch die Felder und holten Eier von den Hühnern und jagten die Ziegen. Als ich zwölf war, ließen sich meine Eltern scheiden.

Ein oder zwei Jahre später starb Tante Marie. Sie war eine Alkoholikerin gewesen. Bis dahin waren wir immer mit Marie und den Kindern in Verbindung geblieben.

Cliff war der älteste. Er kam schon als junger Teenager mit dem Gesetz in Konflikt. Wir besuchten ihn im *Nelles Home for Boys* in Whittier, Kalifornien. Er war noch zu jung, um ins Gefängnis gesteckt zu werden. Als er älter wurde, wurde er gelegentlich eingesperrt. Ich schrieb ihm ins Soledad- und ins Folsom-Gefängnis in Kalifornien. Seine Verbrechen waren eigentlich mehr Gaunereien, ungedeckte Schecks, Diebstahl und dergleichen. Aber nach dem Tod Maries verloren wir den Kontakt mit der ganzen Familie.

Die Jahre vergingen, und 1978 arbeitete ich für einen christlichen Radiosender in Pomona, Kalifornien. Ich hatte seit zehn Jahren keinen Kontakt mehr mit meinen Cousins gehabt. Im Urlaub fuhr ich nach Sacramento und war eines Tages bei meiner Tante zu Besuch, als ich Lust auf einen Ausflug bekam. Ich sagte meiner Tante, bei Anbruch der Nacht wäre ich zurück. Es war Sommer, also lag ein langer Tag vor mir.

Ich fuhr erst einmal auf die Autobahn, einfach aufs Geratewohl ins Blaue hinein. Als ich mich den Bergen näherte, sah ich ein Ausfahrtsschild, das zum Folsom-Damm wies. Ich hatte mir eben vorgenommen, eine Runde um den Stausee zu fahren, als ich aus der Bläue eine Stimme hörte – so deutlich, als hätte jemand neben mir im Wagen gesprochen: «Du hast einen Cousin im Gefängnis.»

Plötzlich erinnerte ich mich an meinen Cousin Cliff. Ich hatte so viele Jahre lang nichts von ihm gehört und ihm auch nicht mehr geschrieben ... Ich konnte mich nicht einmal mehr an seinen Nachnamen erinnern. Wieder meldete sich die Stimme: «Du hast einen Cousin im Gefängnis.» Na gut, dachte ich bei mir, ich habe einen Cousin im Gefängnis. War es möglich, daß er in *diesem* Gefängnis war, in Folsom? Auf keinen Fall! Ich hatte wirklich Mühe, mich an Cliffs Nachnamen zu erinnern. Ich wußte, daß ich es herausfinden mußte, aber ich wußte nicht weshalb, und es kam mir ziemlich unsinnig vor. Wenn ich zu diesem Gefängnis ging, würden sie mich für verrückt halten, weil ich hier nach meinem Cousin suchte. Es war absolut unwahrscheinlich, daß er in diesem Gefängnis steckte. Aber ich wußte, daß die Stimme keine Ruhe geben würde und ich es nachprüfen mußte. Dann fiel mir Cliffs Nachname ein.

Ich bog bei dem Ausfahrtsschild von der Autobahn ab und folgte den Schildern, die zum Folsom Prison zeigten. Es war nicht sehr weit. Ich erinnere mich, daß mir das Herz bis in die Kehle schlug, als ich das Gefängnis erreichte. Als ich dann die Wachtürme und die hohen Steinmauern mit dem Stacheldraht darauf sah, machte ich kehrt und fuhr zurück bis zum nächsten Münztelefon an einer Tankstelle. Es war früher Nachmittag. Ich beschloß, erst einmal im Gefängnis anzurufen und mich zu erkundigen, ob Cliff dort war. Es war wirklich dumm und lächerlich. Selbst wenn er wider alle Erwartung in diesem Gefängnis sein sollte – man konnte nicht einfach in einem Gefängnis anrufen und sagen: «Kann ich Den-und-den sprechen?» Es ist nicht so, als riefe man bei jemandem zu Hause an.

Ich mußte jedoch der Stimme, die ich gehört hatte, gehorchen; sie war jetzt immer bei mir, und ich dachte längst nicht mehr darüber nach, wie ich den Rest des Tages verbringen wollte. Ich stieg aus dem Wagen und betrat die Telefonzelle. Ich erinnere mich, daß es an diesem Sommertag sehr warm darin war.

Von der Auskunft erhielt ich die Nummer des Gefängnisses, wo ich anrief. Der Beamtin, die sich meldete, erklärte ich meine Situation. Ich erzählte ihr einfach, daß ich auf einer Reise war, das Gefängnis gesehen und mich erinnert hatte, daß dort möglicherweise ein Cousin von mir einsitze. Ob er wohl dort sei? Ich nannte ihr seinen Namen, und, bei Gott, er war tatsächlich in diesem Folsom-Gefängnis!

Ich fragte die Beamtin, ob ich mit ihm sprechen könnte, und sie erwiderte, sie würde mich mit einem der Betreuer verbinden. Er war ein wunderbarer Mann. Ich brachte noch einmal mein Anliegen vor. Der Betreuer sagte, Cliff arbeite heute Nachmittag in der Küche, und er werde versuchen, ihn dort zu finden und mich an der Telefonzelle zurückrufen. Er meinte, es könne eine Stunde oder länger dauern. Ich sagte, ich würde warten, wenn eine Chance bestünde, daß ich nach all den Jahren tatsächlich mit Cliff sprechen könnte.

Ich gab ihm die Nummer der Telefonzelle, ging wie benommen zu meinem Auto zurück und setzte mich hinein. Nach all den Jahren hatte ich Cliff gefunden! Meine Bibel lag da, und ich las darin, während ich wartete. Es vergingen höchstens zehn Minuten, da klingelte das Telefon! Ich sprang aus dem Wagen und rannte zur Telefonzelle. Als ich den Hörer abnahm, war es Cliff. Welch ein Wiederhören! Es ist zu schwierig, meine Gefühle zu beschreiben, als ich nach so vielen Jahren wirklich wieder mit meinem Cousin sprach. Als ich ihm erzählte, wie ich ihn gefunden hatte, konnte er es nicht glauben.

Noch vor weniger als zwei Stunden hatte ich zu Besuch bei meiner Tante gesessen, und jetzt kam ich mir vor, als wäre ich in einen Winkel der Welt gefahren, von dessen Existenz niemand etwas geahnt hatte. Ich war überwältigt. Wir führten ein kurzes, aber sehr bewegendes Gespräch, und wir tauschten unsere Adressen aus. Ich wußte, daß meine Mutter glücklich sein würde, wenn sie erführe, daß ich Cliff gefunden hatte. Sie hatte sich Maries Kindern immer verbunden gefühlt, und seit Maries Tod hatte sie sich gefragt, wo ihre Kinder wohl stecken mochten.

Ich verabschiedete mich von meinem Cousin, bat ihn, dem hilfsbereiten Betreuer zu danken, und wir versprachen, einander bald zu schreiben.

Als ich mich umdrehte, um die Telefonzelle zu verlassen, bemerkte ich aus den Augenwinkeln etwas, das wie ein Stück Papier aussah, vielleicht ein Flugblatt, das jemand von außen an die Telefonzelle geklebt hatte. Das war merkwürdig, denn beide Male, als ich in die Zelle gegangen war, war es nicht dort gewesen. Ich ging hinaus, um in Erfahrung zu bringen, was auf dem Blatt stand, das sich jetzt in der Nachmittagsbrise sanft bewegte. Als ich das Geschriebene las, überlief mich eine Gänsehaut, und ich konnte nur noch unbeweglich darauf starren. Dort stand: «Außer Betrieb.»

Die Telefonzelle war für mich nie außer Betrieb gewesen! Der Anschlag hatte nicht dort gehangen, als ich angekommen war. Wie hätte ich sonst auf die Idee kommen können, dieses Telefon zu benutzen? Niemand käme auf eine solche Idee. Ich hatte das Telefon zweimal benutzt, und beide Male war kein Anschlag dort gewesen. Die ganze Zeit über hatte sich niemand außer mir in der Nähe der Telefonzelle aufgehalten; also hatte niemand diesen Zettel anbringen können, während ich dort war. Da er aber dort hing, hatte mich jemand oder etwas dazu gebracht, ihn nicht zu sehen, damit ich das Telefon für einen geheimnisvollen Anruf benutzen konnte.

JILLAYNE BREWER, Azusa, Kalifornien

•

Ich erzähle anderen Leuten nur selten von meinem Erlebnis, und zwar aus zwei Gründen. Der erste Grund: Die Erinnerung daran ist mir so kostbar, daß ich sie als wertvollen Schatz in einem Winkel meines Gemüts hüte, wie ein Kind ein besonders liebes Spielzeug unter dem Bett verwahrt. Der zweite Grund ist: Die Intensität und Macht dieses Augenblicks waren so gewaltig, daß es mir schwerfällt, anderen Menschen einen Eindruck davon zu vermitteln.

Ein Versuch in dieser Richtung endet gewöhnlich damit, daß ich um Worte verlegen bin und nur noch stammeln kann: «Du kannst es dir nicht vorstellen; du kannst es dir einfach nicht vorstellen!»

Aber ich pflege die Erinnerung und wende sie viele Male in meinen Gedanken hin und her, aus Furcht, daß ich eine winzige Einzelheit vergessen haben und das Wunder für immer verblaßt sein könnte. Und wenn ich einen besonders anstrengenden Tag hinter mir habe, verleiht mir diese Erinnerung in Verbindung mit einem friedlichen Rundgang durch meinen Blumengarten neue Heiterkeit ...

Es geschah vor sechs Jahren, als meine Tochter Jenny sieben Jahre alt war. Es war etwa zwei Uhr nachmittags. Jenny und ich fuhren in die Stadt zur Bank. Wir warteten in der Straße, die wir immer nahmen, an einer Verkehrsampel auf grünes Licht. Es war eine vierspurige Straße, und ich stand in der dritten Spur. Rechts von mir war niemand, aber auf der zweiten Spur war ein weißer Cadillac, und ein Lastwagen von der Art, wie ihn Möbellieferanten benutzen, stand ganz links. Hinter uns kamen keine weiteren Fahrzeuge.

Als die Ampel dann orangefarbenes Licht zeigte, hüllte ganz unvermittelt eine schwere, dunkle «Wolke» mein Gehirn ein. Sie war nicht schwer im Sinne von «gewichtig» und nicht dunkel im Sinne von verminderter Helligkeit, sondern vielmehr irgendwie düster wie ein Vorzeichen oder eine direkte Warnung. Und doch war ihre Botschaft klar: «Vorsicht!» Dann erreichte eine ziemlich deutliche Warnung mein Gehirn. Ich hörte zwar keine Worte,

HANABUSA ITCHO, *Bugaku-Tänzer* (Ausschnitt). 18. Jahrhundert.

aber die Botschaft lautete: «Nicht losfahren!» Es dauerte ungefähr zwei weitere Sekunden, bis schließlich die dritte und letzte Warnung kam. Ich sah vor meinem geistigen Auge einen Wagen von rechts auf die Kreuzung zukommen, über die rote Ampel rasen (meine Ampel stand inzwischen auf Grün) und dann davonfahren.

Ich muß danach wohl noch eine ganze Weile still dagesessen haben, denn meine Tochter – die anscheinend keine Warnung empfangen hatte – sagte: «Mama, du kannst weiterfahren. Weshalb fährst du nicht?» Ich erwiderte: «Oh, ich glaube, ich warte lieber noch.» In diesem Augenblick kam ein Volkswagen mit einer Mutter am Steuer und ihren beiden Söhnen als Passagieren auf dem Rücksitz von rechts über die Kreuzung gerast, an den

Autos vorbei, die angehalten hatten. Die Fahrerin achtete weder auf die Ampel noch auf die anderen Fahrzeuge. Hätte sie uns gerammt, hätte sie unser Auto an der Beifahrerseite erwischt, wo meine Tochter saß. Bei der enormen Geschwindigkeit des Volkswagens wäre es ein sehr schlimmer Unfall gewesen.

Mir fiel dann auf, daß auch die beiden Wagen links neben mir nicht losgefahren waren. Hatten sie dieselbe Warnung wie ich erhalten? Ich kann mir die Sache nicht anders erklären, denn sonst hätten sie ja auf das Umschalten der Ampel reagiert und wären auf die Kreuzung gefahren. Statt dessen hatten wir alle bei grünem Licht gut zehn Sekunden lang gewartet. Ich wünschte, ich hätte die Namen der übrigen Fahrer, um mit ihnen sprechen zu können.

Ich schätze mich glücklich, daß ich etwas Derartiges erlebt habe – nicht nur, weil mein und das Leben meiner Tochter gerettet wurde, sondern auch weil ich nicht glaube, daß allzu viele Menschen solch wunderbare Dinge erleben. Ich bin nicht so dumm zu glauben, daß ich solche Erlebnisse habe, weil ich zu den «Auserwählten» gehöre, die ein reines und heiliges Leben führen. Im Gegenteil, mein Leben ist sehr aktiv – voller Bewegung und Veränderung –, so daß ich kaum Zeit habe, mich mit religiösen Dingen zu befassen. Nein, ich bin sicher, der einzige Grund, aus dem ich ausgespart wurde, war die Botschaft, die in der Warnung klar zum Ausdruck kam: «Das darf nicht geschehen; es ist nicht an der Zeit.»

Diese Botschaft läßt mich heute glauben, daß die meisten wichtigeren Vorkommnisse vorherbestimmt sind und daß nach Möglichkeit verhindert wird, daß irgendein Narr aus Versehen Sand ins Getriebe der Vorsehung, in den vorausbestimmten Mechanismus des Lebens schüttet.

CARLENE ANDERSON, Rockford, Illinois

•

Ich fuhr von einer Besorgung nach Hause. Drei oder vier Blocks vor der Einfahrt in unsere Straße sagte eine Stimme in meinem Kopf: «Einbahnstraße, Einbahnstraße.» Ich dachte: «Nun, das ist nicht besonders originell – ich weiß, daß es eine Einbahnstraße ist.»

Ich fädelte mich hinter einem anderen Wagen ein, der in unsere Straße fuhr (eine lange, hufeisenförmige und ansteigende Straße), achtete aber wegen der Stimme darauf, einen respektvollen Abstand einzuhalten. Auf einmal kam uns auf der anderen Straßenseite ein drittes Fahrzeug entgegengerast. Es fuhr in der falschen Richtung und hätte den Wagen vor mir beinahe frontal gerammt.

Hätte ich nicht Abstand gehalten, wäre ich auf ihn aufgefahren, als er bremste, um den Zusammenstoß zu vermeiden. Ich bin sicher, daß mich die kleine «Stimme» vor der Gefahr gewarnt und den Unfall verhindert hatte.

SHANA-ELAINE BREWER, Oak Ridge, Tennessee

•

Vor ungefähr einem Jahr «träumte» ich einmal, daß ich plötzlich an einem anderen Ort war und eine große Menge Menschen aus dem Eingang eines Gebäudes herauskommen sah – wie die Besucher eines Filmtheaters nach einer Vorführung. Ich sah zu einem Mann auf. Er war ziemlich groß und trug einen Bart. Ich kannte ihn nicht.

Doch ich umarmte ihn und sagte: «Bitte, weise mich nicht ab. Ich habe dich so sehr vermißt.» Er lachte, und ich spürte, wie meine Seele in meinen Körper zurückfuhr, und ich wachte auf.

Ich warte immer noch darauf, wieder an diesen Ort zu gelangen, aber falls ich erneut dort gewesen sein sollte, kann ich mich nicht mehr daran erinnern.

MARY E. FREEMAN, Albuquerque, Neumexiko

•

Ich erinnere mich, einmal unter großem Streß gestanden zu haben. Ich hatte eben eine Scheidung hinter mir. Meine Kinder gingen fort, um bei ihrem Vater zu leben; meine Eltern machten mich für die Zwischenfälle in meinem Leben verantwortlich, deren sie sich schämten. Auf dem Höhepunkt meiner Verzweiflung stand ich in der Küche, an der Spüle, mit einem Messer in der Hand, und ein Teil von mir ... Ich meine, es war eine Idee, ein stimmlicher Gedanke in meinem Kopf, der sagte: «Tu es! Schneid dir die Pulsadern durch; auf der ‹anderen Seite› ist es besser ...» Aber meine Hand bewegte sich nicht! Sie wollte der Selbstmordidee nicht gehorchen. Dann kam ein anderer stimmlicher Gedanke. Er besagte: «Tu es nicht. Vielleicht klappt die Sache nicht ... Dann wirst du in ein Krankenhaus eingeliefert und bekommst noch mehr Rechnungen, noch mehr Probleme und machst dich noch lächerlicher. Und glaub mir: Wenn du dich selbst umbringst, wirst du weder Frieden noch Freiheit finden, sondern Schmerzen erleiden – genau die Schmerzen, denen du zu entgehen versuchtest.»

Ich legte das Messer wieder hin und weinte. Das war 1979. Ich war 36 Jahre alt. Drei Monate später zog ich nach Israel, um dort zu leben. Ich schreibe dies in der Hoffnung, Menschen, die Kummer haben, möchten einsehen, daß Selbstmord ihre Probleme nicht löst.

Kurz darauf hatte ich ein anderes, viel unwahrscheinlicheres Erlebnis. Ich war traurig und unerfüllt, suchend. Eines Nachmittags verließ ich gegen 17 Uhr meine Wohnung. Ich war wütend, verärgert. Ich hatte alles getan, was mich die Lehre meiner Kirche zu tun geheißen hatte. Ich hielt mich für einen «guten» Menschen. Weshalb hatte ich solche Probleme? Als ich aus meiner Wohnung trat, hörte ich aus einer anderen Wohnung Musik kommen. Ich verstand Bruchstücke eines Liedes: «Zerbrochene Träume, (etwas) plant ... gib sie alle Jesus ...»

Ich war bei der Vorstellung, eben dem Traum des christlichen «Gutseins» gefolgt und enttäuscht worden zu sein, so wütend, daß ich laut ausrief: «Das werde ich nicht tun. Es ist nicht wahr. Er kann nichts tun. Er ist nicht Gott.»

Ich fühlte in mir und außerhalb von mir eine starke Kraft, die mich in meine Wohnung zurückdrängte. Wieder einmal stand ich weinend da, in tiefer, elender, untröstlicher Alles-ist-verloren-Verzweiflung.

Dann widerfuhr mir die unglaublichste Heilung – «Heilung» ist das einzige Wort, das ich verwenden kann. Es war, als klopfe mir jemand auf den Kopf, aber es war niemand da. In mein Gemüt zog unverzüglich Frieden ein. Er fühlte sich wie Lammwolle an, die mich wohlig warm von innen auskleidete. Plötzlich erkannte ich meine eigenen Motive und die meiner Mitmenschen. Ich sah, daß es mir um Anerkennung ging. Ich hörte stets auf andere und mißtraute mir selbst. Ich machte Gott für alles verantwortlich. Das sah ich nun ganz deutlich.

Dann sagte eine Stimme, eine kristallklare Stimme: «Spüre mich. Ich bin so sanft wie ein Lamm und verletze nicht.» Mir wurde klar, daß ich selbst das Bildnis eines strafenden Gottes in mir trug, den ich für alles verantwortlich machte, was in meinem Leben schiefging.

Dann sah ich … ich glaube, den Himmel. Er war und ist immens und wird es bleiben. Er war höher als der irdische Himmel und weiter, als wir Menschen ihn je gesehen hatten. Mir wurde offenbart, daß dieser Geist, dieses unermeßliche, kreative Wesen buchstäblich in allen Dingen ist. In allem war so viel Liebe und Mitleid, daß es sich in Worten nicht ausdrücken läßt. Es sprengt die Mauern der Städte, die Grenzen der Länder und Nationen; es ist größer als jeder Rabbi, Priester oder Heilige.

Die Menschen wünschen sich, daß andere ihre Meinung teilen, aber dieser Geist der Liebe kennt wahrlich keine Unterschiede. Er liebt Buddhisten, Taoisten, Christen, Juden, Moslems und alle übrigen mit unerschöpflicher Liebe. Er hat kein Ende. Er hat keinen Anfang. Er hat keine Grenzen.

Der Mensch setzt seiner Liebe Grenzen und nennt sie dann «Gottes Wille». Der Mensch will Gott «besitzen» und behauptet, Gott erkenne nur eine Gruppe als rechtschaffen an und verdamme alle übrigen als böse. Dieser Geist, der sich mir an jenem Abend offenbarte, ist in Seiner Liebe unbegrenzt … Ich sah, was dieser Geist sieht – wie die Menschen Drogen nehmen und sich selbst mißbrauchen. Wenn sie nur von dieser realen, tiefen, durchdringenden und liebenden Sorge wüßten, hätten sie kein Bedürfnis mehr nach Mißbrauch. Wettbewerb, Zerstörung und Desillusionierung wären überflüssig. Es gäbe nur noch völlige Zufriedenheit; Zufriedenheit mit sich selbst und anderen und der Umwelt …

Ich könnte fortfahren, aber es genügt wohl zu sagen, daß es Wirklichkeit ist. Es ist frei erhältlich. Es ist ein Geisteszustand, und es kostet nichts.

Der Geist, den ich kennenlernte, ist ehrlich, verläßlich, nötigenfalls reinigend, fruchtbar, aufmerksam, besorgt, inspirierend und kreativ … und vieles mehr. Ich glaube, das Wichtigste, was zu sagen wäre, ist: Das Denken des Menschen bestimmt seinen Weg, und der Weg bestimmt ihn selbst; aber er kann den Weg jederzeit ändern – und das weiß er nicht.

SUSAN CALLAS, Reno, Nevada

•

Am 1. November 1971 verließ ein sehr lieber Kamerad und lebenslanger Freund diese irdische Welt und ging in die Dimensionen des Lebens nach dem Tod ein, an die so viele Menschen nicht glauben. Für mich war dieser Verlust niederschmetternd, weil ich seinen Sinn nicht begreifen konnte. Mein Freund wurde während eines Aufruhrs auf einem Collegecampus erschossen, obwohl er nicht daran beteiligt gewesen war. Er war erst vor kurzem von seinem Dienst in der Armee aus dem Ausland zurückgekehrt.

Der spirituelle Kontakt setzte ein, als ich zur Beerdigung ging. Ich spürte seine Gegenwart im ganzen Haus. Ich schaute ständig über die Schulter zurück, ob da jemand wäre. Dann hörte ich eine sanfte Stimme meinen Namen rufen. Ich ging in das Zimmer, in dem seine Mutter und seine Schwester waren, um festzustellen, ob sie mich gerufen hatten. Sie waren es nicht gewesen. Ich nahm an, daß mir meine Einbildung einen Streich gespielt hatte.

Eine Woche nach der Beerdigung hatte ich mir gerade seine Lieblingsplatte angehört und mich dann aufs Bett gelegt. Er kam in einer Art Traum zu mir. Er sagte, ich solle nicht um ihn trauern; er sei glücklich und habe Frieden gefunden. Wir würden uns in dieser neuen Welt wiedersehen. Er sagte, ich solle nur Geduld haben. Unsere Liebe würde nie enden. Das letzte, an das ich mich erinnere, war sein Wunsch, daß ich mir ein Lied auf der Platte anhören sollte, das für uns beide bedeutsam war, und das ich mir angehört hatte, bevor ich mich hinlegte.

Als ich wach wurde, empfand ich Frieden. Ich erkannte erst, daß es *kein* Traum gewesen war, als ich bemerkte, daß die Rückseite der Platte abgespielt wurde, auf der unser spezielles Lied war. Ich begann zu weinen und begriff, daß er wirklich bei mir gewesen war.

Diese Erfahrung erweckte mich seelisch und spirituell, und ihr folgten noch zwei weitere. Ich wurde zweimal aus dem Schlaf gerissen und Zeugin eines mystischen Geschehens. Ich setzte mich im Bett aufrecht, um mich zu vergewissern, daß ich nicht schlief.

Beim ersten Mal schwebte rechts von mir etwa anderthalb Meter über dem Boden eine helle «Energiezusammenballung»; eine gelbe und orangefarbene Kugel von vielleicht 15 Zentimetern Durchmesser. Ich schloß die Augen und machte sie wieder auf. Ich kniff mich sogar, um sicher zu sein, daß ich wach war. Die Erscheinung blieb bestehen, bis ich wieder in Schlaf fiel.

Ich hatte Angst. Etwa ein Jahr später geschah dasselbe unter denselben Umständen. Aber diesmal stellte ich unbewußt Fragen, und sie wurden beantwortet. Sie bezogen sich alle auf meinen Freund, der diese Welt verlassen hatte. Alles in allem wurde mir mitgeteilt, daß ich nicht trauern und mich nicht fürchten solle, weil er über mir wache. Sein Schutz, seine Sorge und Liebe dauerten an, obwohl sein physischer Leib nicht mehr auf dieser Erde war.

Das letzte Ereignis fand im Juli 1984 statt, als ich einer Familienzusammenkunft beiwohnte. Es wurden viele Fotos gemacht. Auf einem der Fotos bemerkte ich eine kreisrunde Ansammlung von Partikeln über meiner Schulter. Anfangs hielt ich es für möglich, daß es sich um einen Fehler auf dem Film handelte. Heute aber akzeptiere ich die Tatsache, daß ich mit einem Blick in die Dimensionen der anderen Seite gesegnet wurde.

TERRI L. BEELER, Louisville, Kentucky

•

Ich hatte es schon immer für wahrscheinlich gehalten, daß es ein Leben nach dem Tod gibt, aber seit anderthalb Jahren zweifle ich nicht mehr im geringsten daran.

Es begann, als ich anfing, mich für Reinkarnation zu interessieren. Ich las Bücher über dieses Thema und kam dadurch nicht nur meiner eigenen Seele, sondern darüber hinaus auch meinen Geistern oder Schutzengeln näher (wie auch immer Sie sie nennen möchten). Sie haben mir ihre Realität bewiesen. Sie erscheinen wie ständig in Bewegung befindliche Elektrizität; fast wie Schatten. Ich kann sie nur im Dunklen sehen, aber ich spüre ihre Anwesenheit bei Tag und Nacht. Wenn sie kommen, sehe ich sie nicht nur, sondern spüre auch eine unglaubliche Elektrizität in der Luft. Ihr Kontakt mit mir vermittelt den Eindruck von Liebe, Geborgenheit und Sicherheit.

Bei drei Gelegenheiten habe ich tatsächlich gespürt, wie sie mich umarmten. Es war keine Umarmung im wörtlichen Sinn – ein Umfassen mit den Armen – sondern mit ihrem ganzen Sein.

Ich fühlte ein Prickeln und eine Woge reiner elektrischer Liebe, die meinen ganzen Körper überschwemmte.

Das letzte Erlebnis dieser Art hatte ich an einem Tag um den 10. Mai 1985 um zwei Uhr morgens. Ich lag im Bett und hatte alle Lichter ausgeschaltet. Ich war eben erst ins Bett gegangen und war noch überhaupt nicht schläfrig. Da erblickte ich am anderen Ende des Zimmers eine graue Form. Eigentlich war es keine bestimmte Form, sondern es sah eher aus wie eine Million Moleküle, alle in ständiger Bewegung. Die Erscheinung kam näher und wurde unterdessen heller. Sie tanzte in der Luft, und es sah fast so aus, als sei sie glücklich und freue sich, mir näherzukommen. Ich war von dem Anblick wie gebannt. Ich fühlte mich mit der munteren Erscheinung – die ich nie zuvor gesehen hatte – sogleich fast vertraut. Sie wuchs und wurde strahlend weiß, und ich spürte sie direkt vor meinem Gesicht. Ich sah sie nicht nur einen Fingerbreit vor meinem Gesicht, ich spürte sie auch. Ich begann, mich ein wenig unbehaglich zu fühlen, weil die Erscheinung mir zu nahe kam. Ich fuhr mir mit der Hand übers Gesicht und sagte: «Tu das nicht.» Sofort spürte ich eine elektrische Ladung auf den Lippen. Das dauerte nur eine Sekunde, und ich spürte es nur auf den Lippen. Dann verwandelte sich das leuchtende Weiß in ein lichtes Grau, das in das ursprüngliche Grau überging, und es wurde kleiner, bis es schließlich völlig verschwand. Die Erscheinung ängstigte mich nicht im geringsten. Ganz im Gegenteil, ich freue mich darüber, daß ich solche Erlebnisse habe.

TERRI PAGE, Ramona, Kalifornien

•

Am 1. November 1977 rief mich meine Mutter an. Sie sagte, ein Mitarbeiter meines Vaters habe sie eben angerufen. Mein Vater habe ein Art Anfall erlitten und sei in die Notaufnahme gebracht worden.

Ich verließ sofort meinen Arbeitsplatz, um meine Mutter abzuholen und mit ihr in das Krankenhaus zu fahren, in das mein Vater eingeliefert worden war. Während ich zu ihr unterwegs war, hatte ich das Gefühl, daß wir uns beeilen mußten, wenn wir meinen Vater noch lebend antreffen wollten. Ich hatte jedoch keine Zeit, mich mit solchen Gedanken aufzuhalten, denn ich hatte mich auf den Verkehr zu konzentrieren. Ich mußte über zwei größere Highways fahren. Außerdem war das Wetter umgeschlagen, und es war kalt und regnerisch geworden.

Ungefähr anderthalb oder zwei Kilometer vor dem Haus meiner Mutter – ich zitterte vor Angst und Kälte – kam ich an eine Straßenkurve. Ich spürte körperlich etwas (Energie?) im Bereich meiner Schultern. Dann bemächtigte sich meiner ein wundervolles, friedliches Gefühl. Ich wußte, daß mein Vater in diesem Augenblick gestorben war, und daß kein Grund zur Trauer bestand, weil er befreit und glücklich war. Es hatte bei meinem «Anfall» keine Zeugen gegeben, und ich sah nichts.

Als meine Mutter und ich endlich im Krankenhaus ankamen, teilte man uns mit, daß mein Vater in der Notaufnahme gestorben war.

Ich habe in den letzten Jahren oft daran denken müssen. Wer oder was hatte dieses Gefühl verursacht? Ein Engel, der versuchte, mich auf das Kommende vorzubereiten? Oder mein Vater, der sich verabschiedet und sich bemüht hatte, mir das Gefühl zu übermitteln, das er im Augenblick seines Sterbens hatte – Frieden und Ruhe?

Ich wünschte, sagen zu können, daß ich mir dieses Gefühl willentlich in Erinnerung rufen kann, aber es ist nicht so. Doch allein schon die Erinnerung gibt mir Kraft. Es war, als hätte ich in die nächste Welt «spähen» können.

JOYCE SLATER, Dallas, Texas

•

Folgendes ist geschehen. In dem Sommer, als ich sechs Jahre alt wurde, kam ein Kind für zwei Wochen in die Sommerfrische zu uns. Eines Nachts – Shonta und ich schliefen schon – wurde ich wach und sah zwei Engel vor meiner Kammer stehen.

Ich hatte keine richtige Angst. Ich erinnere mich daran, daß sie keine Flügel hatten, so wie wir uns die Engel vorstellen. Es waren zwei Männer – große Männer –, und sie sprachen mit sanften Stimmen. Ich werde mich immer an diese wunderbare Nacht erinnern.

VICKI ISRAEL, Somerset, New Jersey

•

Ich kann nicht mit genauen Daten oder Zeugen aufwarten, aber trotzdem kann ich mich noch recht gut an dieses Erlebnis erinnern. Ich kann erst seit kurzem darüber sprechen.

1947, als ich knapp drei Jahre alt war, bekam ich die Masern. Meine Temperatur kletterte gefährlich hoch. Meine Eltern brachten mich mit 41,6 Grad Fieber ins Krankenhaus. Ich erinnere mich noch deutlich daran, wie die Schwestern und Ärzte aufgeregt umherliefen und mich in eiskalte feuchte Decken wickelten und ins Bett legten. Meine Mutter erzählte mir später, daß ich zuvor deliriert und dann plötzlich angefangen hatte, verständlich zu sprechen. Ich sagte das Nicäische Glaubensbekenntnis und die Liturgie unseres (lutherischen) Gottesdienstes auf. Sie sagte, das habe ihr unheimlich Angst gemacht, weil sie nicht gewußt hatte, daß ich die Worte kannte, und weil ich sie fehlerlos aufsagte.

Dann fing ich an, über Engel zu sprechen, und darüber, wie wunderschön sie waren. Ich habe eine sehr klare Erinnerung daran, mit je einem Engel zu meiner Rechten und Linken an die Decke des Krankenhauszimmers emporgeschwebt zu sein und zugesehen zu haben, wie sich die Schwestern und Ärzte an meinem Körper auf dem Bett zu schaffen machten.

Bis auf den heutigen Tag kann ich die Augen schließen und diese Musik hören, die ich nicht beschreiben kann, und diese beiden Wesen in Weiß und mit einer goldenen Aura sehen. In der Decke tat sich eine Öffnung auf, hinter der ich einen langen, über und über mit Gold bedeckten, in die Höhe führenden Pfad sah, und die Musik wurde immer lauter. Die Engel fragten mich, ob ich bleiben oder mit ihnen kommen wolle. Ich erinnere mich deutlich, geantwortet zu haben, daß ich bei meiner Mutter sein wollte – und dann war ich wieder im Krankenhausbett, und sie waren fort.

Die allerwichtigste Wirkung dieses Erlebnisses auf mich war, daß es mir jede Angst vor dem Tod genommen hat. Ich weiß heute, daß es ein Leben nach dem Tod gibt – weil ich es gesehen habe.

Meine Mutter erzählte mir, daß ich das Bewußtsein verlor, nachdem ich über die Engel gesprochen hatte. Alle waren sehr besorgt, weil meine Körperfunktionen zusehends schwächer wurden.

Ich bin zwar nicht klinisch gestorben, stand aber wohl sehr kurz davor. Und dann fiel das Fieber plötzlich, und mir ging es besser. Als ich fast wieder gesund war, fragte mich Mutter nach den «wunderschönen Engeln», von denen ich gesprochen hatte, und ich wollte nicht über sie reden – aber ich habe sie nie vergessen.

Ich habe mich sehr gefreut, Ihren Brief mit Ihrer Bitte zu lesen. Bisher habe ich nur sehr wenigen Menschen von meinem Erlebnis erzählt, und die meisten haben ziemlich skeptisch reagiert.

MARY L. HUEMOELLER BURNS, Waterloo, Iowa

•

Mein Name ist Bozena Kalinic, und ich bin 27 Jahre alt. Ich bin eine Weiße, ich lebe in Südafrika, aber ich bin in Jugoslawien geboren.

Als ich 13 Jahre alt war, lebte ich mit meinem Vater und mit meiner jüngeren Schwester zusammen. Meine Schwester und ich schliefen zusammen in einem Zimmer.

Es geschah eines Nachts, so gegen elf Uhr. Ich wurde von irgendeiner Macht geweckt und setzte mich aufrecht ins Bett, und eine Gestalt war auf meinem Toilettentisch. Sie bot einen wahrhaft schönen Anblick, wenn ich mich auch anfangs fürchtete. Ich sah einen Mann, ganz körperlich. Er stand auf dem Tisch und war von einem prachtvollen Licht umgeben. Er war etwa einen Meter achtzig groß. Sein Haar war braun und gewellt und reichte ihm bis knapp unter die Schultern. Er trug ein blauweißes Gewand. Über seinem Kopf befand sich ein seltsames Gebilde. Es sah ungefähr aus wie ein goldener hängender Fels. Er lächelte und streckte die Arme aus. Ich sah ihn voller Farbe und Licht auf meinem Tisch «schweben». Nur seine Füße sah ich nie.

Ich war äußerst erschrocken über den Anblick und versteckte mich unter der Bettdecke, wie es wohl jedes Kind getan hätte. Ein paar Sekunden später wagte ich es, wieder unter der Decke hervorzuschauen, und zu meiner Erleichterung war der Mann verschwunden.

Meine Schwester hat sich in jener Nacht nicht ein einziges Mal gerührt. Ich erzählte allen, die mir nahestanden, von meinem «Engel», aber niemand glaubte mir. Die Familie sagte, es sei eine Ausgeburt meiner kindlichen Phantasie gewesen. Ich frage mich heute noch, was dieser Besuch bedeutet haben mochte und weshalb der Engel zu mir gekommen war.

B. KALINIC, Boksburg, Südafrika

•

Im Jahre 1905 erschien Sally, meiner Mutter – sie war damals ein junges Mädchen in Calquit County, Georgia – ein Engel, umgeben von hellem Licht, und er sagte zu ihr: «Es werden insgesamt 82 sein.»

Sie fragte sich ihr ganzes Leben lang, was das bedeuten mochte. Sie war eine sehr rührige Frau mit einer großen Familie, die eine Menge Wohltätigkeitsarbeit leistete, aber sie vergaß ihr Erlebnis nie und sprach häufig darüber. Mit allen Einzelheiten beschrieb sie es ihrer Enkelin, die ein großes Gemälde davon anfertigte, das in meiner Wohnung an der Wand hängt.

Als sie älter wurde, dachten wir allmählich, daß die ihr genannte Zahl wahrscheinlich die ihr zustehenden Lebensjahre betreffe. Aber sie erreichte ihr 83. Jahr und begann, alles zu zählen, unter anderem auch ihre Nachkommenschaft. Aber es gab schon 83 Abkömmlinge, und zwei weitere waren unterwegs. Kurz vor ihrem 83. Geburtstag sprechen wir von ihrem Engel. Sie sagte: «Ich nehme an, Er wird es mir sagen, wenn ich zu Ihm komme.»

Zwei Wochen vor ihrem 83. Geburtstag wurde mein erstes Enkelkind geboren. An dem Sonntag nach Mutters Geburtstag nahmen wir es mit, als wir sie besuchten. Am Dienstag darauf starb Mama. Da ich die Familienchronik führe, erstellte ich eine Liste der Überlebenden und entdeckte zu meiner maßlosen Verblüffung, daß zwei ihrer Enkelkinder adoptiert waren! Meine Enkelin war das 82. und das letzte, das Mama gesehen hatte!

Ich sagte zu meiner Schwester, ich hoffte, daß Mama es gewußt hatte.

«Wer glaubst du, hat es dir gesagt?» erwiderte sie.

Tatsächlich hatte Mama es ihr mitgeteilt und mir gesagt, aber ich hatte sie nicht gesehen. Mein Vater starb 17 Monate später. Seine letzten Worte waren: «Ich sehe Sally.»

Ich danke Ihnen, daß ich Ihnen dies erzählen darf. Meine Mutter war eine geborene Taylor, verheiratet mit Thomas Gandy.

JANE OGLESBY, Sylvester, Georgia

Engel bringen die Seele zum Himmel. Illuminierte Handschrift, 15. Jahrhundert.

•

Heute bin ich eine von Arthritis geplagte Großmutter, aber wenn Sie Interesse haben, erzähle ich Ihnen gern von den Engeln und Geistern, die mir erschienen sind.

Ich rief meine Mutter von den Toten zurück, als ich acht Jahre alt war. Wir waren beide miteinander in einer Privatklinik, ich, weil mir die Mandeln entfernt werden sollten, sie wegen einer «großen Operation». Sie starb, und da wir beide im selben Zimmer lagen, hörte ich es den Arzt sagen. Sie deckten ihr Gesicht mit einem Tuch zu und wandten sich ab. Ich schrie: «Mammi! Komm zurück!» Die Schwestern hielten mich fest, und meine Mutter setzte sich auf. Sie sagte, sie habe ihren Körper verlassen, aber zurückkehren müssen, als ich nach ihr rief.

Als ich 23 Jahre alt war, kam der Geist meines geliebten jungen Ehemannes, der zwei Tage zuvor in Libyen gestorben war (es war das Jahr 1941, und wir hatten noch keine Nachricht von seinem Tod erhalten), an das Fenster des Zimmers, in dem meine Schwester und ich uns unterhielten. Er klopfte ans Glas und warf mir eine Kußhand zu. Wir liefen beide hinaus und riefen freudig seinen Namen, aber er war nicht dort. Er erschien später noch einige Male, als ich betrübt war, und spendete mir großen Trost. Er lieferte mir den Beweis, daß das Leben nach dem Tod weitergeht.

Meine Mutter starb im Alter von 86 Jahren im Haus meiner Schwester. Wir pflegten sie, und Lucys wundervoller Mann half uns dabei. Lucy war sehr traurig und hoffte, daß Ma sich wieder erholen würde, aber ihr Mann und ich wußten es besser. Eines Abends hatte ich den Eindruck, mir fast gewaltsam meinen Weg durch die spirituellen Wesen in ihrem Zimmer bahnen zu müssen. Ich sagte nichts davon, aber als B., Lucys Mann, hereinkam, sagte er: «Könnt ihr all die Geister hier spüren?» Lucy fühlte nichts, aber ich.

Mutter lag noch zwei Tage lang friedlich im Bett. Dann kam ein einfach enormer Engel in einem leuchtend zinnoberroten,

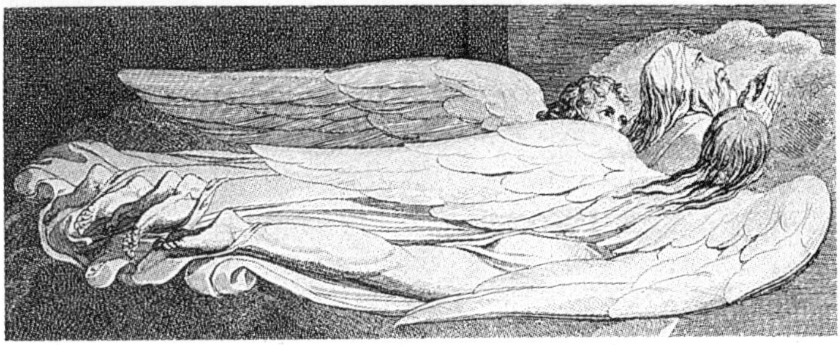

orangefarbenen und goldenen Gewand in Begleitung ganzer Kohorten kleinerer Engel ins Zimmer. Sie kümmerten sich einfach nicht um die Ziegelmauern und Vorhänge. Sie ragten himmelhoch empor. B. und ich, wir beide sahen sie. Es war Nacht. Mutter war schon am Morgen «gegangen», aber ihr Körper «lebte» noch drei oder vier Tage lang. Diese Engel waren gekommen, um ihre Seele zu holen. Sie war nicht krank und hatte keine Schmerzen. Sie starb mit derselben Sanftheit und Schönheit, mit der das Herbstlaub von den Bäumen fällt.

ELIZABETH ROWLAND, East London, Südafrika

•

Auch ich habe einige ungewöhnliche Erfahrungen gemacht. Man zögert naturgemäß, solche Geschichten weiterzuerzählen, weil man befürchtet, als verrückt angesehen zu werden. Ich habe nur wenigen Menschen von meinem Engel und von dem ungewöhnlichen Rosen- und Veilchenduft erzählt, oder davon, daß ich mit 17 Jahren eine überwältigende Vorahnung vom plötzlichen Tod meines Vaters hatte.

Ich wurde in einem römisch-katholischen Heim und Kloster mit all den (für mich) damit verbundenen schrecklichen Warnungen vor Todsünden und mit zahllosen Vorschriften aufgezogen. Ich las Bücher über Erscheinungen von Heiligen und der Jungfrau Maria und war gewöhnlich darüber entsetzt, wie die Visionäre verhört, bestraft oder sogar gefoltert wurden. Und was das Spirituelle betraf – oder das Interesse daran, was nach dem Tod geschieht –, so erfuhr ich, daß es eine Einflüsterung des Teufels selbst sei!

Meine erste Ehe hielt die Enthüllung eines unglückseligen Alkoholmißbrauchs meines Mannes für mich bereit. Aber ich gedachte meines Gelöbnisses und hielt es durch, «bis daß der Tod uns scheidet» – oder genauer gesagt, 16 Jahre lang. Gegen Ende dieser Zeit wurde ich – ein besserer Ausdruck fällt mir nicht ein – eine «Freidenkerin».

Als ich im achten Jahr meiner schlimmen ersten Ehe um Anleitung und Hilfe in meinem Unglück betete, dachte ich an eine besonders liebreiche Heilige, und ich bat sie eines Nachmittags um Fürsprache. Das Gartentor quietschte, und mein Mann kam schwankend auf das Haus zu. Ich schreckte aus meiner «Meditation» im Schlafzimmer auf und lief in der Absicht, den Teekessel in der Küche aufzusetzen, den Flur hinab.

Mit einem Mal blieb ich stehen, weil ich hinter mir eine Anwesenheit, eine Präsenz spürte. Ich wußte, wenn ich mich in diesem Moment umgedreht hätte, hätte ich «sie» höchstwahrscheinlich hinter mir stehen sehen. Und sogleich hüllte mich ein überwältigender Rosenduft ein. Er drang mir derart intensiv in die Nase, daß ich sie zuhalten mußte. Es schien, als wären wir in der Zeit eingekapselt. Dann lärmte die Türklingel, und die Erscheinung verschwand. Ich kann nicht sagen, wie lange sie gedauert hatte, aber ich steckte noch Monate später meine Nase in Rosensträuße, doch ohne je wieder diesen Duft riechen zu können.

Als ich einem katholischen Priester von diesem Erlebnis erzählte, lauteten seine seelsorgerischen Worte: «Ihnen wurde ein besonderer Segen zuteil!» Und damit war das Gespräch beendet. Ich hatte mich gründlich zum Narren gemacht und wieder einmal zu spüren bekommen, daß mir niemand glaubte.

Zehn Jahre später – ich hatte wieder geheiratet – hatte ich das wundervollste aller meiner Erlebnisse. Ich habe bis heute keine Ahnung, was es auslöste; ich kann nicht einmal sagen, daß ich seiner besonders wert gewesen wäre. Es war an einem Dienstagabend im November, vielleicht im Jahr 1978. (Hier in Südafrika ist um diese Zeit Sommer.) Es war eine warme, stille und mondlose Nacht. Mein Mann und meine Mutter, die bei uns lebte, schliefen schon. Ich hatte Briefe geschrieben und war dann ebenfalls ins Bett gegangen. Die sanfte wiederholte Berührung eines Bettuchs an meiner Wange weckte mich. Als ich richtig wach war, roch ich wieder diesen Duft und spürte wieder diese Präsenz im Raum.

Ich tat mein Möglichstes, um nicht in eine bestimmte Richtung zu schauen. Ich wandte den Kopf und sah deutlich die Lampe, den Aschenbecher und sogar die Risse in der weißen Farbe des stummen Dieners neben dem Bett. Ich drehte den Kopf in eine andere Richtung und sah deutlich den still ruhenden, schlafenden Körper meines Mannes (er lag mit dem Rücken zu mir). Ich sah alle diese Dinge in einem lieblichen und sanften, diffusen Licht. Wie gesagt, es schien kein Mond und es ging kein Wind.

Dann hielt ich es nicht länger aus. Mein Blick schweifte ab und wurde schließlich wie magisch von der großen weißen Frisierkommode angezogen. Und dort stand «sie» – eine Gestalt aus Fleisch und Blut, ebenso real wie Sie, der Sie diesen Brief lesen!

Sie stand völlig reglos da, so daß ich genügend Muße hatte, mir jede Einzelheit ihrer Erscheinung und Kleidung einzuprägen. Der Name Bernadette kam mir in den Sinn. Ich hatte den Eindruck, daß sie taub war.

Sie war klein, mädchenhaft, vielleicht 17 Jahre alt. Sie hatte einen wunderschön geformten Kopf mit kupferblonden dicken Haaren, zu einem Pagenkopf geschnitten und mit einem breiten grünen Band gebunden. Nicht ein einziges Haar tanzte aus der Reihe.

Sie trug ein braunes, glockiges, glänzendes Kinderkleid und darunter eine crèmefarbene Bluse (der Stoff sah wie Seide aus) mit einem Peter-Pan-Kragen, kleinen Perlknöpfen und pludrigen Ärmeln, an den Außenseiten der weiten Stulpen die gleichen Perlknöpfe. Ihre Strümpfe waren braun (ich hatte den Eindruck, sie waren aus Wolle), und an den Füßen trug sie die glänzendsten kleinen braunen festen Schuhe, die ich je sah, mit säuberlich geschnürten Bändern.

Ihr Gesichtsausdruck war süß und mild, aber sie lächelte nicht.

Ich lag da und schaute sie lange an. Dann bewegte sie sich zu meiner Verwunderung an mein Bett, kniete nieder und bat mich (wie es schien, telepathisch), ihr meine Hand zu reichen.

Mein Herz schlug inzwischen heftig, hauptsächlich wohl vor Angst, weil die ganze Situation so seltsam war; aber ich zog doch meinen Arm unter der Decke hervor und legte ihn an die Bettseite. Sie legte im Knien beide Hände auf meinen Arm, und ich sah die vollkommensten Hände mit den vollkommensten Fingernägeln, die man sich nur vorstellen kann. Sie hob ihr rundliches Gesicht wie im Gebet, deshalb konnte ich ihre Schönheit aus nächster Nähe betrachten.

Ihre Haut war makellos bis auf ein paar Sommersprossen, die ihre Nase zierten. Ihre haselnußbraunen Augen unter den säuberlich gezogenen hellen Brauen wiesen kleine dunkle Flecken auf, wie man sie zuweilen in solchen hellen Augen sieht. Ihr wunderschöner voller und natürlich roter Mund hatte fast die Form eines klassischen Bogens, aber nicht ganz.

Ich wagte nicht zu sprechen, bis sie sich erhob und sich von mir, an der Frisierkommode vorbei, entfernte. Ich wußte, daß sie im Begriff war, mich zu verlassen.

«Werde ich dich je wiedersehen?» fragte ich, sie fast bittend, sie möge bleiben.

«Nein», antwortete sie mit diesem wunderschönen engelhaften Gesichtsausdruck. «Aber ich bin gekommen, um dir mitzuteilen, daß ich eines Tages kommen werde, um deine Mutter zu holen.» Und dann kam es mir so vor, als stünde sie hinter einem Glasfenster, vor dem Wasser herunterlief. Sie verschwamm und war fort! Und sogleich war der Raum – ob Sie es glauben oder nicht – wieder in totale Dunkelheit gehüllt! Ich blieb hellwach zurück, und lange konnte ich nicht einschlafen.

Ich konnte mich nicht überwinden, meiner Familie von der Erscheinung zu erzählen, aber am folgenden Tag hatte ich ihr Bild so unauslöschlich im Kopf, daß ich sie mehrmals zu malen versuchte. Es gelang mir jedoch nicht, ihre wunderschöne Ausstrahlung einzufangen. Auch diese Beschreibung besteht nur aus unzureichenden Worten.

Diese Geschichte hat eine Fortsetzung. Am Donnerstag derselben Woche war ich zu einer spirituellen Sitzung eingeladen. Sobald die üblichen Gebete aufgesagt waren, sprach mich einer der Medienführer an. (Bedenken Sie, daß ich mit niemandem über meine Erscheinung gesprochen hatte, weil ich sie für einen Traum hielt.)

«Patricia», sagte der Führer, «hat Sie letzte Nacht etwas sehr erschreckt?»

Ich erwiderte verblüfft: «Ja, das kann man wohl sagen.»

«Kein Grund, dir Sorgen zu machen», entgegnete er prompt. «Zu dir kommen nur gute Leute!»

«Aber wer war sie?» fragte ich.

«Ein französisches Mädchen», sagte er. «Bernadette, einer der Arbeitsengel Gottes.»

Kurz darauf zogen wir von Pretoria nach Jeffrey's Bay, und mein Mann starb. Aber ich erwarte immer noch die Bestätigung des Versprechens, das Bernadette mir gab – ob sie wirklich kam, um meine Mutter zu holen, die meinem Mann wenige Monate später folgte.

PATRICIA STEPHENSON, Jeffrey's Bay, Südafrika

•

Mein Großvater starb im Dezember 1918, in der Woche vor Weihnachten. Ich war fünf Jahre alt und das jüngste von sechs Kindern. Die Beerdigungsvorbereitungen wurden getroffen. Ich konnte den Tod nicht voll begreifen. Ich bat Mutter wiederholt, mich mit zu Großvater zu nehmen oder ihn nach Hause mitzubringen.

Ich erinnere mich, am Abend vor der Beerdigung meine Cousine bei der Hand genommen und gesagt zu haben: «Laß uns in Großvaters Schlafzimmer gehen; vielleicht ist er dort.» Wir öffneten die Tür. In der Mitte des Zimmers – umgeben von einem blendend hellen Glanz – stand ein Engel. Er hatte lange goldene Haare, die ihm über den Rücken hinabfielen, und er trug ein fließendes weißes Gewand, das bis auf den Boden reichte. Er hatte wunderschöne zarte Flügel, die leicht ausgebreitet waren. Er hatte den Blick von uns abgewendet und rührte sich nicht, als wir ihn in Verwunderung anstarrten. Seine Schönheit war unbeschreiblich.

Wir liefen, um Mutter zu sagen, daß ein Engel in Großvaters Zimmer sei. Sie kam – wahrscheinlich ungläubig – mit uns. Aber es war nichts mehr zu sehen, weder für sie noch für uns.

HELEN RUFF, La Moure, Norddakota

•

Ich hatte während meines ganzen Lebens viele Erlebnisse. Aber das letzte bedeutete mir sehr viel. Am 3. August 1985 pflanzte ich Wildblumen in dem Graben neben der Straße, die an meinem Grundstück vorbeiführte, als eine Freundin vorbeikam und mich zu einem Ausflug einlud. In der Eile, ihrer Einladung zu folgen, vergaß ich, zwei von mir sehr geschätzte Schmückstücke aus Gold abzulegen, die ich an einer feinen, dünnen Kette um den Hals trug.

MELAZZO DA FORLI, *Engel.* 16. Jahrhundert.

Wir fuhren zu einem Feld voller Wildblumen, und ich machte mich daran, die Pflanzen auszugraben. Es war sehr heiß und sonnig. Ich beendete meine Arbeit, und wir fuhren zurück und begannen, die Pflanzen abzuladen und an ihren Bestimmungsort zu bringen, bevor sie in der Hitze verdorrten. Danach ging ich erschöpft an den Wagen, um die Plastikplane aufzurollen, die das Wageninnere geschützt hatte, als ich feststellte, daß meine beiden kostbaren goldenen Schmuckstücke fort waren. Die Kette klebte, in zwei Teile zerrissen, an meinem verschwitzten Hals. Ein intensives Gefühl von Verlust überkam mich. Vergeblich suchte ich nach meinem Schmuck – auf der Fahrbahn, auf der Wiese, bei der Anpflanzung und im Wagen …

Ich weinte, als ich meiner Freundin zu Hause davon erzählte. Vorher war ich stark gewesen und hatte stumm gebetet, daß ich den Schmuck wiederfinden möge. Doch jetzt war ich völlig

Ihr Antlitz flammte lebhaft, ihr Gefieder
War lauteres Gold; sonst waren sie so weiß,
Daß nie auf Erden fällt solch Schnee hernieder.

Wenn sie zur Blume sanken, Kreis um Kreis,
Da gaben sie vom Frieden und vom Lieben,
Was sie im Fluge eingesammelt, preis.
DANTE, *Paradies*, XXXI. Gesang

Ich sah ein Licht in Stromesform sich gießen
Und flüssigen Glanzes voll im Bette ziehn
Und dran den wunderbarsten Frühling sprießen.

Vom Flusse sah ich lichte Funken sprühn
Und überall den Blumen sich gesellen,
Gleich dem von Gold umgebenen Rubin.

Dann wie gesättigt von der Düfte Quellen
Versanken wieder sie ins Stromgebild;
Wenn einer sank, stieg einer aus den Wellen.
DANTE, *Paradies*, XXX. Gesang

verzweifelt und ließ die Tränen laufen. Ich hatte einfach aufgegeben. Doch dann betete ich laut. Und plötzlich erschien ein Freund von einer anderen Ebene – ich konnte ihn «sehen». Er bedeutete mir, still zu sein, und prägte mir nachdrücklich ein: «Geh dorthin zurück, wo du gegraben hast. Geh auf das Feld zurück. Hab Vertrauen. Ich werde dir helfen.»

Ich berichtete meiner Freundin von dem Erlebnis, und sie fuhr bereitwillig mit mir zu dem Feld. – «Er» stand zu seinem Wort und ging mit uns. Als wir aus dem Wagen stiegen, beschrieb er mir genau, wohin ich gehen sollte, und sagte dann: «Hab nur Vertrauen, Joretta.» Er wies mich an, fünf Schritte nach links zu gehen. Ich tat es. Er gab keine weiteren Anweisungen, und so blieb ich stehen und blickte schließlich auf den Boden zu meinen Füßen – dort lag mein kleiner königsblauer Davidstern und gleich daneben mein kleines, handgearbeitetes goldenes Henkelkreuz.

Ich zitterte und spürte, wie mein Geistführer mich verließ. Ich konnte mich nicht rühren. Diese beiden Andenken symbolisierten für mich nach Jahren des spirituellen Studiums einen Fortschritt. Ich ging zum Auto zurück und setzte mich hinein; meine Freude war unaussprechlich, zu gewaltig für Tränen. Meine Freundin fragte: «Also …?» Mit geneigtem Kopf und von größter Ehrfurcht erfüllt öffnete ich stumm die Hand. Sie konnte nur «Oooh!» sagen. Auf der Rückfahrt schwiegen wir. Ich eilte sofort in mein Schlafzimmer, legte die Schmuckstücke in ihr Kästchen und gelobte, sie nie wieder dem Risiko auszusetzen, bei der Arbeit verloren zu gehen. Plötzlich erschien mein mächtiger spiritueller Freund und sagte sanft: «Andenken sind etwas sehr Schönes. Aber es ist deine Liebe, die zählt. Diese Liebe gilt dir, Joretta, also wird sie nie aufhören.» Er machte eine Geste mit der Hand. In derselben Nacht hatte ich eine weitere Vision von ihm. Seine Hand streichelte mein Gesicht, und er sagte: «Man muß es leben, nur das zählt.» Und über meinem Herzen war ein königsblauer, großer Davidstern. In meinem Innern, den Zellen eingeprägt – dort, wo es zählt.

Über die Autorin

Sophy Burnham, Mutter zweier (heute erwachsener) Töchter, ist in Maryland aufgewachsen und lebt heute, nach vielen Abenteuern, in Washington, D. C., wo sie sich ihren Freundschaften, den Künsten und dem Vermeiden von Politik widmet. Sie ist Schriftstellerin und Heilerin. Regelmäßig nimmt sie an Gottesdiensten in der National Cathedral teil.

Sie betätigte sich in unterschiedlichen schriftstellerischen Bereichen und verfaßte Romane, Stücke, Filmdrehbücher, Radiosendungen, politische Reden, Artikel, Essays und journalistische Untersuchungen. Ihre Essays wurden in vielen Ländern veröffentlicht, und ihr wurden einige Preise verliehen. Lange reiste sie durch Europa und die Vereinigten Staaten; als Sonderberichterstatterin arbeitete sie in Kamerun, Costa Rica und Peru, und zweimal besuchte sie in Indien ihren spirituellen Lehrer. Ihr Roman *The Dogwalkers* wird verfilmt.

Heute sammelt sie weitere Berichte über Begegnungen mit dem Göttlichen.

Wenn Sie mystische Erlebnisse hatten, die Sie gerne mitteilen möchten, schreiben Sie an:

SOPHY BURNHAM
c/o Ballantine Books
201 East 50th Street
New York City, N. Y. 10022
USA

Seite 20: Gemäldeabteilung, Uffizien, Florenz. **32:** Sammlung der Library of Congress, Washington D.C. **47:** Sammlung der Library of Congress, Washington, D.C. **55:** Gemäldeabteilung, Uffizien, Florenz. **66:** The Metropolitan Museum of Art, New York, Robert Lehman Collection, 1975 (1975.1.283). **83:** Granger Collection, New York. **97:** Sammlung der Library of Congress, Washington, D.C. **99:** Sammlung der Library of Congress, Washington, D.C. **103:** New York Public Library Picture Collection. **105:** Basilica von San Marco, Venedig. **106:** Sammlung der Library of Congress, Washington, D.C. **113:** The British Library, London. **116:** The Metropolitan Museum of Art, New York, Gift of the Humanities Fund, Inc., 1972 (1972.145.15). **119:** National Gallery of Art, Washington, Samuel H. Kress Collection (1039.1.229). **120:** Smithsonian Institution. Mit freundlicher Genehmigung der Arthur M. Sackler Gallery, Washington, D.C., 20560. **125:** Aus *Black Elk Speaks* von John G. Neihardt, Erstveröffentlichung bei William Morrow and Company, 1932, jetzt bei der University of Nebraska Press. Copyright John G. Neihardt Trust. Mit freundlicher Genehmigung der Western MSS. Collection, University of Missouri, und des John G. Neihardt Trust. Joint Collection, University of Missouri, Western Historical Manuscript Collection – Columbia State Historical Society of Missouri. **128:** The Metropolitan Museum of Art, New York, Gift of John D. Rockefeller, Jr., 1932 (32.143.14). **135:** Sammlung von Susan und John Magee. Photo: Rand Hendrix/Richard Basch Studio. **139:** The Metropolitan Museum of Art, New York, Rogers Fund, 1938 (38.158.2a–g). **140:** Sammlung der Nationalmuseen, Paris. **143:** The Metropolitan Museum of Art, New York, Bequest of William Christian Paul, 1930 (30.75.34). **148:** Sammlung der Library of Congress, Washington, D.C. **151:** Smithsonian Institution, Washington, D.C. Mit freundlicher Genehmigung der Arthur M. Sackler Gallery/Vever Collection, Washington, D.C., 20560. **154:** Sammlung der Library of Congress, Washington, D.C. **171:** Sammlung von Gertrude and Herbert Friedman. Photo: Rand Hendrix/Richard Basch Studio. **183:** Sammlung der Library of Congress, Washington, D.C., 190–91. The Metropolitan Museum of Art, New York, Bequest of Edward Fowles, 1971 (1971.115.1/1971.115.1b). **211:** Mit freundlicher Genehmigung von Edie Vonnegut. **229:** Freer Gallery of Washington, D.C., 20560. **241:** Sammlung der Library of Congress, Washington, D.C. **244:** Bridgeman Art Library/Art Resource PHD 465. Musée Gustave Moreau, Paris. **261:** SCALA/ Resource. Vatikan-Museum. **271:** National Gallery of Art, Washington, D.C., Index of American Design (MASS-ME-19). **275:** Sammlung der Autorin. Photo: Rand Hendrix/Richard Basch Studio. **281:** Metropolitan Museum of Art, Seymour Fund, 1957 (57.52.1). **295:** Sammlung der Library of Congress, Washington, D.C. **303:** SCALA/Art Resource. Basilica von Loreto, Italien.